KB198708

젠더스피어의 정동지리

젠더·어펙트 총서
—————— 05

젠더스피어의 정동지리

동아대학교
젠더·어펙트연구소
지음

산지니

서문

매개되어 분투하는 행위자들의 젠더스피어

　『젠더스피어의 정동지리』는 동아대학교 젠더·어펙트연구소 〈연결신체 이론과 젠더·어펙트 연구〉 사업팀이 내놓는 다섯 번째 총서이다. 이 책은 지난 2023년 4월부터 2024년 1월까지 매달 연구소에서 진행된 연속 콜로키움 〈젠더스피어: 젠더적 정동장으로서의 온라인 문화를 탐색하다〉를 기반으로 하며, 해당 콜로키움에서 다룬 연구 성과들과 더불어 젠더화된 전 지구적 기술 미디어장에 대한 고찰이 담긴 최신 해외 연구를 함께 소개하고 있다. 여기서 '젠더스피어(gender-sphere)'란 기획진이 만든 조어로, 젠더와 연관된 담론과 정동의 공간으로서의 기술 미디어장을 뜻한다. 서로 다른 기술적 삶의 지평 속에서 관찰되는 현상들이 젠더와 정동이라는 맥락 속에서 어떻게 중첩되고 연결되어 있는지를 살피는 것은, 다시 말해 '젠더스피어의 정동지리'를 관찰하는 일이 될 것이다. 이 책은 삶을 포섭하는 기술 자본주의의 전략과 전술을 비판적으로 검토하는 동시에, 기술 미디어장에서 확연히 표상되고 재현되지 않은 정동적 상황을 적극적으로 부상시키는 계기로서의 의의를 지닌다.

일찍이 플라톤은 글쓰기가 구두에 의한 의사소통을 대체하면서 발생할 '격앙된 열광'에 대해 우려하면서 이를 치료약이자 독인 '파르마콘(pharmakon)'이라 불렀다. 새롭게 등장한 미디어(매개)로서의 글쓰기가 초래할 기대와 혼란은 이처럼 고대의 인식 속에 반영되어 있었다. 한편 기술철학자인 베르나르 스티글러(Bernard Stiegler)가 새롭게 제기한 '파르마콘' 개념은 오늘날 테크놀로지가 구축한 기술 미디어장을 기술에 의한 기억의 외재화 과정이자 기술로부터 인간이 소외되는 형국으로 재해석하면서 기억과 사유, 그리고 정동의 장인 기술 미디어가 우리의 일상과 존재를 어떤 방식으로 바꾸어 놓고 있는지에 대해 물음을 던진다. 더 나아가, 폴 B. 프레시아도(Paul B. Preciado)는 디지털 파르마콘과 뒤얽힌 몸들의 테크노리빙 시스템이 성적이고, 자위 행위적이며, 독성적이라는 점을 논증하면서 이를 '제약포르노(pharmaco-pornographic)' 자본주의라고 표현하기도 했다. 프레시아도의 이러한 표현은 그가 파악한 기술 미디어장이 곧 젠더화된 정동적 사회와 다르지 않음을 시사한다.

테크놀로지가 추동한 뉴미디어 커뮤니케이션의 성격 변동은 문화 콘텐츠의 형식과 내용은 물론이고 지식 질서의 구성과 담론 형성 방식까지 변화시켰다. 기술 장치에 의해 매개된 환경 속에서 생산자와 소비자, 국가와 시민, 기업과 노동자, 창작자와 향유자는 더 이상 이항대립적 관계로 환원되지 않는다. 이 행위자들은 과거 어느 때보다 가까워진 정동적 거리에서 서로에게 관여하고 치열하게 대립한다. 특히, 근대적 공론장이 남성 시민을 중심으로 구성된 공적 담론 공간이었다면, 오늘날 변화된 공론장은 기존 권력 구조에서 비가시화되었던 새로운 주체들을 장 안으로 끌어들여 공적 담론과 사적 담론이 뒤섞이고 경합하는 광경을 만들어내고 있다. 이곳에는 기존의 남성중심화된 공론장과 젠더 이분법에 기초한 권력을 탈구축하려는 이질적인 젠더 행위자들(gender agents)의 다성적 목소리가 존재한다. 이 때문에 지배적 젠더 질서가 도전받는가 하면, 때로는 주도권을 수호하려는 결집이 초래한 담론적 퇴보도 목격된다.

이 책은 대중문화 콘텐츠에서부터 팬데믹, 장애, 에이즈, 인공지능에 이르기까지 다양한 국면에서 동시대 기술 미디어장의 젠더화된 작동과 권력관계를 관찰할 수 있는 사례를 망라하고 있다. 여기서 우리는 때로는 의식적인 관여로, 때로는 지각이나 인지 너머의 하위지각적 경험으로, 해당 환경 속에 매개되어(mediated) 분투하는 존재들을 목격할 수 있다. 정리하면, 이 책에 실린 글들은 동시대 기술 미디어장을 젠더화된 권력관계가 현행화되어 드러나는 공간이자 그 관계를 넘어설 수 있는 정동들이 유통되는 '젠더스피어'로 탐사하려는 시도인 것이다.

『젠더스피어의 정동지리』는 크게 3부로 구성되어 있다. 1부 〈파르마콘의 커뮤니티: 적대와 연대의 길항〉에서는 오늘날 대중문화 커뮤니티에서 목격되는 증오의 조직화와 친밀감으로 구축된 연대라는 양극화된 현상의 궤적을 그린다. 한국, 미국, 인도의 학자들이 쓴 남성 게임 커뮤니티의 반 페미니즘 정서, 글로벌 K-팝 팬덤의 오정보 대응전략, 한류가 구축한 인도 청년들의 새로운 문화정체성에 대한 1부의 글들은 그 자체로 동시대 온라인 커뮤니티의 정동적 카르토그라피(cartography)라 할 수 있을 것이다.

첫 번째 글인 김수아의 「동시대 남성 중심 온라인 커뮤니티의 젠더 인식: 게임 이용자를 중심으로」는 한국 남성 게임 이용자들의 반페미니즘 정서와 여성 게임업계 노동자를 향한 온라인 폭력 행위를 다룬다. 남성 게임 이용자들은 게임이 남성혐오 이미지를 담고 있다고 트집을 잡고, 게임사와 이미지 제작 업체는 물론 제작자 개인을 향해 온/오프라인으로 불링을 지속한다. 미디어 연구자로서 대중문화 수용자 연구를 오랫동안 해 온 김수아는 남성 게임 이용자들의 이러한 불링 행위가 한국 남성 커뮤니티의 피해자성 인식과 깊은 관계를 맺고 있다고 파악한다. 또한 이러한 불링을 지속시키는 동력을 남성 중심 커뮤니티 담론장과 그 속에서 밈화된 반페미니즘 정서 및 소비자 행동주의의 맥락과 관련짓는다. 남성 게임 이용자들의 일방적 주장은 소비자 행동으로 정당화되고, 게임사의 사과와 콘텐츠 수정은 이들의 콘텐츠 해석을 사후적으로 승인한다. 콘텐츠를 악의적으로 탈맥락화하는 이러한 불링은 사적 감시로까지 악화되고, 여성에 의한 남성에 대한 차별 이른바 '역차별' 담론과 순환하며 서로를 정당화해 가는 것이다.

이어지는 「오정보 대응을 위한 커뮤니티 기반 전략: 대중문화 팬덤을 사례로」는 미국의 정보학 연구자인 이진하가 니콜 산테로, 아르피타 바타차리아, 엠마 메이, 엠마 S. 스피로와 함께 쓴 글이다. 오정보에 관한 기존의 실증적 연구들이 대부분 재난, 전쟁,

전염병, 선거 등과 같은 국가 단위의 사건에 초점을 맞추어 왔다면, 이 글은 일상에서 오정보가 확산되는 상황과 커뮤니티 구성원들이 이에 대응하는 방식에 주목한다. 저자들은 이러한 조사를 위해 먼저 BTS 팬덤 온라인 커뮤니티를 대상으로 소셜 미디어 데이터 관찰, 가상 문화기술지, 반구조화 인터뷰 등 다양한 방식을 통해 데이터를 분석하였다. 이러한 데이터 기반 조사 연구를 통해 이연구에서는 일상에서 확산되는 오정보에 대한 이해와 대응책을 제안한다. BTS 팬덤 온라인 커뮤니티 내에서 오정보가 확산될 때, 팬덤의 구성원들은 이를 단순하게 경험하는 것이 아니라, 이에 대한 대응 전략을 모색하고 실천해낸다. 이를 통해 온라인 팬덤 커뮤니티가 수동적으로 오정보에 전염 당하는 공간이 아니라, 반응하지 않기, 숨기기(muting), 긍정적인 키워드로 전환하기 등의 적극적 대응 전략을 생성해내는 현장임을 밝힌다.

1부의 마지막 글인 「한국문화를 수용하는 인도의 청년들: 디지털 미디어가 인도 젊은 세대의 문화적 정체성에 미치는 영향」은 인도 연구자인 프리야 고하드와 네하 가트판데가 인도 청년들의 한류 인식에 대해 쓴 글이다. 이들은 오늘날 글로벌한 영향 속에 존재하는 인도의 미디어 스케이프에서 한국 대중문화가 수용되는 양상과 이것이 인도 젊은이들의 '아시아적 정체성'을 형성하는 데 어떤 역할을 하는지에 주목한다. 인도 푸네 지역의 청년들을 대상으로 한 인터뷰에서 저자들이 주목하는 것은 한류가 단순한 취향이 아니라, 유럽과 미국 문화에 대한 일종의 대안적 정체성으로 여겨지고 있다는 점이다. 실제로 한류를 즐긴다는 다수의 인터뷰 응답자들은 자신이 유럽과 미국 같은 서구권보다 아시아 국가에 더 연결되어 있다고 느꼈음을 밝히고 있다. 저자들에 따르면 그간 인도 기성 세대들이 주로 유럽과 인도 민족 전통이라는 양자 택일 속에서 문화적 전통을 구성했다면, 인도 청년들은 이를 낡은 선택지로 여기고, 대신 아시아의 문화적 전통 속에서 유사성을 느끼면서 이를 바탕으로 세대적 친밀성을 구축한다. 이러한 청년 세대의 문화 정체성에 대한 상징적 준거 변화에 따라 한류에 대한 동질감이 가능할 수 있었다. 즉 한류는 단지 한국 문화에 대한 열광만이 아니라 인도 청년 세대의 세대적 문화 정체성이자 기존 세대와 차별화되는 대안적 문화 정체성의 준거가 된다.

2부 〈젠더화된 테크네의 신체들: 독자, 관객, 노동자〉는 글로벌 플랫폼과 초국가적 문화산업에서 정책, 기술, 노동, 장르가 특유의 젠더화된 배치를 반복하거나 이탈하는 역동적 장면들을 다룬다. 웹소설 플랫폼은 단지 매개가 아니라 욕망을 생산하고 기존의 젠더화된 서사 관습을 갱신하는 디지털화된 장치이다. 넷플릭스는 미국 텔레비전 산업의 초국가적 확장이기도 하지만 성차별 대응 정책조차 부재한 한국 문화 정책에 문화 다양성에 대한 모델이 되기도 한다. 중국의 게임 플랫폼은 기술에 대한 기존의 젠더화된 위계를 반복하면서도 새롭게 재편한다. 게임 기술과 비게임적 기술의 위계는 젠더화된 위계를 플랫폼에 배치한다. 이렇듯 2부에서는 플랫폼, 기술, 예술과 노동의 층위에서 젠더화된 위계의 재생산과 이를 이탈하는 다양한 행위자들의 돌파력을 민족지학적으로 생생하게 그려낸다.

2부를 여는 안상원의 「웹소설의 '여성 취향 장르'에 대한 고민과 또 다른 서사의 탐색」은 웹소설을 현대 여성들의 취향, 관심사,

욕망과 관련지어 분석하고 있다. 이 글은 웹소설의 '여성 취향 장르'로 여겨지는 로맨스 판타지 장르에 초점을 맞춰, 판타지 장르가 현대의 웹소설 플랫폼과 만나면서 변용된 양상을 동시대적 욕망과 결부시킨다. 판타지에서 주로 남성 인물과 그들이 겪던 모험은 현대의 로맨스 판타지에서 여성 인물을 주인공으로 내세워 재구성되며, 여성들의 욕망은 여성 주인공에 대한 욕망을 넘어 '정상적인 남성 인물'에 대한 욕망으로 확장된다. 그러나 여성 주인공을 전면에 내세우고 그들의 성취와 모험을 다루는 이야기들이 로맨스 판타지라는 제한된 경계 안에 가두는 방식으로 구축되는 경향을 지적하면서, 이러한 경향이 웹소설 플랫폼 특유의 성격에서 비롯된다고 해석한다. 이에 안상원은 여성 서사가 로맨스 판타지 장르 바깥으로 나가 전개되는 사례로, 여성 인물을 주인공으로 한 대체 역사물과 여성 독자(팬덤)의 욕망을 드러내는 남성 아이돌물에 주목한다. 로맨스 판타지의 전유물이던 여성들의 욕망이 장르 구분을 넘어 '또다른' 서사들을 형성해 가는 흐름은, 독자들의 욕구에 맞추어 새로운 이야기들을 탐색하는 웹소설 플랫폼의 디지털 장치적 성격과 여성 욕망의 배치를 그려보게 한다.

이어지는 조혜영의 「영화 다양성과 포용의 역량을 키우기: 넷플릭스와 영국의 공공 영화정책을 중심으로」는 다양성 및 포용 전략과 정책에서 전 세계적으로 중요한 모델이 되고 있는 넷플릭스와 영국의 공공 영화정책의 현황을 경유해, 영화를 비롯한 문화예술에서 각 조직이 어떠한 다양성 및 포용 실천 논리와 철학을 세우는지 비판적으로 검토한다. 넷플릭스의 사례를 통해 전 지구적 대중문화 시장의 다양성 전략을, 영국의 영국영화협회 영화정책을 통해서는 문화 다양성 공공정책을 통한 보편성으로의 전환을 살핀다. 조혜영은 최근 한국 영화계의 다양성 정책의 일환으로 시행된 성평등 지수의 도입이 '공성'이나 '역차별'이라는 프레임으로 공격당하는 백래시(backlash) 현상에 주목하면서, 다양성 표준이 능력의 평가가 아니라 보편적인 윤리적 책임에 가깝다고 단언한다. 다양성 표준은 자원을 공평하게 분배하기 위한 최소한의 기준이며, 최소한의 보편적 환경을 만드는 데 문화적 주체들이 적극적으로 참여할 필요성을 제기한다. 이와 함께, 성평등 지수가 앞으로의 성평등한 환경 조성뿐 아니라 이제까지 한국영화의 스크린에서 제외되었던 다양한 소수자들의 창작활동과 재현의 역량을 키울 수 있는 정책으로 확장되어야 한다고 제안한다.

자오 멩양의 「"레디 노동자 투": 중국의 플랫폼 기반 게임 노동에서 나타나는 젠더화된 노동 체제」는 중국 플랫폼 게임 노동의 서비스 공급망 안에서 문화적, 사회적, 알고리즘적으로 불리한 위치에 놓인 여성 플랫폼 노동자들의 현실을 추적하고 있다. 이 글은 중국의 플랫폼 게임 노동에 대한 수년간의 민족지학적 연구를 바탕으로 한다. 게임 개발과 상품화에서부터 게임 커뮤니티 구조에 이르기까지 게임 산업의 모든 과정에 성차별과 이성애적 규범에 기반한 젠더 권력이 대리 게이밍과 게임 컴패니언과 같은 원격 플랫폼 노동을 어떻게 젠더 차별적인 노동 체제로 배치하고 편입하는지를 비판적으로 검토한다. 남성 플랫폼 노동자들이 전형적인 숙련 노동자로 여겨지는 것에 반해, 여성 플랫폼 노동자는 "노동자 투"라는 표현에서 알 수 있듯 부산한 게임 현장에 비게임적 기술을 가지고 들어오는 외로운 침입자이며 이들의 노동은 남성 고객에게 쉽게 평가절하되거나 공짜로 제공되어야 하는 것으로 여겨지기 쉽다. 자오 멩양은 전 세계적으로 특정 유형의 플랫폼 게임 노동에 여성 노동자들이 지속적으로 유입되는 젠더화된 노동 체제가 플랫폼 경제에 이미 뿌리내린 젠더 분업을 반영하고 심화시키고 있음을 날카롭게 지적한다. 이처럼 2부의 세 글들은 대중문화 현장에서의 젠더화된 배치와 이를 돌파하려는 주체들의 욕망, 나아가 시장과 정책적 개입의 필요성을 논구하고 있다.

3부 〈정보와 '감염(바이럴)'을 둘러싼 배제와 저항의 실천들: 전파매개적 신체성과 기술사의 재구성〉에 글이 수록된 카잇 맥킨니와 딜런 멀빈은 그들의 다른 글 「버그들: 컴퓨팅과 커뮤니케이션의 역사에 대한 재고(Bugs: Rethinking the History of Computing, Communication)」에서 에이즈 공포와 바이럴 담론의 역사를 통해서 컴퓨팅과 커뮤니케이션의 역사를 다시 쓰는 방법을 제시했다. 이들은 앞으로 컴퓨팅 기술을 연구할 사람은 무엇보다도 바이러스에 관해 연구해야 한다고 선언한다. 컴퓨팅 기술은 전파매개 기술 발전의 한 과정이자 결과이며, 전파매개 기술에 대한 숭배와 공포는 (바이러스나 바이러스 감염, 매개자로 대표되는) 전파매개적 신체성에 대한 공포와 연동된다. 정보이론의 역사는 지구상에 존재하는 만물에서 정보를 추출해내는 기술을 고도화시키는 과정이었다. 오늘날 정보가 인공지능으로 대표되는 '몸이 없는 것'으로 표상되는 것은 이러한 역사적 과정의 산물이다. 이러한 인식을 전제로 3부에서는 전파매개적 기술, 신체성, 정보 기술을 둘러싼 신체화와 탈신체화의 역학을 인공지능, 코로나 팬데믹, 에이즈 공포와 이에 저항했던 농인 에이즈 정보 센터의 돌봄 실천, 바이럴의 역능과 효능을 활용하는 팬덤의 정동 정치를 통해 고찰한다.

　3부의 첫 번째 글인 이지은과 임소연의 「위치지어진 개발자: 인공지능 젠더 편향에서 페미니스트 인공지능으로」는 인공지능 기술에 대한 비판적 논의에 개입하는 데 있어 '위치지어진(situated) 주체'로서의 인공지능 개발자들에 주목한다. 이 글에서 두드러지는 대목은 기술과학에서 페미니스트 논의의 통찰인 '위치성'을 주요하게 도입하는 동시에, 이를 다른 기술을 상상하고 만들어 갈 수 있는 가능성으로 봄으로써 인공지능 기술에 대한 페미니스트 개입과 연구의 방향을 새롭게 제시한다는 점이다. 저자들은 페미니스트 인공지능을 단순히 젠더 편향을 제거하는 것에서 나아가 페미니즘의 문제의식과 관점, 지향을 공유하는 과학자 및 공학자의 '인공지능 하기'로 제안한다. '페미니스트 인공지능'에서 인공지능에 개입하는 페미니즘은 선험적으로 규정된 개념이나 이론 혹은 방법론이 아니라 현장에서 인공지능을 만드는 개발자의 사유와 실천 그 자체이기 때문이다. 이때 개발자는 페미니즘의 비판이나 계몽, 교화의 대상이 아니라 페미니즘을 실천하여 더 정의로운 기술을 생산하는 주체가 된다. 페미니스트 관점에서 '다른' 과학기술의 가능성이라는 전망을 요청하는 이 글을 통해 '젠더스피어'의 미래적 지평을 상상해 볼 수 있을 것이다.

　「체현된, 감정적인 그리고 임파워링하는: 중국의 젠더화된 팬데믹에 대한 온라인 연구」에서 자오 펑 첸지는 코로나 팬데믹에 따른 중국 정부의 권위주의적 정책들에 대항하는 페미니스트들에 대한 온라인 에스노그라피 경험을 소개한다. 팬데믹 시기 중국 정부는 '전쟁'의 어휘들을 활용하면서 중국을 강하고 남성적인 국가 이미지로 재현했고, 이런 접근법은 젠더 이분법을 강화하는 방식으로 작동했다. 이에 맞서 중국의 페미니스트들은 젠더화된 국가 담론에 도전하고, 개인과 인권에 대한 관심을 촉구했다. 캐나다 거주 중국인으로서 3년이 넘는 팬데믹 기간 동안 중국 당국의 검열과 온라인 공간의 일시성, 팬데믹으로 인한 고립감을 겪으면서도 온라인을 통해 중국의 현실에 깊숙이 체현되고 감정적으로 몰입한 저자의 '땀에 젖은' 연구는, 어펙트 연구 방법론으로서의 '체현된 필드워크'가 어떠해야 하는지를 여실히 보여준다. 저자는 온라인이라는 연구 현장과 참여자와의 관계 속에서 페미니스트적 접근법을 고민하면서 끊임없이 자신의 윤리적 의무를 환기하는, 이른바 에스노그라피적 자아로 정동된 연구자의 모습을 보여준다. 이를 통해 때로는 연구 자체가 정치적 행동주의의 한 형태일 수 있음을 확인할 수 있다.

자오 펑 첸지의 글이 팬데믹의 정동을 다뤘다면, 카잇 맥킨니와 딜런 멀빈이 함께 쓴 「하이터치 미디어: 농인 에이즈 정보 센터(Deaf AIDS Information Center)의 돌봄 실천」은 농인과 에이즈를 둘러싼 돌봄 정동에 초점을 맞춘다. 저자들은 정보가 포괄적 돌봄 실천의 한 영역이라는 사실에 기반하여, HIV에 관한 정보를 농인에게 매개하여 전달하는 역할을 한 농인 에이즈 정보 센터(Deaf AIDS Information Center, DAIC)의 활동을 의미화한다. 이들은 1980년대 HIV/ADIS '위기' 당시 에이즈 서비스 기관들의 정보를 농인들에게 재매개하는 중요한 역할을 했을 뿐만 아니라, 장애가 의사소통의 조건을 형성하는 방식을 보여줌으로써 정부의 대응 체계가 HIV 감염 예방과 관리 정보에 대한 농인들의 접근성 및 돌봄 수요를 상상하지 못했음을 폭로한다. 이를 통해 재매개-탈매개의 실천으로서 DAIC의 정보 실천과 활동, 아카이빙을 평가하고, 탈매개된 아카이브의 가능성을 모색한다.

3부의 마지막 글인 이지행의 「케이팝 팬덤의 행동주의와 젠더화된 정동」은 대중문화의 소비와 생산에 대한 참여를 중심으로 구성되어 있던 팬덤 실천이 정치적 영역으로 확장되는 풍경을 비판적으로 고찰한다. 저자는 글에서 '정치적 팬 행동주의'가 어떤 형식을 띠고 있는지, 그것의 정동적 구성은 어떤 형태로 이루어져 있는지를 실체적 사례를 통해 논의하고 있다. 케이팝 팬덤이 '행동주의', '능동적 소비자', '정치적 시민'이라는 자장을 형성해 나가는 양상을 살피면서 이들의 참여문화적 성격을 파악하기 위해서는 그 내부의 정동을 탐색할 것을 제안한다. 글을 통해 팬덤이라는 영역이 단순한 취향의 장이 아니라 지식과 권력을 둘러싼 담론의 경합장이자 세계 정치의 공간이기도 하다는 것을 실감할 수 있다.

이 모든 글들은 연구자 개개인이 위치한 물리적 환경과 입지 속에서 파악한 기술 미디어장에 대한 비판적 탐색을 보여줄 뿐만 아니라, 때로는 그 과정 속에서 연구자 스스로의 정동적 연루를 확인하게 한다. 기술과 예술, 미디어와 담론이 연결되고 중첩된 오늘날의 기술 미디어장을 '젠더스피어'로 재정립하는 것은, 테크놀로지가 느낌의 분할과 위계를 정당화하고, 이에 따라 신체 분할을 배치하는 데 저항하는 젠더·어펙트 연구의 지향과 맞닿아 있다. 동일한 문제의식을 공유한 미국, 캐나다, 영국, 인도, 중국의 연구자들이 각자의 지리적 영역에서 또는 이를 뛰어넘어 기술과 연관된 젠더적 담론과 사례를 구축한 이 글의 작업은 그 자체로 '젠더 스피어의 정동지리'라 부를 수 있을 것이다.

2024년 6월
모두를 대신하여
젠더·어펙트연구소 전임연구원 이지행

차례

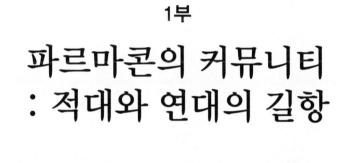

1부

파르마콘의 커뮤니티
: 적대와 연대의 길항

동시대 남성 중심 온라인 커뮤니티의 젠더 인식
: 게임 이용자를 중심으로

김 수 아

1. 문제 제기

온라인 커뮤니티가 새로운 공동체로서 기능할 것이라는 기대는 온라인 문화가 가지는 특성, 즉 익명성과 광범위한 시공간을 넘나드는 연결 가능성에 대한 것이었다. 온라인 커뮤니티는 기존의 사회 공동체가 가진 시공간적 제약, 무엇보다도 참여하는 사람들의 범위가 제약될 수밖에 없는 한계를 단숨에 뛰어넘을 것으로 기대되었다. 참여에 대한 기대는 접근성의 향상, 평등한 참여, 다층적이고 복합적인 연대에 대한 기대로 자연스럽게 이어졌다.

여성 간의 연대와 참여 양상이 변화하는 것에 대한 주목은 온라인 커뮤니티에 대한 기대와 관련되어 있다. 커뮤니티 게시판 형태가 아닌 소셜 미디어는 더욱 참여의 폭을 넓힐 수 있고 보다 평등한 대화가 가능한 것으로 상정되었다. 익명의 참여자들이 성차별에 저항하기 위한 개념과 논리 구조를 생성하고 이를 구축하고 실천해 가는 방식에 대한 논의는 제4물결 페미니즘과 같은 주장으로도 축약되고 있다. 특정한 공동체 소속감보다는 소셜 미디어를 사용하여 의제에 따라 연결되면서 연대하는 새로운 페미니즘 운동의 양상에 대한 주목과 논의가 진행되는 중이다.[1]

하지만 온라인 커뮤니티의 극단화에 대한 우려 역시 끊이지 않고 있다. 소셜 미디어를 통한 페미니즘 운동에서도 트랜스젠더 배제적 발화가 문제시된 바 있다. 서구의 '인셀 테러(incel terror)'와 같이, 특정한 온라인 커뮤니티를 통해 공격적 남성성 문화를 형성하고 이를 현실의 폭력으로 연계시키는 문제에 대한 논의 역시 온라인 문화와 공동체성에 대한 논의의 한 축이다. 인종차별적 극우 커뮤니티, 탈진실(post truth) 상황에서 특정한 신념형 거부자들(예를 들어, 지구 평면설을 믿는 사람들) 등은 온라인 공간이 제공한 연결성이 확증편향의 구조 속에서 대안적 진실을 숭상하고 자기 확신을 유지하기 위해 타자에 대한 폭력적 공격성을 보이기도 한다.

온라인 공간의 정체성 형성 과정에 대한 우려와 논의는 오프라인 관계가 일정 정도 단절된 코로나19 팬데믹 시기에 더욱 커졌다. 소셜 미디어와 온라인 삶은 이제 개인의 정체성 형성의 핵심적 축이 되었고, 특정한 공간의 담론을 구성하고 또 영향을 받는 개인 주체들이 특정한 사회적 행동으로 연결된다. 이러한 사회 운동의 일부는 연결 행동으로서 사회적 변혁과 공동체 형성을 위한 것으로 설명되고, 어떤 경우 온라인 극단주의로 표상된다.

---

1 Naziha Houki, Alka Kurian & Kenza Oumlil, "Social Media and Fourth Wave Feminism in Morocco," eds. Joe Khalil et al., *The Handbook of Media and Culture in the Middle East*, Wiley, 2023, pp.453-467.

이 글에서는 최근 한국 사회에서 일어난 남성 게임 이용자의 반페미니즘 정서와 여성 게임 업계 노동자에 대한 온라인 폭력 행위와 관련하여, 어떠한 특정한 젠더 인식이 구성되고 확산되는지, 그리고 이를 가능하게 하는 온라인 커뮤니티 작동 문화의 문제는 무엇일지에 대해 논의하고자 한다. 2010년대 중반부터 한국의 온라인 게임 이용자 커뮤니티, 특히 남성 중심 커뮤니티는 게임 내 다양성 재현에 대한 저항을 커뮤니티 정체성으로 삼고, 게임 업계 여성 노동자를 사이버불링하는 일을 적극적으로 주도해 왔다. 최근 2023년 11월에도 게임 〈메이플스토리〉 이용자들을 중심으로 해당 게임이 남성혐오 이미지를 담고 있다는 트집을 잡으면서 관련 작화가와 제작 업체에 대한 온라인/오프라인 괴롭힘이 광범위하게 일어난 바 있다. 이 글은 이러한 불링 행위가 드러내는 남성 중심 커뮤니티 담론과 밈화된 반페미니즘 정서 그리고 밈화된 행동주의의 문제를 다루고자 한다.

2. 온라인 커뮤니티와 남성성에 대한 선행 논의

남성 중심 온라인 공간과 해당 공간에서 활동하는 주체들에 대한 설명은 남성성의 의미 구성을 중심으로 이루어져 왔다. 게이머 게이트(Gamer Gate)를 중심으로 나타난 긱 남성성(geek masculinity)은 그간 하드코어 테크놀로지를 중심으로 기계와 남성성을 연결시키는 오래된 성별 고정관념과 연결되어 설명되었다. 긱 남성성은 남성적 주체성 구성의 기술에 초점을 둔 설명으로,

남성의 기술적 역량과 여성의 무능력이라는 성별 고정관념에 기초
하여 형성된 것이다.[2] 한편으로 이는 미국 문화 내에서 신체적 역
량을 강조하는 히이퍼 매스큘리니티(hyper-masculinity)에 대응하는
새로운 유형의 남성성 모델일 수 있었지만, 여성에 대한 폭력성을
기술 합리성의 이름으로 실천하는 양상을 보이면서 대안적인 남
성성 유형으로 평가하기 어려워졌다.[3] 사회경제적 맥락에서도, 스
타트업의 성공 신화가 경제적 성공에 대한 신자유주의적 감수성
과 결합하였고, 성공에 이르기 위한 경쟁에서 여성과 소수자를 배
제하려는 온라인 공간의 특수한 폭력적 태도가 형성되었다. 이것
이 가시화된 사건이 게이머 게이트라고 할 수 있다.[4]

   게이머 게이트는 남성 중심적 게임 콘텐츠가 폭력과 성차별을
포함하고 있다는 지적으로부터 출발했다. 페미니스트 비평은 게
임에 대한 담론과 이용자들의 목소리에 여성혐오, 인종차별, 성소
수자 혐오 등이 두드러진다는 것을 비판해 왔다.[5] 그런데 게이머
게이트 상황에서 여성 개발자 조이 퀸(Joey Quinn)에 대한 온라인
공격이 이어지면서 페미니즘 진영과 '진정한 게이머'를 자처하는
남성 게임 이용자 간 세력 경쟁으로 비화하게 되었다. 남성 게임
이용자들은 페미니스트들이 비디오 게임 산업을 망치기 위해 적

---

2   Michael Salter, "From Geek Masculinity to Gamergate: The Technological Rationality
of Online Abuse", *Crime, Media, Culture*, Vol.14, No.2, 2018, p.250.

3   ibid, pp.250-252.

4   Andrea Braithwaite, "It's About Ethics in Games Journalism? Gamergaters and Geek
Masculinity", *Social Media+Society*, Vol.2, No.4, 2016.

5   Andrea Braithwaite, "'Seriously, Get Out': Feminists on the Forums and the War
(craft) on Women," *New Media & Society*, Vol.16, No.5, 2014.

극적으로 활동하고 있다는 주장을 펼쳤고, 이러한 문제적인 페미니스트를 향한 공격이 윤리적으로 옳다고 주장하면서 온라인 괴롭힘과 성적 모욕, 그리고 강간 위협을 정당화하였다.[6]

게이머 게이트 이후 독성 남성성(toxic masculinity) 논의가 광범위하게 온라인 커뮤니티 남성성을 설명하는 데 활용되었다. 사실 독성 남성성 개념은 페미니스트 이론의 맥락에서라기보다는 보수적 남성성 이론에서 먼저 출발한 개념이다. 이 개념은 1990년대 바람직한 아버지 모델을 갖지 못한 남성이 폭력적인 행위에 이르게 되는 것을 분석하면서 등장하였다.[7] 여기에 미국 사회의 맥락이 개입하여, 인종과 계층 등의 구조적 불평등의 존재를 무시한 채로 남성성 일반에 대한 설명으로 활용되기 시작하였고 이에 사회적 빈곤 계층의 남성성을 유해하다는 방식으로 규정하는 효과를 갖게 되었다.[8]

독성 남성성에 대한 이와 같은 비판은 미국적 맥락에서 사회 구조적 불평등의 인종적/젠더적 차원에 대한 인식을 요구하는 것이다. 하지만 2010년대부터는 온라인 커뮤니티에서의 남성성 유형에 대해 이 개념이 광범위하게 적용되었다. 각종 오프라인 폭력 사건에서 범죄자가 온라인 극단화 커뮤니티를 통한 정체성을 형

---

6 Shira Chess & Adrienne Shaw, "A Conspiracy of Fishes, or, How We Learned to Stop Worrying about #GamerGate and Embrace Hegemonic Masculinity", *Journal of Broadcasting & Electronic Media*, Vol.59, No.1, 2015.

7 Frank Pittman, *Man Enough: Fathers, Sons, and the Search for Masculinity*, Putnam, 1993.

8 Carol Harrington, "What is "Toxic Masculinity" and Why Does it Matter?", *Men and Masculinities*, Vol.24, No.2, 2021, pp.345-352.

성하게 되었다고 알려지면서 이를 언론과 연구자가 주목하게 되었기 때문이다. 이 과정에서 남성성의 다양한 계층적/인종적/섹슈얼리티 차원의 문제가 다루어지기는 어렵게 되었고, 독성 남성성은 온라인 커뮤니티 이용자들의 극단적 인식 강화 사례로 다루어지게 되었다. 사실상 계층과 인종에 대한 정보를 얻기 어려운 온라인 커뮤니티의 특성상 인셀 커뮤니티 이용자의 성별, 인종, 나이를 추론하기는 쉽지 않다. 다만 커뮤니티 이용자들이 주로 주장하는 '연애 시장의 실패' 문제가 청년 세대 남성의 상황으로 상정되면서 청년 남성의 극단주의적 성향으로 설명되고 있다.

비자발적 독신을 의미하는 인셀은 미국 맥락에서는 특정한 이상적 남성성에 이르지 못한다고 스스로 인식하는 남성들이 그 좌절과 분노감을 여성과 소수자에게 돌리는 현상으로 이해된다. 따라서 인셀 문화는 여성혐오적 속성을 본질적으로 갖게 되고 폭력 행위를 옹호하는 양상을 보여왔다. 온라인 인셀 커뮤니티 게시물에 대한 연구들은 해당 공간에서 여성은 본질적으로 악한 존재라는 주장이 정당화되고, 성적 시장의 거래에서 여성이 조건을 따지는 데 대한 분노를 보이고, 폭력적 남성성을 옹호하는 인식이 보편화되어 있음을 보여준다.[9]

인셀 커뮤니티에서 개발한 다양한 은유와 개념들은 전반적으로 페미니즘과 여성해방이 남성의 위축과 불행을 가져온다는 핵심 테제에 연결되어 있다. 예를 들어 20/80 가설은 여성이 재정적

---

9   O'Malley Roberta, Karen Holt & Thomas Holt, "An Exploration of the Involuntary Celibate (Incel) Subculture Online," *Journal of Interpersonal Violence*, Vol.37, No.7-8, 2022.

으로 독립적 지위를 갖게 되면 외모지상주의를 추구하면서 매력
적 남성을 선택하고자 하여, 80%의 여성이 20%의 남성을 선택하
고자 하며 이로 인해 비자발적 독신 남성이 양산된다는 주장을
펼친다.[10] 영화 〈매트릭스〉의 빨간 알약 비유는 이러한 불공정한
성적 시장의 문제를 깨달을 수 있는 남성을 위한 인셀 커뮤니티
의 영향력을 설명하기 위해 사용된다. 이는 인셀 커뮤니티의 대표
적 공간으로 언급되는 레딧(Reddit)의 스레드 명 'The red pill'과 같
은 것을 통해 상징적으로 논의되었다.[11] 인셀 커뮤니티에 대한 다
수 연구들의 결론은 유사하다. 이 커뮤니티 문화 내에서는 여성이
성적 시장에서 선택권을 가지는 것을 문제 삼으며, 이를 페미니즘
의 영향력으로 해석한다. 그러나 이 경우 페미니즘은 성평등을 위
한 사상이라기보다는 여성이 자신의 이기적 요구를 관철하는 수
단으로 이해된다. 또한, 여성이 선망하는 특정한 남성성(Chads 밈이
대표적이다) 역시 문제적인데, 이들은 다수의 여성을 차지하고 있어
비자발적 독신 남성의 기회를 박탈하게 되기 때문이다. 하지만 이
문제 역시 여성이 자신의 역량이 아닌 남성의 돈이나 권력으로 살
고자 하는 선택의 결과이므로 문제의 책임은 여성이 져야 한다는
주장이다. 이러한 인셀 커뮤니티의 주장은 대체로 여성혐오적 성

10 Björn Pelzer et.al., "Toxic Language in Online Incel Communities", *SN Social Sciences*, Vol.1, 2021.

11 Michael Vallerga & Eileen Zurbriggen, "Hegemonic Masculinities in the 'Manosphere': A Thematic Analysis of Beliefs about Men and Women on The Red Pill and Incel", *Analyses of Social Issues and Public Policy*, Vol.22, No.2, 2022.

향으로 집약되어 설명되었다.[12]

　일견 연애 경험을 쌓기 어려운 상황에 놓인 사람들의 비논리적 불만으로 보이는 인셀 커뮤니티의 주장이 사회적 관심을 받은 것은 현실에서 폭력 행위와 연결되기 때문이다. 미국 사회의 맥락에 따라 총기 난사, 공적 공간에서의 폭력 행위를 일으킨 범죄자가 자신의 행위를 커뮤니티 맥락에 따라 설명하거나 커뮤니티에 범행 예고를 하는 등, 인셀 커뮤니티가 범죄 행위의 원인 중 하나로 지목되어 왔다.

　한국의 경우 소위 남초 커뮤니티 문화를 인셀 문화로 명명하는 경우도 있다. 이는 연애 시장에 대한 주장 등의 유사성에 근거한 것이라기보다는 남성 커뮤니티의 문화가 갖는 특정한 여성혐오적 속성에 근거한 것이다. 서구의 인셀 문화와 한국의 온라인 커뮤니티를 일대일로 비교하기는 어렵다. 한국의 커뮤니티 문화가 성별화되어 발전해옴에 따라 남성 커뮤니티는 페미니즘에 대한 반감과 여성에 대한 성적 대상화를 중심으로 커뮤니티 문화를 형성해 온 특수한 맥락이 있다.[13] 또한, 우익보수 담론과 연계된 일베(일간베스트)의 정서 구조에 대한 논의에서는 가부장적 남성성을 숭상의 대상으로 놓고 이를 수행하기 어려워진 것을 여성의 탓으로 돌리는 것, 이전 세대에 비교하는 상대적 박탈감 정서와 자조

12　Brenna Helm et al., "Examining Incel Subculture on Reddit", *Journal of Crime and Justice*, Vol.47, No.1, 2022.

13　김수아 · 최서영, 「남성 정체성(들)의 재생산과 사이버 공간」, 『미디어, 젠더 & 문화』 제8호, 한국여성커뮤니케이션학회, 2007.

적 비하 등이 논의되기도 했다.[14] 가부장적 남성성 수행의 최종 과업이 결혼이라는 점에서 결혼과 연애에 관련된 남성성 구성 과정이 쟁점이 되고 있으며, 최근의 '퐁퐁남' 논쟁과 같이,[15] 연애와 결혼 시장을 둘러싼 피해자 의식, 여성혐오, 공정 담론의 전유 등이 온라인 남성 커뮤니티를 중심으로 형성되는 정동적 양상들이다.

3. 게임 커뮤니티와 남성 게임 이용자 문화

이 글에서는 온라인 남성 커뮤니티에 대한 사례 분석으로 2015년 이후 한국의 온라인 게임 커뮤니티를 중심으로 발생한 일련의 한국형 '게이머 게이트' 문제를 다루고자 한다. 2016년 게임 〈클로저스(Closers)〉 캐릭터 성우였던 김자연 씨가 당시 메갈리아 4 사이트 후원 티셔츠를 자신의 소셜 미디어에 인증한 것을 계기로 확산된 게임 커뮤니티 내 여성 이용자 배척과 반페미니즘 담론은 온라인 공간에서만 존재하는 발화로서가 아니라 실질적으로 여성 일러스트레이터와 성우 등 게임 업계의 프리랜서 여성 노동자들에 대한 생계 위협으로 이어졌다.

2018년 3~4월의 경우, 다수 게임에서 남성 위주의 게임 이용자들이 '메갈 게임 리스트' 등을 만들고 원화가와 성우를 개인적으로 공격하여, 게임 내 캐릭터가 삭제되고 리소스가 교체되는 등

---

14 김학준, 『보통 일베의 시대』, 오월의봄, 2022.
15 한희정, 「페미니즘 백래시 담론 사례 분석: 설거지론을 중심으로」, 『한국여성커뮤니케이션학회 2023년 가을철 정기학술대회 자료집』, 2023.

의 실질적 피해를 입었다. 이 '메갈' 낙인찍기의 메커니즘에서 '메갈'인 이유는 한국여성민우회로 대표되는 한국의 여성운동단체 소식을 받아 보거나, 여성의 인권에 대해 언급하는 것에 이르기까지 광범위하게 적용되었다.

이러한 움직임이 정당화되는 데에는 게임은 남성 중심의 문화라는 인식, 그리고 시장 소비자 주의가 영향을 미쳤다. 남성 중심 게임 문화에 대한 비판과 연구는 다수 진행되어 왔고, 게임 내 성차별, 여성 이용자에 대한 사이버불링,[16] 채팅 기술(보이스챗)을 이용한 성차별과 모욕 즉 악성 채팅 등이 문제가 되고 있다.[17] 초기 연구에서 여성 게임 캐릭터의 성차별성이 논의의 주요 내용이었다면, 2010년대 이후 온라인 채팅, 보이스 채팅 등을 통한 여성비하와 혐오표현 문제가 게임 문화의 핵심 문제로 등장하는 중이다.[18]

하지만 남성 중심 게임 커뮤니티 이용자들에게 이러한 게임 문화의 성차별성 비판은 대체로 외부적 비판으로 이해되어 강력한 반발의 대상이 된다. 이는 게임이 원래 남성적 영역이라는 인식과 이에 따라 이 영역에 대해 영역 외부자가 내놓는 비판을 수용하지 않으려 하는 경향, 여성 이용자들이 게임 내에서 받는 성차별에 대해 호소하거나 비판하는 것을 남성성 자체에 대한 공격이나

---

16 Wai Yen Tang & Jesse Fox, "Men's Harassment Behavior in Online Video Games: Personality Traits and Game Factors," *Aggressive Behavior*, Vol.42, No.6, 2016.

17 범유경 · 이병호 · 이예슬, 「〈오버워치〉, 그리고 다른 목소리-게임 〈오버워치〉 내 여성 게이머에 대한 폭력적 발화 분석」, 『공익과인권』 제17호, 서울대학교 법학전문대학원 인권법학회 · 서울대학교 법학연구소 공익인권법센터, 2017.

18 맹욱재 외, 「온라인 게임내 성차별 실태 조사 및 제재 시스템 디자인 연구」, 『한국HCI학회학술대회논문집』, 2018, 470-475쪽.

남성의 지위를 약화시키려는 시도로 보는 태도 등이 결합된 결과
이다.

물론 게임이 과연 남성 중심의 시장을 이루고 있는가에 대한
질문 역시 지속적으로 제기된다. 현재 국내 게임 시장에서 남성과
여성의 게임 이용 비율은 차이가 있다. 『2023년 게임이용자실태
조사보고서』에 따르면, 남성 게임 이용자 비율이 71.5%, 여성 게
임 이용자 비율이 53.9%로 나타났는데 이는 2022년 여성 73.4%
에 비해 여성 이용자 비율이 크게 떨어진 것이다. 이러한 변화에는
40~50대 여성의 게임 이용율이 낮아진 것이 큰 영향을 미쳤다. 또
한, PC 게임의 경우 남성이 71.5%, 여성이 46.5%로 이용율 격차가
크다. 반면 모바일 게임 이용률은 남녀 격차가 적지만, 장르 격차
가 있어서 여성의 모바일 게임 이용 장르는 퍼즐, 시뮬레이션 게임
등을 주로 하고 남성은 롤플레잉, 슈팅 게임 등을 주로 하는 차이
를 보인다.[19]

또한, 유료 게임 이용자 비율에서 여성이 다소 적게 나타난다.
PC 게임 이용 비용의 평균은 남성이 34,154원, 여성이 33,161원이
다. 그런데 확률형 아이템 구입의 경우 남성 평균은 180,756원, 여
성은 128,968원으로 차이가 있다.[20] 평균값의 차이도 있지만, PC
게임 이용자 수 자체에서 남성이 훨씬 비중이 높다는 점에서 남성
이용자를 더 많이 고려하는 경향을 보인다. 특히 이와 같은 현금
투입 게임 이용자는 30~40대 층에 몰려 있고, 남성일 확률이 더

---

19 한국콘텐츠진흥원, 『2023게임이용자실태조사보고서』, 한국콘텐츠진흥원,
    2023, 14쪽; 61쪽; 97쪽.
20 위의 글, 74쪽; 82쪽.

높다는 점에서 30~40대 남성 이용자의 목소리가 게임 업계 내 중요한 여론 생성자로 간주하는 것이다.

그런데 이와 같은 남성 중심적 게임 시장에 대한 인식은 일종의 환상적인 것이며 실제로 여성 게임 이용자가 상당하다는 것은 물론 남성 이용자의 다양성 역시 존재한다는 점이 논의되고 있다.[21] 진정한 게이머, 하드 게이머라는 남성 게이머 상은 국내외를 막론하고 일종의 신화적 표상일 뿐이라는 지적이 이어졌고 이는 게이머 커뮤니티 외의 게이머들의 목소리를 드러내는 것으로 이어지기도 했다.

문제는 이러한 남성 게이머 상이 게임 업계에 널리 받아들여져 있고 특히 한국 게임 업계는 이를 중요한 기준으로 보고 있다는 것이다. '다양한 게이머 상은 해외 AAA 게임[22]에나 가능한 것'이라는 인식은 국내 게임 업계 종사자들에게 일반화된 것으로 보인다. 그리고 이러한 한국/해외 게임 시장의 차이에 대한 인식은 게임 커뮤니티 여론의 인식과 대응에 영향을 주고 있다.

---

21 윤태진·김지연, 『여성 게이머는 총을 쏠 수 있는가』, 몽스북, 2023.

22 AAA 게임이란 대규모의 자본을 투입해 만들어서 글로벌 수준에서 판매되는 대작게임을 말하는 것으로, 국가신용평가 등급 용어 중 최상위 등급을 게임에 적용시킨 것이다.

4. 한국 남성 게임 이용자와 반페미니즘 담론[23]

2016년 이래 지속적으로 일어난 게임 내 여성 노동자에 대한 사적 감시, 그리고 게임 산업에 대한 압력을 가하는 온라인 게임 커뮤니티의 이용자 행위는 일종의 사상 검증, 백래시 등으로 명명될 수 있다. 2023년까지 이어진 게임 산업에서의 주요 여성 노동자에 대한 온라인 폭력과 이에 따른 해고 사건[24]은 다음과 같은 사례가 있다.

- 2016년 성우 김자연씨의 메갈리아 4 티셔츠 인증 후 성우 해고 사례
게임 〈클로저스〉의 성우 김자연씨가 자신의 SNS에 'GIRLS Do Not Need A PRINCE'라고 적힌 티셔츠를 입고 있는 사진을 올렸음. 이 티셔츠가 '메갈리아 4'가 마련한 후원금 티셔츠이므로 '메갈'을 옹호한다는 비판이 게임 이용자 측을 중심으로 제기되면서 해당 게임 업체 넥슨은 성우를 교체하겠다고 발표하였음.[25]

---

23 4장의 논의는 김수아, 『2018년 정책리포트: 게임업계 '페미니스트 블랙리스트' 관련 현황 조사 및 대책』, 여성가족부, 2018; 김수아, 「페미니스트 낙인과 남성 중심 게임 담론」, 한국여성커뮤니케이션학회 봄철정기학술대회, 2019; 김수아, 『게임 콘텐츠와 젠더 재현』, 커뮤니케이션북스, 2022의 내용에 논의된 것을 일부 활용하였다.

24 현재의 노동 구조상 프리랜서의 위치를 갖게 되는 성우, 원화가 등의 경우 교체, 계약 해지 등의 표현을 쓰고 해고라고 표현하지 않는 경우가 많은데, 이 글에서는 사실상 해고의 의미를 갖는다고 보아 해고로 표현하였다.

25 「"부당 해고"vs"메갈 옹호?" 넥슨, 女성우 교체 논란」, 『한국일보』, 2016. 7. 2.

- 2016년 게임 〈데스티니 차일드〉에 참여한 원화가 해고 사례

게임업체 넥스트플로어는 2016년 11월 1일 공식 카페 공지 사항을 통해 "내부 스태프들과 운영진 모두 모여 논의한 결과 어떠한 형태로든 논란이 발생하거나 발생할 가능성이 있는 이미지는 게임의 원활한 플레이를 위해 교체하는 것으로 결정했다"며 "최근 논란이 되는 일러스트를 교체하기로 했다"고 밝혔음. 이에 반발하는 SNS 메시지를 올린 다른 원화가의 일러스터 역시 바로 다음 날 2일 "추가 논란이 발생할 여지가 있는 이미지가 확인됐다"면서 교체하였음.[26]

- 게임 〈소녀전선〉 원화가 해고 및 캐릭터 삭제 사례 (2018. 3. 21.)

모바일 게임 〈소녀전선〉에서 신규 캐릭터 'K7'을 선보인다는 공지가 나가자, 게임 이용자 층을 중심으로 온라인 상에서(디시인사이드 갤러리, 공식게임사이트 등) 해당 캐릭터 원화가가 평소 메갈을 지지하는 사람이라며 SNS 메시지를 캡처하여 게시글을 올리기 시작함. 이 원화가의 경우, 특히 리트윗한 메시지를 문제 삼았음.[27] 게임업체 측은 게임커뮤니티(카페) 공지사항으로 "해당 제보에 진심으로 감사 말씀드립니다. 현재 저희가 관련 소식에 대한 충분한 정보와 증거들을 조사한 후, 그에 합당한 조치를 취할 수 있도록 하겠습니다."라고 하였고, 이후 해당 캐릭터를 삭제하였음.[28]

---

26 「제2의 넥슨 사태? 메갈리안 작가 논란에 이미지 교체한 게임 제작사」, 『여성신문』, 2016. 11. 2.

27 대표적으로 다음과 같은 사례가 있다. 「K7 일러레가 과거 RT 한 트윗들」, 2018. 3. 21. (http://gall.dcinside.com/mgallery/board/view/?id=bjsn&no=1779034)

28 「안녕하세요 라이코입니다」, 2018. 3. 21. (http://cafe.naver.com/girlsfrontlinekr

- 게임 〈클로저스〉 원화가에 대한 사상검증 논란 (2018. 3. 24.)

게임 〈클로저스〉의 원화가는 〈소녀전선〉 사태와 관련하여 비판적인 메시지를 올리거나 리트윗하였음. 이를 게임 이용자들이 비난하면서 2016년 A 성우 사건 때의 해당 원화가가 올린 메시지를 캡처하여 공개하고, '메갈' 원화가로 낙인찍기를 수행. 이에 원화가는 사과문을 썼고, 게임업체 측은 문제가 된 사건은 입사 전의 일이며 앞으로 유사한 문제가 없게 하겠다는 요지의 사과문을 공지하였음.[29]

- 게임 〈트리오브세이비어〉 원화가에 대한 사상검증과 IMC게임즈 공지 사례 (2018. 3. 25-27.)

게임 〈트리오브세이비어〉 이용자들이 3월 25일, '소울워커 갤러리'를 통해, 해당 원화가가 '여성민우회', '페미디아' 등의 계정을 팔로우(구독)했고, '낙태죄 폐지' 주장, 드라마 〈나의 아저씨〉 비판, 생리대 가격에 대해 문제 제기하는 글 등을 리트윗했다고 주장[30]하면서 게임업체에 항의하였으며, 이에 원화가는 사과문을 게시하였음. 특히, 게임업체 김학규 대표는 3월 26일자 공지문에서 '왜 팔로우 했는지', '왜 리트윗 했는지' 등 개인의 가치관과 사생활 문제를 거론하고 '반사회적인 혐오 논리', '변질되기 전 의미의 페미니즘', '지속

/1832326)

29 「일러스트 작가의 트위터 활동 논란에 대한 입장을 말씀드립니다」, 2018. 3. 24. (http://closers.nexon.com/news/notice/view.aspx?noticearticlesn=122393)

30 해당 게시글은 삭제되었음.

적이고 전사적인 교육' 등을 언급하여 논란을 키웠음.

- 게임 〈가디언 테일즈〉 대사 수정 사례 (2020. 8. 2.)
게임 이벤트 스크립트 중 "이 XXX이"라는 여성 비하 대사가 문제
가 되어 8월 2일 패치로 "망할 광대 같은 게"로 수정되었음. 이에 게
임 이용자들은 "영어 대사에도 whoXX인 XXX을 없애다니 페미 게
임이다", "광대는 한남 비하 단어이다"라고 주장하며 롤백을 요구
했고 직원에 대한 해고도 요청함. 이 게임을 한국에 제공하는 카카
오게임즈는 사과문을 올리고 직원을 교체하였음.[31]

- '3N'(넥슨 · 엔씨 · 넷마블) 게임사 사상 검증 폭로 (2021. 4. 12.)
한 입사지원자가 '페미니스트로 알려진 원화가 그림을 지우겠는가'
라는 면접 질문을 받았다고 트위터에 게시하였음.[32]

- 게임 프로젝트 문 스토리 일러스트레이터 해고 (2023. 7. 24.)
프로젝트 문의 게임 〈림버스 컴퍼니〉에 참여한 원화가가 트위터에
서 페미니즘 관련 트윗을 리트윗하였다고 게임 이용자들이 항의하
여, 사측은 〈림버스 컴퍼니〉 트위터 계정을 통해 "사회적 논란이 생
길 여지가 있는 개인 SNS 계정이 회사와 연관될 가능성"을 없애 달
라는 사내 규칙을 해당 일러스트레이터가 위반했다고 계약 해지

---

31 「가디언테일즈 '페미 사냥'에 굴복 … "광대→나쁜X"으로 재수정(종합)」, 『연합
뉴스』, 2020. 8. 5.
32 「"페미니스트 지우겠나" … 대형 게임사 면접 '사상 검증' 논란」, 『중앙일보』,
2021. 4. 13.

통보함. 항의의 근본적 이유는 캐릭터 디자인의 노출이 줄어든 데 대한 불만으로 알려져 있음. 해당 계정의 활동은 중지된 상태였으나 게임 이용자들이 검색을 통해 복구한 것임.[33] 이에 부당해고 통지로 인한 디콘지회의 성명서 발표 등 노동 문제로 확산되고 이후 국정감사에서 게임업계 부당해고 전반에 대한 문제제기가 이루어짐.[34]

- 게임 〈메이플스토리〉 원화 삭제 및 스튜디오 뿌리 계약 해지 (2023. 11. 25.)
〈메이플스토리〉의 일러스트레이션에서 손가락 기호가 발견되었다는 항의가 이어지면서 해당 원화를 작업한 스튜디오 뿌리에 대한 온/오프라인 괴롭힘이 심각해졌음. 게임 이용자들의 항의를 받아들여 게임사 넥슨 측은 해당 원화를 삭제하고 스튜디오 뿌리와 계약을 해지하였으며, 2023년 게임 매출의 감소 역시 뿌리에서 남성혐오 원화를 포함하였기 때문이라고 보고서에 기록하여 비난을 받음.

이 사례는 일부에 불과하고 더 많은 사례가 알려지지 않았을 수 있다. 무엇보다 게임의 원화가나 성우가 스스로 위축되는 경우가 많았는데, 평판으로 일자리를 확보하게 되는 게임 업계의 특수

---

33 디콘지회 성명서, 2023. 7. 28. (https://twitter.com/dcfu2018/status/1684732003 638480896?s=20)

34 「게임업 여성작가 또 해고 … "페미 검증으로 밥줄 끊기, 불법"」, 『한겨레』, 2023. 7. 27.

한 구조에서는 '메갈 논란'이 생계에 심각한 위협이 되기 때문이었다. 남성 게임 커뮤니티에서는 협동적 작업을 통해 '메갈 게임 리스트'를 제작하였고(2018년까지) 이후는 '페미 묻은 게임' 리스트를 만들고 있다. 이는 2017년 전후로 남초 커뮤니티 내 호명이 '메갈'(일부 문제 있는 페미니스트)에서 페미(문제 있는 여성 집단)으로 적대가 확장됨에 따라 발생한 것이다. 이러한 블랙리스트는 게임 이용자들이 계속 즐겨도 되는 게임과 하면 안 되는 게임을 구분하면서 공동체의 규범을 구성한다.

이러한 게임 업계 내 '메갈' 몰이는 주로 여성 노동자의 노동권 문제로 논의되어 왔다. 사상이나 신념을 이유로 해고하는 것이 노동법상 부당 해고가 될 수 있기 때문이다. 특히 몇몇 언론사(한겨레, 경향신문)는 게임 커뮤니티 이용자가 실질적으로 여성 노동자의 해고에 영향을 미치는 부분을 부각하고 이를 제재할 법제도적 장치가 미비하다는 데 대한 논의를 선도해 왔다.[35] 이는 해당 문제 해결을 위한 논의로서 꼭 필요한 부분이나 이 글에서는 게임 커뮤니티 이용자 행위에 초점을 맞추어 이를 남성 중심 커뮤니티의 윤리 담론과 남성 이용자의 젠더 인식 문제를 논의하고자 한다.

미국의 게이머 게이트는 다층적 이용자들이 개입한 복잡한 담론이었지만, 초기 가장 강력하게 여성 비평가나 기자에 대한 사이버 폭력 행위를 정당화한 논리는 저널리즘 윤리 담론이었다.[36] 여성 개발자 조이 퀸이 기자들과 관계를 맺어 게임 리뷰를 좋게 받

---

35 「게임업계는 어쩌다 '페미 사상 검증' 전쟁터가 됐나」, 『한겨레』, 2023. 12. 26.

36 Torill Mortensen, "Anger, Fear, and Games: The Long Event of #GamerGate", *Games and Culture* Vol.13, No.8, 2018, pp.791-792.

았다는 음모론이 제시되어 이 사실이 증명되지 않았음에도 지속적으로 확산되었다. 담론 경쟁장에서 주체들이 주장의 정당화와 확산을 위한 특정한 위치를 점할 때 윤리성을 주장하는 것이 중요하다.[37] 한국의 경우, 게임 커뮤니티 이용자들은 윤리성을 위하여 우선 소비자 주의를 채택하고 있다.[38] 이는 커뮤니티 이용자 행위가 소비자 행동 맥락으로 작동하여 '항의'와 불매, 시위 행위 등으로 이어지기 때문이다. 통상 소비자 운동에 참여하게 되는 동인은 자기 감시성과 불매 운동 커뮤니티에 느낄 수 있는 소속감,[39] 피해자 동일시와 지각된 효능감[40] 등으로 설명된다. 먼저 자기 감시성과 소속감의 차원은 게임의 남성 중심성에 대한 신화를 통해 구축된다. 게임은 원래 남자들이 하는 것이고 남자들의 문화라는 주장이 전제가 된다. 게임 공동체가 남성들의 것이라는 인식 속에 주요 소비자, 리뷰어, 게임 커뮤니티의 구성원은 모두 남성이므로 남성과 관련 없는 여성의 입장이 개입될 이유가 무엇인지를 질문하며 이것은 남성의 영역이라는 것이 강조된다.

37　Adrienne Massanari, "#Gamergate and The Fappening: How Reddit's Algorithm, Governance, and Culture Support Toxic Technocultures", *New Media & Society*, Vol.19, No.3, 2017.

38　이민주, 「반페미니즘 남성 소비자 정치의 탄생: 대중문화 시장에서의 '메갈 색출' 사건 사례를 중심으로」, 이화여자대학교 석사학위논문, 2023.

39　장몽교·이승신, 「불매운동 관련 특성 및 소비자시민성이 온라인 불매운동태도와 의도에 미치는 영향: 자기감시성의 조절효과를 중심으로」, 『소비자정책교육연구』 제14권 1호, 한국소비자정책교육학회, 2018.

40　박은아·박민지, 「누가 불매운동에 참여하는가?: 기업의 비윤리적 사건에 대한 불매운동 참여의도 형성요인에 관한 구조모형 연구」, 『한국심리학회지: 소비자·광고』 제19권 1호, 한국심리학회, 2018.

게임 문화가 남성적 특성을 갖는다는 것은 남성이 게임을 잘한다는 사실에 의해 구축된다. 이렇게 남성의 게임 역량을 설명하는 데 있어, 게임 자체가 갖는 능력주의적 성향 역시 문제가 될 수 있다. 독성 메리토크라시(toxic meritocracy)는 게임 문화에서의 경쟁과 공정에 대한 생각을 설명하는 크리스토퍼 파울(Christopher Paul)의 개념이다.[41] 그는 비디오 게임을 대상으로, 능력주의 이데올로기가 만연하지만 사람들이 그것을 인식하지 못한다고 하면서 사회에 존재하는 불평등을 성찰하지 못하게 하는 구조를 갖고 있다고 평가하였다. 게임의 구조는 현실 사회의 불평등을 반영하여, 능력주의적 이데올로기 하에서 게임이 공정하다는 인식을 강조하지만 실제로는 더 많은 현실 사회의 자산을 가진 사람이 빠르게 정상에 도달하는 구조이다. 이러한 시스템의 부정적 영향력 즉 독성 영향력은 소수자들이 결국 자신의 역량에 대한 잘못된 평가를 내리게 되는 데 있다. 사회구조적으로 특정 조건이 작동하지 않는 것처럼 생각하게 됨으로써 현재의 게임 성취가 오로지 능력에 의한 것으로 간주되며, 이에 여성을 게임을 못하는 집단으로, 남성을 게임을 잘하는 집단으로 보는 하드 게이머 이상이 정당화된다.

하드 게이머 집단의 소속감은 외부의 개입자를 물리치고 내부의 안정을 꾀하는 것을 통해 구축된다. 방어 논리를 구축하기 위해 기계에 익숙한 남성성-수학과 기계에 약한 여성성의 이분법적 고정관념을 공유하고, 이를 사실-팩트화 하는 것이 소속감 구성

---

41 Christopher Paul, *The Toxic Meritocracy of Video Games: Why Gaming Culture Is the Worst*, University of Minnesota Press, 2018.

의 핵심적 과정이다. 즉, 소비자주의 활동의 전제는 게이머로서의 남성성에 대한 믿음과 여성을 게임 외부자로 보는 이분법적 젠더 인식이다. 이는 대표적으로 혜지 명명 등, 게임을 못하는 사람을 여성으로 가정하는 밈의 활성화를 통해 확인할 수 있다. 게임 〈리 그 오브 레전드(League of Legends)〉의 '혜지' 명명 논란에서처럼, 남성 게임 이용자들은 실제로 경험하거나 목격한 것이 아님에도 '남성을 속이거나 착취하는 여성 게이머' 상을 갖고 있으며 실제 상대의 성별이 확인되지 않은 상황에서도 게임을 잘 못하거나 또는 게임을 못하면서 이익을 얻으려고 하는 상대방을 여성이라고 확신하고 비난한다.[42]

한국의 온라인 공간에서 자신의 주장을 강화하는 방식을 '팩트주의'라고 부를 수 있다. 이는 몇 가지의 파편화된 사실이나 정보를 묶어 자신의 주장을 정당화하는 방식으로, 특히 잘못된 단순한 귀납논증을 하려는 경향으로 요약할 수 있다. 예를 들어, 성차별이 있다는 주장에 대해서, 여성우대를 하는 사례가 1개라도 존재한다면 성차별이 있다는 주장이 기각된다는 인식이다.[43] 남성 게임 이용자가 "여성은 게임을 잘 못한다", "여성은 게임에서 남성을 이용하여 순위를 올린다"는 등의 고정관념을 팩트-사실로 인식하게 되는 데에는 이와 같은 단순 반례 중심의 팩트주의

---

42 이현준 · 박지훈, 「'혜지'가 구성하는 여성에 대한 특혜와 남성 역차별: 공정성에 대한 남성 온라인 게임 이용자들의 열망은 어떻게 여성혐오로 이어지는가?」, 『방송과 커뮤니케이션』 제22권 1호, 한국방송학회, 2021.

43 김수아, 「지식의 편향 구조와 혐오: 국내 위키 서비스 '여성혐오' 논란을 중심으로」, 『미디어, 젠더 & 문화』 제35권 1호, 한국여성커뮤니케이션학회, 2020.

가 작동하는 것이다. 혜지 논란 역시 누군가 경험했을 수 있는 여성 게이머의 부정적 행위 사례담이 여러 다양한 사건 중 하나가 아니라 여성 게이머의 문제적 행위에 대한 팩트가 되는 과정을 거친 것이다.

팩트로 무장한 남성 게임 이용자들은 피해자 동일시 혹은 피해자 정체화를 시도하여 소비자 운동의 정당성을 확보하고자 한다. 이들의 주장은 메갈은 남성혐오자이고 이들이 돈을 벌고자 남성 게임 이용자들을 이용하고 있기 때문에 이들이 피해를 입었다는 것이다. 이민주는 남성 게임 이용자들이 의미화한 피해가 자신들이 주로 활용하는 게임 문화에 대한 이미지 손상, 소비자 남성을 무시하는 감정적 피해로 설명된다고 분석한 바 있다.[44] 실제 온라인 커뮤니티에서는 해당 사건에 대한 관련 게시물에서 페미가 나의 돈을 갈취하고 있다는 표현이 종종 등장했다. 여기서 갈취라는 표현은 사실상 적절하지 않지만, 게임 이용자가 돈을 지불했으나 게임 이용자가 원하지 않는 메갈-페미의 임금이 되었기에 자신의 것을 빼앗겼다는 의미로 갈취로 표현되는 것이다. 여기서 표현되는 정당성은 소비자주의의 정당성으로, 소비하는 자가 윤리적 위치를 점하며, 소비하는 자가 자신의 소비가 사용되는 용처에 대한 권리를 갖는다는 인식이라고 할 수 있다.

이러한 소비자주의 정당성에 따라 남성 게임 이용자가 여성 게임업계 노동자의 소셜 미디어에 대한 사적 감시 수행을 할 수 있다. 사실 트위터는 1개월 이전의 메시지를 확인하려면 특정 일

---

44 이민주, 앞의 글, 54-58쪽.

자와 아이디를 통해 검색해야 하는 시스템이다. 따라서 원화가를 비롯한 게임 이용자들의 페미니즘 활동을 확인한다는 것은 데이터베이스화의 의미가 있다. 과거의 데이터베이스를 거슬러 검색하면서 '페미의 데이터베이스'를 구축하는 시도를 하고 있는 것이다. 이러한 사적 감시는 홍남희가 설명하는 신검열과도 관련된다. 신검열 논의에서, 검열의 주체는 단지 국가만이 아니고, 사회적으로 인정되는 발화가 무엇이고, 그 주체는 무엇인지를 결정하는 것이며, 특정한 발화를 사회에서 배제하려는 권력의 작동 과정으로 개념화되고 있다.[45]

피해자 동일시와 지각된 효능감의 문제는 게임 업계가 이와 같은 항의에 바로 응답했다는 것을 통해서도 수행된다. 메갈/페미 리스트가 만들어지고 이것이 전달되면서 실제 응징이 이루어지는 과정은 소비자의 정의를 이루는 효능감의 장으로 구축된다.[46]

자기감시성이 높은 경우, 불매운동의 실천이 다른 사람들이 판단하기에 바람직한 행동이라고 생각해서 불매운동을 하려는 경향이 있다. 자신의 내적 신념보다는 사회적 상황에 영향을 받는 것이다. 여기서 사회적 상황은 전 사회적 맥락보다는 온라인 공동체 내부의 맥락을 의미한다. '페미'는 오래된 적대 대상이며 온라인 공간의 평화를 해치는 것으로 여겨졌다. 2000년대 초반 만들어진 야구 커뮤니티인 '파울볼'은 초기 공동체 규범에서 '페미니즘과 정치 이야기 금지'를 내세웠으며, 2010년대 중반 만들어진 더쿠

---

45 홍남희, 「SNS 검열의 담론적 제도적 구성: 국내 주요 검열 사례에 대한 비판적 담론분석을 중심으로」, 연세대학교 박사학위논문, 2016.

46 이민주, 앞의 글, 앞의 쪽.

사이트는 성별 발언 금지를 통해 커뮤니티 내 분란을 방지한다고 주장한다. 수십년이 지난 현재에도 페미니즘은 분열의 기표인데, 2010년대 후반부터 밈화된 '페미'는 한 걸음 더 나아가 사회적 병증으로 의미화된다. 페미니즘은 불공정을 요구하는 사상인 페미니즘이 사회악이라는 방식으로 활용된다. 즉, 단순히 불편한 사상 혹은 분란의 이유가 아니라 언급될 수 없는 것 혹은 언급하는 자가 비윤리적인 것으로 낙인찍기의 도구가 되어 있다. 이 공동체 분위기는 페미니즘에 대한 반대를 당연한 것으로 만들게 된다. 그리고 이는 순환적으로 다시 페미니즘을 사회악으로 낙인찍는 역할을 한다. 여성 프리랜서 일러스트레이터 연대, 한겨레신문 등 게임업계의 사상 검증에 대응하는 기사와 활동에 대해서 게임 이용자는 피해자인 척한다는 비난을 통해 윤리적 위치를 다시 한번 주장한다. 피해자를 참칭한다는 비난이 해고된 노동자에 가해지는 것은, 게임 이용자야말로 페미의 돈벌이에 이용된 진정한 피해자라는 위치성을 갖는다는 인식에서 비롯한다. 게임업계 페미니즘 논란에서 소비자 운동으로 주장된 사적 감시 활동의 핵심 기제는 1) 진정한 남성 피해자 담론 2) 효능감이라는 두 가지 차원에서다.

진정한 남성 피해자의 적대 대상인 '메갈'에서 '페미'에 이르는 여성 집단의 형상은 일종의 밈화된 형상이다. 밈은 모방될 수 있는 문화 아이템으로 내용, 형태, 스탠스라는 세 가지 층위를 가진 것인데, 여기서 스탠스는 특정한 입장을 말하며 밈을 모방하는 사람들이 자신을 그 입장과 관련하여 배치하는 방식을 말한다고 할 수 있다.[47] 밈화된 페미니스트 비하 형상은 그 내용과 형태가 달라진다 해도, 즉 '메갈', '웜(워마드의 축약)', '페미', '폐미' 등 다양한 지칭이 등장한다고 해도 스탠스에서 동일하다고 할 수 있다. 즉 이들은 남성 게임 이용자들에게 절대적으로 적대적인 대상이다. 여기에 사회악으로 우리 사회에서 없어져야 하는 존재, 비논리적 주장을 하는 사람들, 사회적 무능력자 등의 의미가 덧붙여지고 확장된다.

5. 성적 대상화와 밈화된 사적 감시 행동주의

메갈 색출이 유희화되고, 남성 게임 이용자의 효능감을 상승시키면서 여성혐오에 기반을 둔 주장들이 사회적으로 유통되고 실재화되는 문제에 대한 설명은 이민주에 의해 제시되고 있다.[48] 이에 추가적으로 논의되어야 할 요소 중 하나는 이와 같은 남성 게임 이용자의 정동적 과정에서 한 요소로 작용하는 성적 대상화의 문제이다. 페미니스트들의 성적 대상화에 대한 비평과 이에 대한 반발로 구성되는 남성 게임 이용자 정체성 구성 과정에서, 성적 대상화 개념이 어떻게 이해되는가가 첫 번째 쟁점이다.

남성 게임 이용자들의 성적 대상화에 대한 인식은 현재 성희

---

47 Limor Shifman, "Memes in a Digital World: Reconciling with a Conceptual Troublemaker", *Journal of Computer-Mediated Communication*, Vol.18, No.3, 2013.

48 이민주, 앞의 글, 앞의 쪽.

롱 개념을 둘러싸고 형성되고 있다. 이는 현실에서 피해자가 존재하고, 피해자가 거부감이나 불쾌감을 표현하는 경우에 문제가 되는 것으로 보는 것이다. 성적 대상화의 문제제기는 인간을 주체로 존중하지 않고 오로지 성적 목적에 따른 객체/대상으로 대하여 격하시키는 것에 대한 것이지만, 피해자의 실존 유무나 피해자가 직접적으로 표현하는 불쾌함이 판단 기준인 것처럼 여겨지고 있다. 이러한 점에서 여성 캐릭터의 성적 대상화는 게임 문화의 일부이며, 무엇보다 2D 캐릭터의 경우 대상화를 문제 삼을 수 없다는 주장이 이어진다. 게임 이용자가 가진 성적 대상화에 대한 인식은 '실존하는 사람이 수치심, 불쾌감을 느끼는 것'이다. 따라서 리얼 피플 슬래시 팬픽(RPS)의 경우 남성 아이돌 본인이 성적 수치심을 느낄 것이라는 점에서 대상화이자 성폭력으로 인식되지만, 2D 캐릭터는 수치심 혹은 불쾌감을 느낄 수 있는 주체일 수 없다. 그러한 점에서 게임 캐릭터의 노출을 주제로 하여 성적 대상화라는 문제제기를 하는 사람들은 비논리적인 주장을 하는 것이자, 실존하지 않는 피해를 만들어낸 것이다. 실존하는 피해나 차별이 없는데 여성에 대한 차별을 주장하는 페미니즘이 문제가 되는 이유 및 이를 배척하거나 무시해야 할 정당성을 이러한 논리 구조 속에 확보하고 있다.

그런데 게임 비평에서 페미니즘 이미지 비평이 제시된 것은 단지 노출에 대한 비판만은 아니다. 과도하게 과장된 게임 내 성적 신체 이미지는 여성이 성적 자원이라는 것을 가시적으로 드러내며, 여성이 시각적 볼거리로 존재한다는 점과 이 볼거리에 대한 게임 세계 내에서의 전적인 조정과 점유가 가능하다는 인식이 정상화되는 게임 이용자의 인식론을 보여주는 것이다. 특정한 신체 이미지를 게임 캐릭터에서 시각적 쾌락으로 소유하고 활용하는 것이 게임의 즐거움이자 남성 게임 이용자의 정당한 권리라는 생각은 일정 정도 게임이라는 '공정한 세계'의 세계관, 즉 내가 자원과 시간을 들여 획득한 것이자 공정한 성공이라는 인식 구조와 긴밀한 관계가 있다고 할 수 있다. 게이머의 입장에서 획득 가능한 자원인 여성 이미지가 '차별적'이라는 페미니즘 비평은 비윤리적인 것으로 의미화된다. 남성 게임 이용자 커뮤니티에서 표현되는 젠더 인식은 페미에 대한 적대를 중심으로 구축된 것으로 여성/페미를 분리하여 정상 여성과 비정상 여성(페미)를 규정하는 여성혐오적 정서 구조에 근간한다. 케이트 만(Kate Manne)은 여성혐오의 핵심 기제가 여성의 분할 통치로 바람직하지 않은 여성을 처벌하는 구조라고 말하는데,[49] 페미로 지칭되는 여성을 처벌해야 한다는 주장과 페미가 아닌 여성이 다수인 세계라는 주장(요새는 여자들도 페미 안 한다는 주장)이 함께 제시되는 것은 이와 같은 분할에 근간한 여성혐오 양상의 사례라고 할 수 있다. 또한, 게임에 대한 페미니스트 비평의 근간이 성적 대상화와 여성의 자원화에 있다는 점에서, 여성혐오의 핵심 작동 구조로서의 성적 대상화가 정당화되는 담론 구조가 '페미'를 비윤리적 존재로 구성함으로써 게임 커뮤니티 이용자 사이에 일상적이고 상식적인 것으로 받아들여지고 있다.

여기서 처벌의 구조는 일견 합리적 소비자 운동의 외피를 입

---

49   Kate Manne, *Down Girl: The Logic of Misogyny*, Oxford University Press, 2017.

는다. 남성을 착취하고, 거짓을 말하며 책임을 다하지 않는 여성으로 묘사되는 '메갈' 제작자에 대한 증거를 찾는 행위가 정당화와 윤리성의 획득 행위이다. 온라인 증거는 '사진'으로 구성되는데 이러한 증거 양식은 팩트주의라는 온라인 커뮤니티 소통 구조를 반복하는 것이다. 계정의 활동에 대한 증거 사진은 사실 제시이며, 이에 근거한 계약 해지는 정당해진다.

계약 해지의 요구가 정당한 요구이기에 그 정당성에 의해 발언의 차별성이 문제시되지 않게 된다. 게임 업계에 숨어든 '페미'를 찾아내는 과정에서 발생하는 분노 발언과 적대감, 또한 사적 감시는 정당한 것으로 승인될 수 있다. 온라인 공간의 반페미니즘 정서에 근간을 둔 사적 감시 양식은 두 가지로 나타난다. 첫 번째는 데이터베이스 구축이다. 이러한 데이터베이스화는 온라인 기록 양식(위키, 링크, 구글 저장 검색) 등을 통해 가능해지는 것이며, 특정한 '열사' 혹은 '능력자'가 가능하게 만드는 일이다. 온라인 공간의 정보 생산자가 누구인지 확인하기는 쉽지 않지만, 메갈-페미의 증거를 제시(박제)할 수 있는 사람은 명성을 얻을 수 있다.

데이터베이스 제작에 참여하는 사람들은 우선 페미가 의심스러운 사람들의 전적을 확인하기 위해 다양한 검색을 수행한다. 기자의 경우가 가장 추적이 쉬운 경우로, 관련 기사 작성 목록 중 여성 관련 주제가 있을 경우 페미 기자가 된다. 블루 아카이브 게임 관련 성적 대상화 논쟁을 기사화한 기자의 경우 디시인사이드(dcinside), 인벤(inven) 등의 유명 게임 커뮤니티 내에서는 '억지를 부리는 페미'로 통용된다. 이러한 데이터베이스 등재의 의미는 한 번 등재된 사람의 경우 이후의 어떤 말도 페미의 억지 주장이 되기 때문에 신뢰성을 상실하게 된다는 것이다.

물론 이 과정에서 '몰이'는 경계되어야 한다. '페미'가 사회악이기 때문에 페미라는 낙인은 최종적 비인간화 장치이다. 따라서 두 번째의 사적 감시 절차는 검증이다. 데이터베이스 제작자가 제기한 페미 증거에 대한 다수의 이용자에 의한 검증 절차가 이루어지며 이 과정에서 다수의 온라인 게시 링크들이 제공될수록 사실성이 확보되는 것으로 이해된다. 하지만 해당 링크들은 대체로 반복적 내용이 다른 게시자(커뮤니티 아이디)에 의해 게시된 것이거나, 혹은 신뢰받는 출처(게이머 커뮤니티, 팬 카페 등)일 경우에 의미를 획득하기에, 검증은 사실에 대한 검증이라기보다는 신념에 대한 확인 절차에 가깝다. 또한, 검증 절차를 거침으로써 '아무에게나 페미 딱지를 붙이지 않는다'는 자기 윤리성의 확인 기능을 부여한다.

이와 같은 '페미 감시'는 일종의 행동주의 밈(meme as activism)에 해당한다고 할 수 있다. 밈 자체가 부정적이라고 말할 수는 없다. 밈이 종종 사회적 차별을 받는 사람들에 관한 고정관념을 쉽게 전달하는 매개체가 되는 한편으로,[50] 정치적 비판의 도구로 활용될 수도 있다.[51] 이는 밈이 가진 스탠스의 파악을 쉽게 만드는 성질, 그리고 쉬운 온라인 공유의 성질 때문에 발생하는 온라인

---

50 Kathy Dobson & Irena Knezevic, "'Liking and Sharing' the Stigmatization of Poverty and Social Welfare: Representations of Poverty and Welfare through Internet Memes on Social Media", tripleC: Communication, Capitalism & Critique, Journal for a Global Sustainable Information Society, Vol.15, No.2, 2017.

51 An Xiao Mina, "Batman, Pandaman and the Blind Man: A Case Study in Social Change Memes and Internet Censorship in China", Journal of Visual Culture, Vol.13, No.3, 2014.

행동주의적 특성 때문에 그러하다. 밈이라는 형태보다는 밈의 스탠스에 대한 논의가 필요해지고, 누가 해당 밈을 창출하고 사용하는가에 초점이 주어져야 하는 것이다. 스탠스의 공유라는 맥락에서 더 이상의 숙고나 논의가 불필요해지고, 밈을 공유하는 것만으로도 참여가 가능해진다는 점에서 '페미 감시'는 소비자주의와 결합한 반페미니즘 행동주의 밈으로 기능할 수 있다.

통상 소비자 운동이 비윤리적 기업을 대상으로 하는 경우가 많다는 점에서 소비자가 다른 소비자를 자격없는 자/비윤리적 주체로 규정하여 감시하는 게임 업계 남성 커뮤니티 이용자들은 집합적 주체성을 갖게 된다. 피해자성을 주장하면서 윤리적 위치를 주장하는 남성 소비자 주체는 반페미니즘 밈의 수행, 밈 행동주의로서의 적대적 성차별주의 실천 양상을 보이며 그 근간에는 여성 이미지가 획득가능한 성적 자원으로 기능하며 이것이 진정한 게이머 문화라는 인식 구조가 있다.

이 글에서 논의한 게임 커뮤니티는 워낙 다양한 양태로 존재하기에 그 성격과 활동 유형이 다를 수 있다. 발화 양식의 통제가 있는 커뮤니티와 전혀 없는 커뮤니티의 표현적 특성이 동일할 수는 없다. 내용적 특성에서의 차이도 존재한다. 예를 들어 게임 커뮤니티 인벤은 '트랜스젠더 혹은 성소수자' 존재에 대한 '논의'가 가능한 곳이다. 게임 〈월드 오브 워크래프트(World of Warcraft)〉의 NPC 캐릭터로 트랜스젠더가 존재한다는 기사에 대해 인벤은 그럴 수도 있다는 사람과 과도한 정치적 올바름 주의라는 비판을 하는 사람들이 혼재되는 양상을 보인다. 반면 규제 규율이 거의 없는 디시인사이드는 관련된 논의가 길게 이어질 만한 담론장이 되지 못할뿐더러 반 성소수자 정서 역시 강하게 드러난다.

커뮤니티 내 세부적 논의에서의 차이가 있다는 점보다는 '페미' 형상이 강력한 밈이라는 것에 주목할 필요가 있다. 게임 이용자 커뮤니티를 인셀 문화로 표현하는 트위터 이용자 괴골(@cfr0g)은 밈화된 소통만이 가능하게 되었고 그 밈이 반페미니즘으로 구성되었다는 점에서 인셀 문화라고 설명하고자 한다.[52] 물론 미국의 인셀 문화에서의 연애 시장 담론은 한국의 남성 게임 커뮤니티의 주류 정조는 아니다. 한국 남성 커뮤니티의 피해자성 인식의 가장 강력한 근원은 성폭력과 동의 개념에 있다고 보아야 할 것이다. 게임 내 밈 중 일부는 성폭력과 관련된 페미니즘 담론을 남성 커뮤니티에서 이해하는 방식을 보여준다. 무고밴(운영자가 문제를 일으키지 않은 이용자를 아무런 설명 없이 차단하는 것)은 '무고하다'는 일상어의 정서를 담은 밈으로 보이나, 사실상 남성 중심 커뮤니티의 '무고' 맥락은 성폭력 무고와 관련된 것이자 남성이 언제든지 여성의 변덕에 의해 피해자가 될 수 있음에도 사회가 전혀 고려하지 않는다는 역차별 정서에 기반을 둔 정서가 드러나는 것이기도 하다. 성폭력 담론에서의 성인지 감수성 개념이 남성 커뮤니티에 인식되는 방식은 '남성의 말은 들어주지 않음'에 있다. 한국형 인셀 인식의 핵심은 성적 관계에서의 관계성 인식 결여에 있고, 이러한 점에서 '페미'는 기존의 성적 관계에 대한 남성적 상상을 문제 삼는 불온한 존재로서의 적대 대상이 되었다.

역차별을 실재화하여 신념을 갖고 있는 남성 게임 이용자 커

---

52 https://x.com/cfr0g/status/1818096326938411219

뮤니티에서는 차별받는 남성의 말이 들릴 수 있는 상황을 만들기 위해 사적 감시를 통해 진정한 성차별, 즉 여성에 의한 남성 차별 증거를 드러내고자 한다. 그리고 이러한 증거를 제시하면 남성 이용자의 요구를 실현해주는 게임 산업이 소비자 운동의 동맹 세력이 된 상황이, 2023년에도 반복되어 나타난 게임 산업 내 여성 노동자 해고 양상이라고 할 수 있다.

오정보(Misinformation) 대응을 위한 커뮤니티 기반 전략
: 대중문화 팬덤을 사례로[1]

이 진 하 (Jin Ha Lee) · 니 콜 산 테 로 (Nicole Santero) ·
아 르 피 타   바 타 차 리 아 (Arpita Bhattacharya) ·
엠 마 메 이 (Emma May) · 엠 마 S . 스 피 로 (Emma S. Spiro)

1. 들어가며: 일상에서의 오정보

오정보는 사회의 중요한 문제로 인식되고 있다.[2] 그러나 이 문제를 다루는 실증적 연구 대부분은 재해, 테러, 전염병, 선거 등과 같은 위기 또는 스트레스 상황에 중점을 두고 있다.[3] 이와 같은 상

---

1   이 글은 Jin Ha Lee et al., "Community-Based Strategies for Combating Misinformation: Learning from a Popular Culture Fandom", *Harvard Kennedy School (HKS) Misinformation Review*, Vol.3, No.5, 2022를 번역하여 재수록한 것이다.

2   Ryan Calo et al., "How Do You Solve a Problem like Misinformation?," *Science Advances*, Vol.7, No.50, 2021, eabn0481; Cailin O'Connor & James O. Weatherall, *The Misinformation Age: How False Beliefs Spread*, Yale University Press, 2019.

3   Christopher A. Bail, "Emotional Feedback and the Viral Spread of Social Media Messages about Autism Spectrum Disorders", *American Journal of Public Health*, Vol.106, No.7, 2016, pp.1173-1180; Yochai Benkler, Robert Faris & Hal Roberts, *Network Propaganda: Manipulation, Disinformation, and Radicalization in American Politics*, Oxford University Press, 2018; Kate Starbird, Emma S. Spiro & Kolina

황은, 결과적으로 정보의 확산에 대한 연구,[4] 정보 처리와 관련된 개인적 요인에 대한 연구,[5] 오정보와 허위정보를 식별하고 확산을 억제하는 알고리즘에 대한 연구[6] 등의 발전을 가져왔다. 그러나 이러한 연구들은 주로 시간이 촉박하거나, 안전과 관련되어 있거나, 긴급한 결정을 내려야 하거나, 감정이 고조되는 상황에 문제의 초점을 맞추고 있어, 일상에서 오정보를 접하고 대응하는 방식을 이해하는 데는 한계가 있다.

일상에서의 오정보는 지속되고 재확산될 가능성이 높다. 그 피해가 극심하지 않아서 비교적 분명하게 드러나지 않을 수는 있

Koltai, *Misinformation, Crisis, and Public Health—Reviewing the literature*, Social Science Research Council, 2020.

4   Ahmer Arif, Leo Graiden Stewart & Kate Starbird, "Acting the Part: Examining Information Operations within #BlackLivesMatter Discourse", *Proceedings of the ACM on Human-Computer Interaction*, 2(CSCW), 2018, pp.1-27; P. M. Krafft & Joan Donovan, "Disinformation by Design: The Use of Evidence Collages and Platform Filtering in a Media Manipulation Campaign", *Political Communication*, Vol.37, No.2, 2020, pp.194-214.; Gordon Pennycook & David Rand, "The Psychology of Fake News", *Trends in Cognitive Sciences*, Vol.25, No.5, 2021, pp.388-402.

5   Alice E. Marwick, "Why do People Share Fake News? A Sociotechnical Model of Media Effects", *Georgetown Law Technology Review*, Vol.2, No.2, 2018, pp.474-512; Sara K. Yeo & Meaghan McKasy, "Emotion and Humor as Misinformation Antidotes", *Proceedings of the National Academy of Sciences*, Vol.118, No.15, 2021.

6   Liang Wu et al., "Misinformation in Social Media: Definition, Manipulation, and Detection," *ACM SIGKDD Explorations Newsletter*, Vol.21, No.2, 2019, pp.80-90; Xinyi Zhou et al., "Fake News: Fundamental Theories, Detection Strategies and Challenges", *Proceedings of the Twelfth ACM International Conference on Web Search and Data Mining*, Association for Computing Machinery, 2019, pp.836-837.

지만, 그 영향력이 적다고 하기는 어렵다. 따라서 일상적인 온라인 상호작용에서 오정보의 역할을 이해하는 것은 중요하고, 이로부터 개발된 대응 전략은 비일상적 상황에서도 유용할 수 있다. 이 글에서는 오정보에 대응하는 커뮤니티 기반 전략의 사례로 팬들의 경험을 다루고자 한다. 헨리 젠킨스(Henry Jenkins)는 팬을 "대중 미디어 안에서 열정적인 커넥션을 유지하고, 콘텐츠에 대한 참여와 숙달을 통해 자신의 정체성을 입증하며, 공유된 취향과 선호를 중심으로 사회적 소속감을 경험하는 개인"이라고 정의한다.[7] 우리는 이러한 정의에 입각하여 사회적 선순환을 촉진하기 위해 적극적으로 참여하는 것으로 알려진[8] 오늘날 음악 팬덤 중 가장 큰 규모이자 다양성을 지닌 방탄소년단(이하 BTS)의 팬덤 아미(ARMY)를 중심으로 연구를 진행했다.[9] 이 글의 주요 질문은 다음과 같다. 첫째, 팬덤의 맥락 속에서 팬들은 어떤 유형의 오정보를 접하는가? 둘째, 팬들은 오정보를 탐색하거나 이에 맞서기 위해 어떤 전

---

7   Henry Jenkins, *Fan Studies*, Oxford Bibliographies, 2012. (https://www.oxfordbibliographies.com/display/document/obo-9780199791286/obo-9780199791286-0027.xml)

8   Rubal Kanozia, Garima Ganghariya, "More than K-pop Fans: BTS Fandom and Activism amid COVID-19 Outbreak," *Media Asia*, Vol.48, No.4, 2021, pp.338-345; So Yeon Park et al., "Armed in ARMY: A Case Study of How BTS Fans Successfully Collaborated to #MatchAMillion for Black Lives Matter", *Proceedings of the 2021 CHI conference on Human Factors in Computing Systems*, Association for Computing Machinery, May 2021, pp.1-14.

9   이지행, 『BTS와 아미 컬처』, 커뮤니케이션북스, 2019; Jin Ha Lee & Anh Thu Nguyen, "How Music Fans Shape Commercial Music Services: A Case Study of BTS & ARMY", *Proceedings of the 21st International Society for Music Information Retrieval Conference*, ISMIR, 2020, pp.837-845.

략을 사용하는가?

2. 연구 과정 설계 및 방법

이 글에서는 팬 커뮤니티의 오정보 유형과 이에 대응하기 위한 전략을 알아보기 위해 소셜 미디어 데이터 관찰과 함께 가상 문화기술지(virtual ethnography) 및 반구조화 인터뷰를 진행했다. 가상 문화기술지는 온라인 커뮤니티(웹기반 토론 포럼이나 메시지 앱에서의 그룹채팅)와 같은 가상 환경에서 사람들의 상호 작용과 문화를 조사하는 방법을 말한다.[10] 이 방법은 연구자가 가상 환경에서 사회적 상호 작용을 탐색하고 장기간 연구 환경에 몰입함으로써 연구 대상에 대한 전반적인 이해를 도모할 수 있도록 도와준다.[11] 저자 중 세 명의 연구자는 2018년에서 2020년까지 약 2년에서 3년가량 직접 아미 트위터 공간에 참여했다. 이러한 문화기술지를 통해 연구자들은 유의미한 인터뷰 질문을 구성하는 것은 물론, 인터뷰 대상자가 설명하는 맥락을 더 잘 이해할 수 있게 되었다.

또한 오정보의 확산과 관련된 트윗 및 기타 온라인 자료, 오

---

10 Tom Boellstorff et al., *Ethnography and Virtual Worlds: A Handbook of Method*, Princeton University Press, 2012.

11 Roser Beneito-Montagut, "Ethnography Goes Online: Towards a User-Centred Methodology to Research Interpersonal Communication on the Internet", *Qualitative Research*, Vol.11, No.6, 2011, pp.716-735; Lisa M. Given, "Virtual Ethnography", ed. Lisa M. Given, *The SAGE Encyclopedia of Qualitative Research Methods*, SAGE, 2008, pp.922-924.

정보에 대한 대화, 관련 이용자전략에 대해 필드 노트(field notes)를 작성했다. 이 작업을 기반으로 팬덤 내 오정보와 관련된 아미의 과거 경험, 정보 정확성에 대한 인식, 신뢰할 수 있는 출처 식별 방법, 정보 평가 및 공유 방법, 오정보/허위정보 처리 및 대응 전략에 대해 파악할 수 있는 초기 인터뷰 프로토콜이 설계되었다. 프로토콜을 배포하기 전 3명의 팬들을 대상으로 파일럿 테스트를 반복 수행하였으며, 인터뷰 참가자를 포함한 모든 팬들의 소셜 미디어 프로필에 대한 기술데이터는 트위터 API를 사용하여 수집했다.

인터뷰 대상자는 5만 명 이상의 팔로워를 보유한 유명 BTS 리서치 계정을 통해 팬덤의 주요 소셜네트워크 플랫폼 중 하나인 트위터에서 모집했다(따라서 해당 연구의 결과는 주로 트위터에서의 팬들의 전략에 중점을 두고 있으며, 다른 소셜 미디어 플랫폼에서의 이용자 행위를 이해하기 위해서는 추가 연구가 필요할 것으로 보인다). 인터뷰 대상자 모집 게시물은 400회 이상 리트윗되었으며, 조회수는 6만 회 이상을 기록했다. 2020년, 연구에 관심 있는 18세 이상의 팬을 대상으로 연령, 성별, 인종, 국적 등 기본적인 인구통계정보 및 BTS 팬으로서의 기간, 팔로우하는 계정수와 팔로워수, 기부나 캠페인 등의 팬덤 이벤트 참여 여부, 팬덤 참여도 인식 등을 묻는 스크리너 설문조사(screener survey)를 실시했다. 해당 설문조사는 652명의 참가자에 의해 진행되었으며, 이 중 팬의 다양성을 대표할 수 있는 34명을 인터뷰 대상자로 선발했다(〈표 1〉).

인터뷰는 2020년 7월부터 9월까지 진행되었으며, 대부분의 인터뷰는 총 90~120분 정도가 소요되었다. 참가자들이 연구자들에게 자신의 소셜 미디어 이용자 아이디를 제공하여 트위터 API

를 통한 계정 정보수집이 가능했다. 이들의 소셜 네트워크는 팔로 워 5명에서 26만 명 이상, 팔로잉 32명에서 5천 명까지 다양한 범위를 보여주었다. 활동 수준에 있어서도 일부 계정은 연구 기간에 35만 건 이상의 트윗을 게시하는 한편, 일부는 총 20건 미만의 트윗만을 게시하는 등 다양한 분포를 보였다. 인터뷰 프로토콜과 그 과정은 워싱턴대학교 인간 대상 연구부서(Human Subjects Division, HSD)에서 승인되었으며, 모든 참가자로부터 연구 참여에 대한 사전동의를 얻었다.

인터뷰 자료는 질적 데이터 분석 플랫폼인 디두스(Dedoose)에서 오픈코딩 소스[12]를 사용하여 귀납적으로 분석하였다. 세 명의 연구자는 녹취록과 메모를 참고하여 개념을 캡처하는 주석(annotation)을 생성했고, 이어 유사한 주제로의 주석 조직화를 위한 친화도법(affinity diagramming) 작성, 코드 세트의 축소화, 코드의 적용 방법 논의를 통해 초기 코드북을 제작했다. 두 명의 연구자가 초기 코드북을 사용하여 독립적으로 4개의 인터뷰 기록을 코딩한 후, 코딩된 결과의 비교와 관찰된 모든 불일치 사항에 대한 합의를 통해 최종 코드북이 제작되었다.[13] 코드는 여러 차례 반복 수행되었고, 최종 코드북은 참가자의 소셜 미디어 네트워킹 행위, 정보 공유 행위, 팬덤 내 오정보의 특성, 오정보 대응 전략을 포함

---

12   Juliet Corbin & Anselm Strauss, *Basics of Qualitative Research* (4th ed.), SAGE, 2015.

13   Clara E. Hill, Barbara J. Thompson & Elizabeth Nutt Williams, "A Guide to Conducting Consensual Qualitative Research", *The Counseling Psychologist*, Vol.25, No.4, 1997, pp.517-572.

젠더	여성	27
	남성	4
	논바이너리	2
	성별 인칭대명사 she/them	1
나이(범주)	18-64세(평균= 32세)	
	18-20	3
	21-30	17
	31-40	8
	41-50	1
	51-60	4
	61-70	1
인종	백인	12
	아시안	10
	흑인 또는 아프리카계 미국인	7
	마오리족	2
	그외	3
히스패닉/라티노/스페인 혈통여부	아니오	30
	그렇다	4
국적	미국	10
	한국	4
	영국	2
	아일랜드	2
	스페인	2
	인도	2
	뉴질랜드	2
	그외	10
BTS의 팬이 된 연도	2013	3
	2014	3
	2015	2
	2016	3
	2017	8
	2018	8
	2019	4
	2020	3

한 총 15개의 주제 카테고리로 구성되었다.

　첫 번째 코더는 최종 코드북을 사용해 전체 데이터세트를 코딩했다. 코더는 분류 내 상위 수준의 주제에 대한 분석적 메모를

작성하였고, 연구자들은 문화기술지 관찰 중 작성한 현장 기록의
검토를 통해 주제 분야와 관련된 추가 데이터를 삼각측량했다. 예
를 들자면, 프레임워크에 제시된 모든 전략은 인터뷰 대상자로부
터 언급되었던 것으로, 이후 연구자들이 해당 전략이 아미 트위터
공간에서 일반적으로 권장 및 사용되고 있음을 확인했다. 이 글에
서 제시된 연구 결과는 오정보의 특성과 오정보 코드를 해결하기
위한 전략을 활용하고 있다.

3. 팬덤 내 오정보의 양상

대부분의 인터뷰 참가자는 트위터에서 "부정확하거나 잘못
된, 오해의 소지가 있는" 정보[14]로 정의되는 일종의 오정보를 접했
다고 답했다. 일부는 공유한 포스트 중 몇몇이 거짓으로 판명되어
정보를 철회하거나 수정한 경험이 있다고 답했다. 많은 참가자가
오정보의 확산이 팬덤 내부의 문제라고 지적했다. 예를 들어, 참가
자 2는 "트위터에서 정보는 때때로 너무 빠르게 생성돼요… 제 생
각에는 사람들이 종종 그것이 입증되거나 또는 반증되기도 전에
공유하는 것 같아요"라고 말했다. 참가자 19는 팬덤의 일원이 되
고 나서 정보 리터러시를 키울 수 있었다고 말하기도 했다. "어떤
사안에 대해 실제로 정보를 얻고 조사하는 방법을 배웠어요." 참

14　Caroline Jack, *Lexicon of Lies: Terms for Problematic Information*, Data & Society
　　Research Institute, 2017, p.2.

가자 2는 이에 더해 "일부 서구 미디어가 얼마나 외부 문화에 대해 통제적이고 외국인혐오적인지(xenophobic) (팬덤에 가입하기) 전이었다면 전혀 눈치채지 못했을 거예요"라며 주류 미디어의 오정보를 더 잘 인식할 수 있게 되었다고 밝혔다. 위와 같은 팬들의 자기 경험에 대한 보고는 여타 허위정보 도메인에 대한 연구에서도 유사하게 나타났다.[15]

참가자들은 팬덤 내에서 흔히 발생하는 여러 종류의 오정보를 나열했다. BTS 멤버에 대한 루머, 그리고 자료를 다국어로 번역하는 과정에서 발생한 해석 오류 등이 여기에 해당한다(참가자 23). 언어 표현의 문화적 맥락과 뉘앙스(예를 들면, BTS 멤버의 말장난)는 번역 과정에서, 또는 자료를 공유하는 과정에서 종종 소실되곤 했다. 다음은 팬덤 내에서 흔히 발견되는 오정보의 유형을 정리한 것이다.

증거 콜라주(Evidence Collages)

참가자들은 사실에 부합하지 않는 부정확한 정보 외에도 오래된 정보, 특정 상황을 뒷받침하기 위해 서로 다른 출처 및 맥락에서 선택적으로 제시된 정보, 맥락이 결여된 정보(예를 들면, 누군가를 고발하기 위한 목적으로 과거의 트윗을 화면 캡처해 편집한 타래 글) 등 오정보를 유발하는 여러 사례들에 대해 언급했다. P. M. 크래

---

15 Center for an Informed Public, Digital Forensic Research Lab, Graphika & Stanford Internet Observatory, *The Long Fuse: Misinformation and the 2020 Election*, Stanford Digital Repository: Election Integrity Partnership. v1.3.0, 2021. (https://purl.stanford.edu/tr171zs0069)

프트(P. M. Kraft)와 조안 도노반(Joan Donovan)은 이러한 미디어 생성물을 '증거 콜라주(evidence collages)'[16]라 칭하며, 이러한 것이 허위 사실을 옹호하는 증거를 수집하고 허위정보 캠페인을 지지하기 위해 전략적으로 구성된 것이라고 주장했다.

예를 들어, 다수의 인터뷰 참가자들은 팬덤에 처음 입성했을 때는 팬이 편집하고 제작한 유튜브 콘텐츠가 해당 그룹을 이해하는 차원에서 도움이 되지만, 이런 콘텐츠가 창작자의 선택적 맥락을 기반으로 멤버들을 묘사하기 때문에 오정보로 이끌 수 있다고 언급했다. 한 참가자는 자신이 과거 빅히트(BTS 소속사로, 현재 하이브)가 BTS를 착취하고 있다고 오해했다는 사실을 고백했다.

> "얼마간은 그런 말을 믿게 돼요. 자기가 주장하는 것을 위해 증거
> 를 맞춤형으로 조작하니까요. 멤버들이 지쳐 바닥에 쓰러져 있고,
> 빅히트 직원들은 멤버들을 그냥 지나쳐 가는 아주 짧은 장면만 보
> 여주죠 … 나중에 가서야 전체 영상을 보고 '아 맥락이 전혀 다르
> 구나. BTS는 (빅히트와) 7년 재계약을 할 만했네'라고 생각했어요."
> (참가자 1)

허위정보 행위자(Disinformation Agents)

오정보와 허위정보 사이의 경계는 종종 모호하다. 악의적인 의도를 가진 명확한 허위정보의 경우, 다른 팬덤과의 갈등에서 비롯되곤 한다. 다수의 참가자들은 다른 팬덤의 팬들이 아미를 사칭

---

16   Krafft & Donovan, op.cit, pp.194-214.

해 악의적으로 허위정보를 유포한다고 말했다. 참가자 3은 일부 계정이 돈을 받고 악성 콘텐츠를 유포했다는 소식을 들었다고 말하기도 했다.

> "그들은 아미인 척 아미 투표 그룹에 가입해서는, 우리가 언제 투표를 시작하는지 같은 기밀 정보를 얻으려고 해요. 마치 스파이처럼요." (참가자 13)

장난스러운 오역(Playful Misinterpretation)

또 다른 유형의 오정보는 팬들이 멤버들을 과장하거나 왜곡하는 등의 장난스러운 관여로부터 나타난다. "윤기는 거침없어(savage)", "태형과 정국은 사귀고 있어" 등이 대표적인 사례다(참가자 5). 이런 콘텐츠는 종종 과장되거나 날조되지만, 이는 팬들의 활발한 참여와 커뮤니티 정체성을 촉진하려는 의도를 지닌다.[17] 모두가 그것을 믿는 것은 아니지만, 일부 팬들은 멤버들 간의 로맨틱한 관계를 상상하는 쉬핑(Shipping) 콘텐츠에 즐거이 참여하기도 한다. 참가자 22는 사람들이 쿼라(Quora)와 같은 질의응답 플랫폼에 BTS를 비꼬는 대답을 올려 새로운 팬들은 물론, 외부인까지도 혼란스럽게 만든다며 다음과 같이 말했다. "답변하는 사람들은… 이상한 대답을 하고는 '그냥 농담이야, 농담' 이러곤 해요."

---

17 Kathryn E. Ringland et al., "ARMY's Magic Shop: Understanding the Collaborative Construction of Playful Places in Online Communities", *Proceedings of the 2022 CHI Conference on Human Factors in Computing Systems*, 2022, pp.1-19.

잘못된 정보임이 밝혀짐에도 지속적으로 유지됨(Perpetuating Debunked Content)

참가자들은 이미 사실이 밝혀졌지만 끈질기게 지속되는 오정보에 대해서도 언급했다. 한가지 예로, 유튜브 댓글에 이모티콘을 사용하면 해당 영상의 조회수가 오르지 않는다는 소문이 있다(참가자 4). 해당 정보는 뮤직비디오의 댓글창에서 흔하게 공유되었으며, 팬들이 여러 차례 수정을 시도했음에도, 정보가 계속 전파되었다며 일부 아미는 이에 대한 좌절감을 표출하기도 했다. 정보의 알고리즘적 큐레이션에 대한 이 같은 '민간 이론(folk theories)'은 다양한 영역에서 흔하게 찾아볼 수 있다.[18] 반복적인 오정보 내러티브와 정보 오류를 입증하는 과정의 어려움이 팬덤 맥락에서도 나타나고 있는 것이다.[19]

---

18 Michael A. DeVito, Jeremy Birnholtz & Jeffery T. Hancock, "How People Form Folk Theories of Social Media Feeds and What It Means for How We Study Self-Presentation", *Proceedings of the 2018 CHI Conference on Human Factors in Computing Systems*, Association of Computing Machinery, April 2018, pp.1-12; Nadia Karizat et al., "Algorithmic Folk Theories and Identity: How TikTok Users Co-produce Knowledge of Identity and Engage in Algorithmic Resistance", *Proceedings of the ACM on Human-Computer Interaction*, 5(CSCW2), 2021, pp.1-44.

19 Michael A. Cacciatore, "Misinformation and Public Opinion of Science and Health: Approaches, Findings, and Future Directions", *Proceedings of the National Academy of Sciences*, 118(15), 2021, e1912437117; Center for an Informed Public, Digital Forensic Research Lab, Graphika & Stanford Internet Observatory, 2021; Mohsen Mosleh et al., "Perverse Downstream Consequences of Debunking: Being Corrected by Another User for Posting False Political News Increases Subsequent Sharing of Low Quality, Partisan, and Toxic Content in a Twitter Field Experiment", *Proceedings of the 2021 CHI Conference on Human Factors in Computing Systems*,

4. 오정보에 맞서는 경험과 전략

많은 참가자들은 오정보의 확산을 피하고 이에 대처하기 위해 적극적인 태도를 보였다. 이러한 행동은 신뢰할 수 있는 출처의 링크를 제공하거나 부정적인 트렌드를 다른 긍정적인 키워드를 사용해 그 추세를 완화하거나 덮으려는 등의 형식을 통해 이루어졌다. 트위터에 개인적인 의견을 게시하는 경우, 참가자들은 해당 게시물 내에서 또는 DM 등의 개인 메시지를 통해 자신의 관점을 충분히 설명하려고 노력했다. 참가자 9, 20, 26, 27은 언론인들과 접촉해 미디어 보도 내용 중 잘못된 정보를 수정하기도 하였다. 감정적으로 상처를 받을 것으로 판단한 경우에는 해당 대화나 계정에서 스스로 물러나기도 했다. 몇몇 참가자들은 트윗이나 리트윗으로 거짓 콘텐츠에 대해 관심을 불러일으키는 것보다 아예 반응하지 않고 침묵하는 편이 낫다는 것을 발견했다. 참가자 7은 사람들에게 특정 콘텐츠에 클릭하거나 반응하지 말 것을 요청하여 참여도(engagement)를 증가시키지 않으려고 노력했다고 말했다.

"'진에 대한 검색어를 없애자'라는 내용의 게시물이 있고 그 게시물에 좋아요가 100개 넘게 눌리면, 사람들이 보자마자 뭘 할 것 같으세요? 아마 진과 관련한 논란이 뭔지부터 찾아보겠죠." (참가자 12)

Association of Computing Machinery, 2021, pp.1-13.

참가자들은 오정보 예방 전략 및 비참여 전략을 모두 사용하여 자신의 타임라인 콘텐츠를 관리했다. 참가자들이 언급한 예방 전략에는 다른 사람들의 타임라인과 트윗을 신중히 검토하여 팔로우 여부를 결정하는 것이 포함되어 있었다. 시간이 지나면서 참가자들은 팔로우 여부 결정에 대한 더욱 구체적인 기준을 개발했다. 또한 트위터 내의 특정 키워드를 숨김(mute) 처리하여 '추가적인 안전망'을 만드는 것에 대해서도 말했다(참가자 10). 팬 커뮤니티 내에서 악성 계정이라고 추정되는 사람들이 자신을 차단하는 것은, 일부 팬들에게는 일종의 성취로 간주되기도 했다(참가자 20).

참가자들은 오정보를 퍼뜨리는 계정이나 승인되지 않은 견해 또는 불쾌한 콘텐츠를 접한 후에는 때로 차단이나 팔로우 취소와 같은 더욱 적극적인 비참여전략을 사용하기도 했다. 그들에게 있어 숨기기(muting)는 자신을 보호하기 위한 소극적이면서도 덜 대립적인 방식이었다. 참가자 5는 "누군가의 감정을 해치고 싶지 않아서" 이런 전략을 사용한다고 밝혔다. 참가자 17은 다른 케이팝 그룹의 이름처럼 팬덤 사이에 논쟁을 일으키기 쉬운 문구도 숨김 처리했다고 밝혔다. 일부 참가자는 아티스트의 사생활 침해로 인식되는 정보에 대해서는 의식적으로 관여하지 않는다고 말하기도 했다.

전반적으로, 대부분의 참가자들은 서로에게 도움이 되려는 공동의 목표를 가지고 정보를 더 명확하게 만들거나 검증하는 데 참여하는 노력들이 이전보다 더 '일반화'되었다고 언급했다. 이러한 상호 돌봄의 형태는 많은 아미 커뮤니티 구성원에게로 확장되었다. 참가자 11은 팬덤을 "많이 베풀고 나누는, 그리고 매우 따뜻한 팬덤"이라고 정의했다. 참가자 6은 이 때문에 아미라는 집단을 더 이상 속이기는 쉽지 않을 것이라고 믿고 있다고 밝혔다.

5. 연구 결과의 해석과 의의

해당 연구를 통해 만난 팬들은 다양한 소셜 미디어를 적극적으로 이용하고 있다고 말했다. 팬들은 공동의 관심사와 상호 지지를 통해 커뮤니티 정체성을 형성하지만,[20] 동시에 소문, 미디어 보도 및 확인되지 않은 정보에 끊임없이 직면하고 의문을 제기하게 된다. 글로벌 팬들을 위한 언어 번역 문제, 전략적으로 타겟팅된 콘텐츠의 알고리즘 큐레이션, 그리고 팬들의 상상력과 흥미를 자극하기 위해 고안된 가짜 콘텐츠 등은 오정보와 함께 그들의 경험을 더욱 복잡하게 만든다.

우리는 점차 오정보에 대한 관심이 증가하고 있는 상황에서 일상적인 맥락, 특히 대중문화 팬덤의 오정보에 초점을 두었다. 연구 결과를 통해 팬들이 겪는 오정보 및 허위정보 관련 경험이 정치나 건강 또는 재난과 관련된 다른 연구들과 유사하다는 것을 확인할 수 있었다.[21] 또한, 팬덤 내 오정보를 대처하기 위해 팬들

---

20   Park et al., op.cit.

21   Stephan Lewandowsky & Sander van der Linden, "Countering Misinformation and Fake News through Inoculation and Prebunking", *European Review of Social Psychology*, Vol.32, No.2, 2021, pp.348-384; Shruti Phadke & Tanushree Mitra,

이 사용하는 전략이 매우 다양하다는 점 역시 알 수 있었다. 특히, 팬덤 문화 내에서 개인과 그룹이 사용하는 전략은 개인적이고 사회적인 경험에서 비롯되었으며, 커뮤니티 내 동료로부터도 학습이 이루어진다는 점도 확인할 수 있었다. 이런 상호 학습을 통해 이들은 문제 상황을 차단하고 해결하는 동시에 커뮤니티 회복력과 웰빙을 높이는 데에도 효과를 발휘하고 있었다. 이 글은 사람들이 복잡한 정보공간을 탐색하는 방법에 대한 통찰력을 제공함으로써, 비정규 학습(informal learning)과 트랜스미디어 리터러시[22]에 대한 기존 팬 연구를 보완하는 측면을 가진다.

오정보 전략은 비정규 학습과 멘토링을 통해 사회집단 간에 공유된다. 공통의 정체성과 상호 관심을 중심으로 형성된 집단은 이러한 활동을 통해 커뮤니티의 가치와 집단의 웰빙을 구축하고 유지하는 데 상당한 관심을 지니고 있다. 우리는 참가자들이 논의한 커뮤니티 중심의 오정보 전략을 두 가지 차원에 따라 구성하고 비교하기 위해 다음과 같은 활성화-관여 프레임워크(Activation-Engagement Framework)를 제안하고자 한다(〈표 2〉). 활성화 차원은

"Educators, Solicitors, Flamers, Motivators, Sympathizers: Characterizing Roles in Online Extremist Movements", *Proceedings of the ACM on Human-Computer Interaction*, 5(CSCW2), 2021, pp.1-35; Center for an Informed Public, Digital Forensic Research Lab, Graphika & Stanford Internet Observatory, 2021; Kate Starbird, Emma S. Spiro & Kolina Koltai, op.cit.

22 Matthew Hills, *Fan Cultures*, Taylor and Francis, 2003; Henry Jenkins, *Convergence Culture: Where Old and New Media Collide*, New York University Press, 2006; Carlos A. Scolari et al., "Transmedia Literacy in the New media Ecology: Teens' Transmedia Skills and Informal Learning Strategies", *El Profesional de La Información*, Vol.27, No.4, 2018. pp.801-812.

〈표 2〉 오정보 대응을 위한 이용자 전략의 활성화–관여 프레임워크

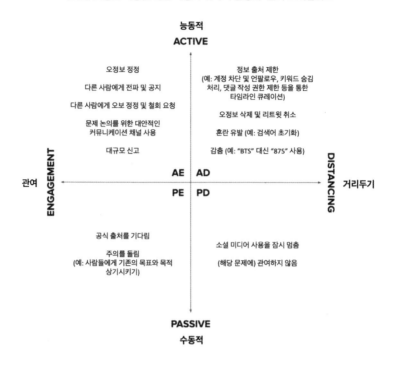

개인의 적시적이고 명확한 (무)행동에 기반한 팬 활동 및 행동의 범위를 포착하며, 관여/거리두기 차원은 개인과 정보 사이에 밀접한 관여가 있을 때와 자신(또는 타인)을 정보로부터 거리를 두려고 시도할 때로 나눠, 이런 행동들이 각각 어떤 결과를 초래하는지를 측정한다.

참가자들은 문제의 맥락에 따라 다양한 접근 전략을 취했다. 어떤 상황에서는 오정보가 팬덤이나 아티스트에게 즉각적이거나 해로운 결과를 초래할 수 있기 때문에, 멤버에 대한 비방 같은 경우에는 참가자가 이에 맞서 적극적으로 대처하는 것이 더 낫겠지

만, 근거 없는 소문이나 팬들을 자극하기 위한 의도가 있는 게시물의 경우 수동적인 입장을 취하는 것이 낫다고 보았다.

참가자들은 때로는 오정보에 직접 대처하기 위해 관련 문제에 직접 참여하거나 정보의 진위를 확인하기 위해 공식적 입장문을 확인하는 등 문제를 강화하는 방식을 선택했다. 또는 과도한 자극을 유발하거나 스트레스성 트윗에는 응답하지 않는 식으로, 문제로부터 거리를 두는 접근방식을 택하기도 했다. 능동적 거리두기에서는 참가자가 보고 싶지 않은 정보를 제거하는 한편, 수동적 거리두기에서는 참가자가 해당 정보공간에서 자신을 제거했다. '써치방지' 등의 방법을 사용해 특정 키워드를 검색할 수 없도록 다른 용어로 대체하거나, 해시태그 납치(hashtag hijacking)나 검색어를 다른 내용으로 중화해 이용자의 주의를 분산시키기도 했다.

팬들이 개발하고 공유하며 실천한 이런 전략들은 사람들이 일상에서 오정보에 어떻게 대처하는지에 있어서 더욱 포괄적인 양상을 보여주며, 단순히 수동적인 정보 소비자를 벗어나 주체성을 확보하는 방법을 조명한다. 과거 정보 전문가들이 개발하고 지지해 온 접근방식들이 주로 정보의 출처와 정확성을 평가하는 데 중점을 두는 경향이 있다면, 여기에 제시된 전략들은 이용자와 사회적 집단이 발휘할 수 있는 역할을 강조한다. 단순히 특정 정보나 출처를 평가하는 것 이상으로, 이용자가 정보의 흐름을 선별적으로 관리하는 적극적인 역할을 강조한다.[23] 이용자는 다양한 출처

---

23 Kjerstin Thorson & Chris Wells, "Curated Flows: A Framework for Mapping Media Exposure in the Digital Age", *Communication Theory*, Vol.26, No.3, 2016, pp.309-328.

와 행위자들을 신중하게 선택하거나 차단하고, 문제가 있는 정보와 거리를 둠으로써 자신의 정신 건강을 돌보는 방식으로 정보를 선별한다. 더 나아가 이들은 정보의 가시성과 확산을 줄이는 방법으로 정보 흐름을 긍정적으로 통제하거나 이에 영향을 미치고자 하였다. 정보를 숨기고, 불필요한 선정적인 뉴스미디어를 피하기 위해 비공개채널을 사용하거나, 다른 사람들이 해당 정보출처에 접근하지 못하도록 스크린샷을 공유하여 콘텐츠와의 상호작용을 최소화하는 것 등이 해당 전략에 포함되었다. 이는 단순히 주어진 정보를 평가하는 것 이상의 방식으로 이용자가 오정보 및 허위정보에 직접 관여하는 예시이다. 어떤 의미에서 팬들은 현재 4chan과 같은 온라인 하위그룹을 연구한 사례에서처럼[24] 정보 생태계에서의 미디어 조작과 허위정보의 발생 양식을 배워 이를 자기 보호의 전략으로서 모색하는 중이라고 할 수 있다.

이 프레임워크는 개인이 오정보를 탐색해 나가는 '관여'의 의미를 소셜 미디어에서 흔히 관찰되는 정보 행위 이상으로 확장해 이해하는 데 사용될 수 있을 것이다. 그룹 집단의 특성 및 구성, 역사 및 문화적 맥락에 따라 사용하는 효과적인 전략이 상이할 수 있으므로 다양한 커뮤니티에서의 전략을 연구하고 비교하는 데에도 활용될 수 있을 것이다. 또한 미디어 리터러시 프로그램을 통해 다양한 온라인 커뮤니티에서의 오정보에 대한 회복탄력성을 형성하는 데에도 도움이 될 것이다. 소셜 미디어 플랫폼을 능동

---

[24] Alice Marwick & Rebecca Lewis, *Media Manipulation and Disinformation Online*, Data & Society, 2017.

적/수동적 관여에 있어서의 이용자의 행위자성을 중요시하도록 설계하여, 이용자가 항상 적극적으로 참여해야 한다는 무언의 요구로 압박을 느끼지 않도록 할 수 있을 것이다. "격렬한 대화를 잠시 멈춰보세요(take a break from a heated conversation)"와 같은 알림을 주는 방식으로 말이다.

6. 마치며: 팬덤 내 오정보 대응 전략이 가지는 의의

팬덤은 온라인에서 늘어나는 오정보와 허위정보의 복잡성에 대한 추가적인 연구를 가능케 하고, 일상적인 맥락에서 이를 다루는 새로운 전략을 제공하는 데 단초가 된다. 중요한 것은 팬덤은 다른 이들의 성취를 적극적으로 지지하는 공동체로, 단순한 개인의 집합체라기보다 사회적 집단으로 작동한다는 점이다.[25] 팬덤의 정보 행위와 현재 사용중인 전략은 다른 집단에게도 영향을 줄 수 있으며, 특히 넘쳐나는 오정보와 정교한 허위정보 전술로 인해 회의와 무력감을 느끼는 환경에서 더욱 큰 힘이 될 것이다.

번역: 강성하 (워싱턴대학)

---

25 Park et al., op.cit.

한국문화를 수용하는 인도의 청년들
: 디지털 미디어가 인도 젊은 세대의 문화적 정체성에 미치는 영향[1]

프리야 고하드 (Priya Gohad) ·
네하 가트판데 (Neha Ghatpande)

1. 들어가며

세계가 빠른 속도로 도시화 및 현대화를 겪는 동시에 더욱 세계화됨에 따라, 문화적 전통이 사회에서 구조적인 변화를 겪고 있

---

[1] 편집자주: 이 글은 EU(유럽연합)가 지원하는 유럽 미래를 위한 문화유산 및 정체성(Cultural Heritage & Identity of Europe's Future, CHIEF) 프로젝트의 일환으로 인도 마하라슈트라(Maharashtra) 지역의 사비트리바이 풀 푸네 대학(Savitribai Pule Pune University)에서 수행된 연구 프로젝트를 기반으로 하고 있다. 이 글의 모태가 되는 해당 연구에서 공동 저자인 프리야 고하드와 네하 가트판데는 인도 토착문화인 마라티(Marati) 문화의 거점인 마하라슈트라주의 푸네(Pune) 지역에서 한류에 관심 있는 15~25세 청년 30명을 대상으로 심층 인터뷰를 실시했다. 해당 인터뷰는 방대한 문화적, 종교적, 인종적 다양성을 지니며 과거 식민지 경험으로 인해 유럽문화의 영향이 컸던 인도라는 국가에서, 한류를 매개로 한 아시아 문화에 대한 인식이 인도 청년들의 아시아적 정체성 형성에 미친 영향이라는 광범위한 주제의 초석을 놓는 사례 연구로서의 가치를 지닌다. 또한, 좀처럼 접하기 힘든 인도의 한류 수용에 대한 해당 국가 연구자의 관점을 접할 수 있다는 점에서 의의를 찾을 수 있다. 2024년 현재 저자들은 연구의 본격적인 확장을 위해 더 다양한 표본 인터뷰를 수집 중에 있다.

다는 사실이 명백해지고 있다. 많은 국가에서 다양한 대중문화가 출현하고 주목받고 있는 중이다. 세계화는 문화적 보편화를 이끌었고, 동시에 문화적 혼성화로 이어졌다. 세계화는 청년들의 삶에 영향을 미치는 핵심적 요소로 여겨지지만, 글로벌 사회를 살아가는 청년들의 정체성과 그들의 관계에 대한 논쟁으로 이어지기도 했다.[2] 인류학자이자 세계화 이론가인 아르준 아파두라이(Arjun Appadurai)는 1990년에 출판된 에세이를 통해 세계의 문화 흐름에 대해 이야기하면서, 이러한 흐름을 이해하거나 분석할 수 있는 다섯 가지 도구를 제시한다. 그 흐름 중 하나는 미디어스케이프(Mediascape)로, 이는 국경을 넘어 전달되는 미디어의 흐름이 만든 광경을 의미한다. 위 에세이는 인도가 세계화의 정점에 있던 1990년에 작성되었으므로 여기서 언급된 방법을 통해 문화의 흐름을 이해하는 것이 '글로벌 아이덴티티'의 복잡성을 이해하는 데 한계가 있다고 하더라도, 이러한 이론화는 오늘날의 현상을 이해하는 데 있어 유용한 도구가 된다. 인터넷의 성장 이후 소셜 미디어의 등장 및 스마트폰의 보급은 비디오, 밈, 뉴스, 노래 등 콘텐츠의 종류에 상관없이 어떤 종류의 미디어라도 몇 초 안에 국경을 넘어 도달할 수 있는 환경을 만들었다. 이는 동일한 유형의 문화를 소비하는 사람들 사이에 우정을 형성하는 국내외의 커뮤니티를 생성하고, 글로벌한 소속감이나 동질감을 형성하게 된다. 국경을 넘는 미디어의 흐름은 복잡한 정체성을 낳는다. 이러한 관점에서 이

---

2   Douglas Bourn, "Young People, Identity and Living in a Global Society", *Policy & Practice-A Development Education Review*, Vol.7, 2008, pp.48-61.

글은 다른 아시아 국가들의 대중문화에 참여할 뿐만 아니라 공동체를 형성하고 습관을 만들어 나가며 문화를 가상적으로 경험하려고 노력하는 인도의 도시 청년들의 어떤 '광경(scape)'을, 신흥 아시아적 정체성이라는 렌즈를 통해 이해하고자 한다.

2. 연구과정 및 동기

우리가 (학교와 같은) 공식적인 교육 기관에서 이루어진 문화적 사회화에 대한 인터뷰를 진행하는 과정에서 응답자들은 아시아 다른 국가의 언어와 대중문화에 대한 호감을 표시했다. 이러한 응답은 다른 문화, 특히 유럽문화에 관련된 질문으로부터 나왔다. 예를 들면 이러한 문화를 알고 있는지, 그 문화에 대한 의견은 어떤지, 다른 국가의 문화와 어떤 방식으로 상호작용하는지에 대한 질문들을 통해 이런 응답을 들을 수 있었다.

이러한 질문에 대한 응답을 바탕으로 인도의 청년들이 소셜미디어와 인터넷의 사용을 통해 다른 아시아 국가의 문화에 노출된다는 결과를 도출할 수 있었다. 응답자들은 유럽 언어보다 한국어와 일본어와 같은 외국어의 학습을 선호했다. 이러한 응답을 통해 한국 음악을 의미하는 'K-팝'이나 한국 영화를 포함한 'K-드라마' 등 한국 대중문화에 대한 응답자들의 호감도를 확인할 수 있었다.[3]

---

3   Chandrani Chatterjee, Swati Dyahadroy, & Neha Ghatpande, "Country Based

더 나아가 이러한 반응은 인도 청년들이 기존 서구 문화에서 벗어나 새롭게 부상하는 '아시아적' 정체성을 형성하는 것, 즉 일종의 '탈식민화 과정'에 대해 더 생각하도록 만들었다. 응답자 중 한 명인 팔라비(Pallavi)는 다음과 같이 말한다.

지금까지 모든 사람들이 미국이나 영국, 파리, 프랑스, 독일처럼 유럽에 있는 나라들에 가고 싶다고 하는 것을 보았기 때문에, 저는 좀 다른 것을 해야겠다고 생각했어요 … 저는 일본, 한국, 중국을 더 좋아해요. [웃음]

이러한 반응은 한국과 일본의 대중문화가 응답자의 열망이나 목표를 키우는 일종의 대안적인 공간으로 작용했음을 보여준다. 또한 이 응답자는 일본어와 한국어를 배우는 것에 더 관심이 있다고 말함으로써 서양 문화와 영어를 중시하는 위계질서에 도전하고 있다. 이러한 반응을 통해 우리는 인도의 젊은이들 사이에서 관찰되는 '아시아적 정체성'에 대해 조금 더 깊이 탐구하고 싶다고 생각했다.

인터뷰 표본을 선정하는 과정에서 우리는 인도의 문화적 다양성과 그 방대함을 염두에 두었다. 2011년 인구조사에 따르면,[4] 인

Reports: Cultural Literacy Practices in Formal Education (India)", *The Challenge of Cultural Heritage and Identity for Inclusive and Open Societies: Young People's Perspectives from European and Asian Countries*, eds. Louis Henri Seukwa, Elina Marmer , Cornelia Sylla & Peter Lang, 2020.

4 편집자주: 인도는 10년에 한 번씩 인구조사를 실시하며, 2021년에는 코로나로 인해 시행하지 않았다. 따라서 2011년 이후로 실시된 인구조사는 아직 없는 셈

도의 청년 인구는 2억 3천 백구십만 명이다. 이는 인도 전체 인구의 19%가 넘는 숫자이다. 2024년 기준으로 인도는 세계에서 가장 인구가 많은 국가가 되었기 때문에, 이에 따라 청년 인구 역시 상당히 증가했을 것이다. 또한 우리의 연구가 이루어진 마하라슈트라(Maharashtra) 주의 경우, 인구의 5분의 1이 15~24세 연령대에 있는 것으로 추정된다. 이와 같이 증가하는 인구수는 카스트, 계층 및 지리적 위치에 따른 인도 청년 세대의 다양성을 나타내는 지표라고 할 수 있다.

푸네(Pune)는 마하라슈트라 주에서 두 번째로 큰 도시로, 마하라슈트라의 산업과 경제 발전의 허브라고 할 수 있다. 풍부한 역사적 배경을 지닌 푸네 시는 마하라슈트라의 문화적 중심지이기도 하다. 이곳은 토착 문화인 마라티(Marati) 문화의 대표적인 지역으로, 스포츠, 연극 및 고전음악을 포함한 다양한 문화적 유산을 보유한 것으로 유명하다.[5] 또한 현대화와 이에 수반되는 변화가 문화적 전통과 어떻게 공존할 수 있는지를 보여주는 훌륭한 예시이기도 하다. 푸네는 현재 교육과 산업 분야에서 국내외의 많은 인구를 끌어들일 수 있는 중심지로 거듭났다. 테레사 로빈슨(Theresa Robinson)에 따르면, "푸네 지역은 다양한 출신의 사람들이 모이는 중심지가 되었기 때문에 미숙련 노동자뿐만 아니라 고학력자 및 중산층에게도 사회적 차별로부터 안전한 피난처와 같은 공간을 제공한다. 푸네의 이러한 지역적 이미지는 이 지역 거주자

이다.

5 "Culture & Heritage," *District Pune*, Government of Maharashtra, India. (https://pune.gov.in/culture-heritage/)

들이 스스로를 인식하는 데에도 매우 중요한 역할을 한다.[6]

따라서 이 글에서 다루는 표본이 결코 인도 전체를 대표할 수 없으며, 인도의 다양성을 보여주는 데 한계가 있다는 점을 다시 한번 강조하고자 한다. 그러나 인도의 청년층에서 관찰할 수 있는 풍부한 문화적 다양성들 가운데서도 몇 가지 공통된 문화적 갈래가 존재하며, 이러한 공통점이 탐구되고 관찰되어야 한다는 것이 이 글의 목적이라는 점을 밝힌다.

3. 연구방법

인도 청년 문화의 새로운 경향을 이해하기 위해, 우리는 먼저 한국문화와 관련이 있는 젊은이들을 찾고자 했다. 이러한 과정에서 다양한 출신 지역과 사회경제적 배경을 가진 30명의 참가자들을 온라인 설문 형식으로 인터뷰할 수 있었다. 구글 폼으로 설문지를 작성하여 한국문화에 관심이 있는 젊은이들에게 공유했으며 대상 연령대는 15~25세였다. 이 중, 여성과 남성 참가자가 각각 8:2 정도로 여성이 높은 참가율을 보였다. 이 가운데 몇몇 참여자들에게는, 만약 동의할 경우 동영상으로 의견을 보내 달라고 요청하기도 했다. 추가적으로 일부 전문가들에게도 인터뷰를 요청했다.

이번 연구는 소규모 프로젝트로 시작되었기 때문에 우리는 마

---

6   Teresa Platz Robinson, *Café Culture in Pune: Being Young and Middle Class in Urban India*, Oxford University Press, 2014, pp.40-41.

〈표 1〉 한국 문화에 대한 관심도

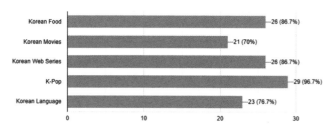

What are you interested in?
30 responses

Korean Food	26 (86.7%)
Korean Movies	21 (70%)
Korean Web Series	26 (86.7%)
K-Pop	29 (96.7%)
Korean Language	23 (76.7%)

하라슈트라 청년들의 문화적 소양을 이해하기 위해 진행된 보다 큰 규모 연구의 질적 데이터로부터 작은 표본을 수집하고 추론할 수밖에 없었다. 이번 연구는 인도 서부에 위치한 마하라슈트라 서부의 대도시인 푸네 시에 초점을 맞추었으며, 2024년 현재 우리는 더 많은 인터뷰를 수집하는 과정에 있다.

설문지 문항은 청년들이 선호하거나 참여하고 있는 한국문화의 다양한 측면에 대한 질문으로 구성되었다. 첫 번째 질문은 한국 음식, 한국 영화, K-드라마, K-팝, 한국어 등의 보기 중에서 어떤 분야에 관심이 있는지를 묻는 것이었다. 총 30명의 응답자 중 26명은 음식에 관심이 있다고 답했고, 26명은 K-드라마에, 29명은 K-팝에 관심을 보였다.

4. 디지털 공간

페이스북 애널리틱스(Faccbook Analytics) 보고서는 인도에 약 1,500만 명 이상의 K-컬처 팬들이 있다고 분석하고 있다. 인도의 여러 언론사에서도 K-팝이나 드라마, 한국 제품 등을 통해 K-컬처를 소비하는 현상에 대한 다양한 지역 청년들의 의견과 경험을 보도한 바 있다. 인도의 많은 젊은이들은 디지털 공간을 통해 K-컬처를 소비하고, 팬 그룹과 소통하는 것이 코로나19 팬데믹을 이겨 나가는 데 도움이 되었다고 이야기했다.[7]

인도에서 한류의 시작은 2012년 싸이의 〈강남 스타일〉이 유튜브에 공개되었을 때 확연히 드러났다. 〈강남 스타일〉은 인도에서 매우 반응이 좋았고, 일부 아티스트들은 해당 음악을 리메이크하거나 재해석한 버전을 내놓기도 했다. 지난 2018년 인도 대통령의 한국 대통령 환영사에서는 〈강남 스타일〉과 '방탄소년단(이하 BTS)'이 인도에서 얼마나 인기가 있는지가 언급되기도 했다.[8] 『타임즈 오브 인디아(Times of India)』[9]가 2021년에 발간한 보고서는 통계분석을 통해 팬데믹 기간 동안 한류가 어떻게 더욱 강력하게 성장했는지를 보여주었다. 이 기사는 유로모니터 인터내셔널

7   Somya Lohiya, "In-Depth | K-pop Sweeps Indian Youth off Their Feet: What Is Its Magic Formula and How It Pushes Korean Business Fortunes," Money Control, June 19, 2021.

8   ibid.

9   역주: 타임즈 오브 인디아(Times of India)는 인도에서 가장 오랜 역사를 가진 신문 중 하나다.

(Euromonitor International)[10]이 발표한 보고서에서 해당 통계를 인용했다고 밝혔다.

　보고서에 따르면,
　- 넷플릭스는 통계자료를 통해 인도에서 2019~2020년 사이 K-드라마 소비가 370% 증가했다고 밝혔다.
　- 인도의 대표적인 이커머스 플랫폼 중 하나인 플립카트(Flipkart)는 한식 제품 부문의 주문량이 1.5배 급증했다고 밝혔다.[11]

　해당 기사는 또한 한국과 인도 음식이 준비하는 과정과 맛에 비슷한 점이 있다고 응답한 젊은이들의 경험을 담고 있다. 응답자 중 한 여성은 한국 드라마를 볼 때는 무조건 한식을 먹는다고 언급하기도 했다. 보고서에 언급된 이커머스 회사들은 한식 가운데서도 라면과 김치가 가장 인기 있다고 밝혔다.
　이를 아르준 아파두라이의 '미디어스케이프' 개념과 연결해 보면, 전 세계적으로 인터넷과 디지털 미디어의 성장이 새로운 형태의 초국가적 사회 네트워크와 문화적 정체성을 만들어 냈다고 할 수 있을 것이다. 이러한 연결성을 살펴봄과 동시에 우리는 디지털이라는 공간적 개념이 연결성과 연대감을 어떻게 구축했는지 탐구하기 시작했다.[12] 해당 주제에 대한 선행 연구 검토를 통해 우

10　역주: 영국에 본사를 둔 마켓 리서치 회사

11　Niharika Lal, "K-pop, K-drama driving interest in K-cuisine in India", *The Times of India*, October 17, 2021.

12　현재 디지털을 '공간적' 개념으로 바라보는 이론적 작업이 상당히 많이 진행되

리는 다음과 같은 사실을 발견할 수 있었다.

- 기술 인프라를 통해 글로벌 네트워크의 구성이 가능하다.
- 디지털은 지리적 단위가 아니라 이념적 힘으로 경계를 규정하는 공간이다.
- 디지털 장(場)은 '디지털 대중'에 의해 형성된다: 경합 및 강화
- 디지털 공간은 정체성에 대한 개념을 재구성하고 재생산한다.
- 디지털은 허물어지는 이분법적인 잣대와 모순이 구성하는 공간 이다.
- 공유된 디지털 공간 및 온라인에서 이루어지는 상호작용은 오 프라인 세계에서의 정체성 형성과 마찬가지로 우정과 연대의식 을 만들어낸다.

연구 대상 지역인 푸네에서는 K-팝이 가장 인기 있는 요소로 관찰되었고, 이를 통해 한국문화의 다른 분야 역시 젊은 층에 스며들었다는 것을 알 수 있었다. 그 대표적인 예는 해당 지역에서 열리는 한국 영화제와 한국 음식 축제였다. 대부분의 응답자들은 소셜 미디어를 통해 한국 대중문화를 접했으며, 인스타그램, 왓츠앱 그룹, 페이스북 그룹, 트위터 아이디 등을 통해 팬클럽에 가입하거나 팬덤의 일부가 되었다고 밝혔다. 그들은 '위버스(Weverse)'와 같은 특정 플랫폼을 언급하며 이를 통해 푸네 지역의 문화적

고 있는데 이 가운데 주목할 만한 연구는 「디지털 디아스포라: 젠더화된 인도 디지털 공간의 노동과 정동」이다. Radhika Gajjala, *Digital Diasporas: Labor and Affect in Gendered Indian Digital Publics*, Rowman & Littlefield Publishers, 2019.

그룹에 참여했다고 밝혔다.

5. 한국문화에 대한 반응

젊은 K-팝 팬들은 "국경을 초월하는 상상적인 역동적 공동체"의 일부를 형성한다.[13] 한류는 세계적으로 영향을 미치고 있고, 지리적으로 분산된 공동체를 친근감, 헌신, 소속감을 통해 강하게 연결하고 있다. 팬들이 서로 소통하고 토론하며 자신을 표현할 수 있는 온라인 공간의 친밀함은 글로벌 한류 커뮤니티의 유대감 형성을 촉진한다. 이들은 단순히 대중문화의 수동적인 소비자가 아니라, 한류의 적극적인 참여자로서 혁신적이고 때로는 심지어 변화를 촉발하는 방식으로 대중문화와 상호작용하는 것이다.[14] 응답자 대부분은 인스타그램, 트위터, 왓츠앱과 같은 소셜 미디어를 통해 한국 대중문화를 접했으며, 한국 음악에 맞춰 노래하고 춤추며, 한국 대중문화를 더 잘 이해하기 위해 한국어를 배우기도 했다. 한국 드라마에는 한국 문화의 모든 측면이 결합되어 나타나며, 이로 인해 시청자들은 한국 문화 전반에 대한 경험을 하게 된다. 예를 들어, 〈초콜릿〉, 〈사랑의 불시착〉, 〈식샤를 합시다〉, 〈오나의 귀신님〉 등의 한국 드라마에는 음식이 주요한 테마로 등장

---

13 Anna Lee Swan, "Transnational Identities and Feeling in Fandom: Place and Embodiment in K-pop Fan Reaction Videos," *Communication, Culture and Critique*, Vol.11, No.4, 2018, pp.548-565.

14 ibid, pp.548-565.

하고 레시피가 처음부터 끝까지 공개되어, 드라마를 보는 젊은이들이 한국 음식에 대해 더 많이 알 수 있도록 만든다.[15] 이에 따라, 한식에 대해 관심이 있고, 가족들과 함께 한식을 요리해본 적 있다는 응답자가 많았다.

노래나 댄스 커버를 하거나, 가끔은 여동생과 (한국) 요리를 따라해 보기도 해요. 여동생도 한국 문화를 좋아하거든요.(키아라Kiara, 여, 25세)

네, 한국 요리도 하고, 케이팝 댄스도 배워요.(아슈Ashu, 여, 16세)

저는 음악을 좋아해요. 케이팝에는 굉장히 다양한 장르가 있어서 흥미로워요. 그리고 저는 몸에 좋은 음식을 찾아보는 편이라 그런 면에서 한국 음식을 굉장히 좋아하는 편이에요.(아이샤와라 Aishwarya, 여, 21세)

한국 노래를 부르고, 노래 커버를 하기도 하고, 시간이 될 땐 간단한 한국 요리를 만들어 먹기도 해요. 저희 부모님도 좋아하시구요.(슈루티Shruti, 여, 19세)

응답자들은 인도와 한국 둘 다 쌀을 주식으로 한다는 점 등

---

15 Sparsita Kalita & Shyamali Banerjee, "Role of Indian Media in the Rise of Asian Culture in India: Especially Hallyu", *International Journal of Science & Engineering Development Research*, Vol.8, No.1, 2023, pp.177-183.

음식 문화의 공통점에 대해서 이야기하기도 했다. 응답자 대부분이 음식, 언어, 축제, 가족 의례 등 한국과 인도 문화 사이의 문화적 공통점에 대해 언급했다. 몇몇은 이러한 유사점을 '아시안 커넥트(Asian Connect)'라는 단어를 사용해 설명하기도 한다.

어떤 부분에서는 매우 다르지만, 또 어떤 부분에 있어서는 두 나라의 사이에 '아시안 커넥트' 같은 게 존재한다고 생각해요.(트윙클 Twinkle, 여, 18세)

저는 BTS를 좋아하는데요, 왜인지 잘 설명할 수는 없지만 그들을 응원하게 돼요. 한국 드라마 〈이태원 클라쓰〉도 좋아해요. 저를 바꿔놓을 만큼 큰 감동과 영감을 받았어요. 또, 한국어와 타밀어의 문법이 비슷한 부분이 많은 것 같아서 한국어를 배우고 있기도 해요. 그리고, 한국 음식에는 대부분 고기가 들어가긴 하지만 라면만큼은 참을 수가 없어요. (미나Meena, 여, 15세)

한국과 인도 문화 사이의 공통점에 대한 다음과 같은 답변들도 있었다.

같은 아시아인인 만큼 유사점도 있고 차이점도 있다고 보는데요. 집에서 신발을 벗는 것이나, 쌀을 주식으로 하는 것, 웃어른을 공경하는 문화들은 인도와 매우 유사해요. 식습관도 조금 다르고 역사적으로도 매우 다르지만 어떤 부분에서 비슷한 부분이 있는건 분명해요.(쿠날Kunal, 남, 21세)

두 문화 모두 가족애가 강하고 졸업 후에도 부모님과 사는 경우가 많아요. 이러한 현상이 자연스럽다고 생각하는 것도 두 문화의 공통점인 것 같아요. 또, 두 나라 모두 여성들이 하얀 피부와 예쁜 얼굴을 갖는 것을 요구하는데, 공통점 중 가장 문제적인 지점이라고 생각해요.(사니아Saniya, 여, 15세)

처음에는 이민호가 나오는 한국드라마로 시작해서, 그다음엔 BTS, 버즈, 크러쉬, 한국 힙합 같은 음악에 빠졌고, 이후에는 한국 음식까지, 한국 문화는 좋은 의미로 제게 일종의 블랙홀 같았어요. 여전히 힐링되는 한국 음악을 계속해서 발견하고 있답니다. 또, 한국어는 아름다운 언어이고, 한국어를 배우는 게 한국 문화를 더 잘 이해할 수 있는 방법이기도 했어요. 한국은 어떤 면에서 인도 문화와 비슷한 점이 많아서 한국 문화의 유산과 역사를 배우고 싶어요. 언젠가는 꼭 한번 방문하고 싶어요.(리투Ritu, 여, 20세)

이렇듯 한국 문화를 애호하고 동질감을 느끼는 팬들은 초국적으로 연결된 안전한 공간에서 자신을 표현하고 정체성을 형성하게 된다. 이러한 환경에서 이들은 자신의 느낌을 신체적, 감정적으로 표현하는 것을 평가절하하는 유럽중심적이고 가부장적인 신념 체계의 제약에서 벗어나 자유롭게 대안적 지식과 표현 방식을 탐구할 수 있게 된다.[16]

---

16 Swan, op.cit., pp.548-565.

6. 유럽문화

유럽문화에 대한 질문에서는 흥미로운 답변이 관찰되었다. '당신은 유럽문화에 대해 동질감을 느끼는가?'라는 질문에 대한 응답 중 대부분은 '아니요', '별로', '약간' 등이었다. '그렇다'라고 대답한 응답자들은 음식이라든지 프랑스 영화나 스페인어/영어 노래와 같은 몇몇 대중문화를 언급했다. 이러한 반응은 한국문화에 대한 그들의 관심도와는 사뭇 달랐다. 여기서 주목해야 할 점은 이 설문에 응답한 그룹이 대부분 사회경제적으로 중상류층이며, 특히 소셜 미디어나 OTT 플랫폼, 유튜브 등을 통해 유럽 영화, 음식 및 역사에 대한 노출이 높은 부류라는 점이다. 또한 이들이 이미 어느 정도 한국문화와 관련성을 가지고 있었기 때문에, 아시아 문화에 전혀 노출되지 않은 다른 집단을 인터뷰할 때와는 결과가 다를 수 있다는 점을 밝힌다.

세계화 이후 인도가 신자유주의 경제의 두드러진 시장으로 부상하면서, 타문화에 대한 노출은 기하급수적으로 증가했다. 푸네 시 청년들의 문화적 리터러시에 대한 연구에 따르면, 젊은이들이 스스로를 유럽과 동일시하는 이유는 과거 식민지 시절 인도와 유럽의 관계 때문이라고 분석하고 있다.[17] 동일 연구에서 응답자

---

17 Shailendra Kharat, Anagha Tambe & Priya Gohad, "Post-coloniality, social capital and difference trumps hierarchy: Non-formal cultural education of youth in India", *The Challenge of Cultural Heritage and Identity for Inclusive and Open Societies:*

들은 글로벌과 로컬 개념에 대한 명확한 이해를 지니고 있었으며,
이 둘의 차이를 여러 다른 영역에 걸쳐 확실히 구분하고 있었다.[18]
이에 대해 본 연구는, 인도 젊은이들의 디지털 공간 참여가 이러
한 글로벌과 로컬 사이의 경계(또는 이에 대한 인식)를 모호하게 만
들었다고 주장한다. (인도 젊은이들에게 있어) 글로벌은 이제 서구만
을 의미하는 것이 아니라, 다른 아시아 문화도 포함될 수 있으며,
인도에서의 한류의 영향력은 이를 드러내는 사례 중 하나로 볼 수
있다.

7. 부상하는 아시아적 정체성

인도 청년들이 인도와 다른 아시아 국가들 간의 문화적 전통
의 유사성과 친밀성을 이해하려고 노력함에 따라 한류에 대한 동
질감은 새롭게 부상하고 있는 '아시아적 정체성'으로 확장되어간
다. 한 응답자는 "나는 아시아 문화로서의 인도, 한국, 중국, 태국
이 가진 문화적 유사성에 총체적으로 공감하고 있습니다. 우리 아
시아 문화가 아시아인 서로에게 더 많이 노출되고 함께 빛나기를
바랍니다"(사이Saee, 여, 16세)라고 응답하기도 했다. 설문조사에서
대부분의 응답자들은 자신을 아시아인이라고 밝히면서 인도와 다
른 아시아 국가들 간의 문화적 유사성, 그리고 아시아 및 서구/유

Young People's Perspectives from European and Asian Countries, eds. Louis Henri
Seukwa et al., 2020, p.261.

18 ibid.

럽 정체성의 차별성에 대해 이야기했다. 그중 일부의 응답을 보면
다음과 같다.

> 아시아 문화는 서양 문화와 비교했을 때 서로 훨씬 비슷해요. 다양
> 한 아시아 국가에서 많은 유사점을 발견할 수 있었어요. (프라치티
> Prachitee, 여, 17세)

> 네, '아시아 문화'라는 것은 존재한다고 생각해요. 그렇지만 한국이
> 나 일본, 태국, 베트남 등의 동(남)아시아 국가들에 좀 더 집중되었
> 다고 생각해요. 하지만 분명히 인도도 아시아에 속하죠. 저는 저 스
> 스로를 아시아인이라고 생각하지만, 사람들이 헷갈리지 않도록 외
> 국에서 이야기 할 때에는 인도인이라고 말해요.(기탄잘리Geetanjali,
> 여, 19세)

> 네, '아시아 문화'라는 개념이 있어요. 주로 아시아권에서 공유하는
> 윤리 때문에 그것을 아시아 문화라고 부르는 것 같아요. 서양 문화
> 와 비교했을 때 어떤 아시아 문화는 좀 다르고 이상하게 느껴질 수
> 도 있지만 어떤 부분은 서양 문화와 비슷하기도 하죠. 아시아 문화
> 는 주로 정신적 가치와 전통적 신화에 기반을 두고 있다고 생각해
> 요. (나이디Nidhi, 여, 16세)

> 아시아는 자신만의 역사, 문화, 민족, 정체성을 가지고 있어요! 저
> 는 제 자신을 아시아인이라고 생각해요!" (수야샤Suyasha, 여, 24세)

블로그 영상이나 실제 현실에서 동양인만의 어떤 특징에 대해 이야기하는 사람들이 많아요. 저는 스스로를 아시아인이라고 생각하는데요. 가족을 생각하는 공동체 문화를 공유하고 축제를 열거나 하는 것들이 중요한 일이라고 생각하는 것, 그게 아시아적 특징인 것 같아요. (리티카Ritika, 여, 20세)

8. 국가적 정체성

앞에서 언급한 것처럼, 세계화와 디지털화의 과정에서 인도의 청년들은 여러 층위의 정체성을 보여주고 있다. 일부 응답자들은 아시아 문화의 유사성이 존재하더라도, 국가적 정체성이 더 중요하다는 의견을 내놓기도 했다. 다음은 이에 대한 몇 가지 답변들의 예시이다.

저는 우리 인도인들이 아시아인이라고 생각하지 않아요. 왜냐하면 아시아인이라는 용어가 나올 때마다 항상 한국인이나 중국인, 태국인을 의미할 때가 많거든요. 인도인을 지칭하는 경우는 잘 없어요. (슈라다Shraddha, 여, 26세)

저는 세계의 분열을 이해할 수 없어요. 그런건 쓸데없다고 생각하는 편이에요. 대신, 저는 스스로를 세계시민이라고 말해요. 그렇다고 특정 문화를 존중하지 않는다는 것은 아니지만요. (포로Poro, 여, 15세)

저는 스스로를 아시아인이라고 생각하지만, '아시아 문화'라는 용어 자체에 대해서는 동의하지 않아요.(아타르바Atharva, 남, 17세)

아시아 전체가 하나의 문화라고 생각하지는 않아요. 아시아의 모든 나라들이 다 같은 문화를 가지고 있지는 않으니까요. 모든 나라들은 다 각자 다른 문화를 가지고 있잖아요. 네, 저는 스스로를 아시아인이라고 생각해요.(아스타Aastha, 여, 16세)

동남아시아 전체에서 한국문화에 가장 큰 영향을 받은 지역 중 하나가 인도 동북부 지역이다. 세계화와 미디어 커뮤니케이션 기술의 발전에 따른 일반적 영향을 넘어, 동북부 지역이 유독 한국문화의 영향을 강하게 받고 있는 것이다. 한국어로 말하고 노래하는 것부터 한국 아티스트나 유명인처럼 옷을 입는 것까지, 인도 동북부 지역 전체가 한국문화에 매료되어 있다. 동북부 주민들의 이러한 한국 문화에 대한 열광적 수용에는 한국문화와의 문화적 근접성, 또는 이들이 모국에서 경험한 소외감이나 인종적 편견 등 다양한 원인이 있을 수 있다. 그들만의 독특한 라이프 스타일이나 외적(신체적) 특성으로 인해, 동북부 주민들은 인도 본토와 단절감을 겪는 것으로 알려졌다.[19] 인도는 다양한 민족, 종교, 사회 계층으로 이루어진 국가다. 동북부 지역 자체도 그다지 동질적이

19 Bidyarani Asem, "Contextualizing Social Learning Theory Through Korean Media: A Case Study of Cultural Heterogenization in North East India", *The International Journal of Humanities & Social Studies*, Vol.2, No.11, 2014, pp.30-33.

지 않은 8개의 주로 구성되어 있다. 해당 주들은 저마다 매우 다양한 문화를 보유하고 있으며, 부족 중심의 체제로 이루어져 있다. 타국과의 접경지대에 걸쳐 있는 지역이기 때문에, 이 지역은 안보에 대한 경계가 높은 편이다. 이러한 안보 우선주의는 해당 지역의 인권 침해와 언론 자유의 제한을 야기하기도 했다. 이러한 상황은 사회적 결집력을 약화시키고 (국가에 대한) 신뢰 부족을 만들어 내, 결과적으로 한류가 번성할 수 있는 여지를 만들었다는 평가가 있다.[20] 동북부 지역은 인도 본토와는 많은 이질성을 갖고 있으며, 이 지역 사람들은 문화나 사회적 제도 등 다방면에서 동남아 혹은 동아시아권과 많은 유사성을 지닌다. 이들의 외모나 사용하는 제스처, 언어, 그리고 신체적 특성에 있어서의 (동아시아인 한국과의) 유사성이 한류에 대한 애착으로 이어졌을 가능성도 존재한다.[21] 이런 특수한 지역적 상황 아래에서 한국의 문화적 관습들을 수용하고 받아들임으로써 일종의 위안과 만족을 얻는 것이다.

9. 결론

정리하면, 글로벌 미디어가 주도한 인도 청년 문화의 출현은 새로운 사회화 지형의 구축을 의미한다. 우리는 조사를 수행하는 동안 도시의 청년들이 서로 다른 문화 간 영향을 동시에 경험한다

---

20 Kaisii Athikho, "Globalization, Hybridization and Cultural Invasion-Korean Wave in India's North East," *Asian Communication Research*, Vol.14, 2017, pp.10-35.

21 ibid.

는 사실을 확인할 수 있었다. 젊은이들의 초국적인 문화적 연결과 새롭게 부상하는 아시아적 정체성은, 젊은이들에게는 당연히 서구 문화가 지배적인 영향을 끼칠 것이라는 기존의 통념에 도전장을 내민다. 그들은 한국과 같은 다른 아시아 문화에 대해 강한 유대감을 느낀다. 그들은 다양한 매체를 통해 이들 문화와의 연결을 시도하고 있다. 현대의 최신 기술에 정통한 이들에게 있어 문화란 주로 뉴미디어 기술을 매개로 하는 것으로 보인다. 이러한 뉴미디어 매체는 젊은이들에게 더 큰 세계에 접근할 수 있는 새로운 길을 열어주었고, 로컬에서 글로벌 수준에 이르기까지 이들이 다양한 정체성과 마주할 수 있는 기회를 제공했다. 리티 A. 루코스(Ritty A. Lucose)가 언급한 바와 같이, 도시에 거주하는 젊은 인도인들은 식민주의와 서구의 영향이 아니라 글로벌 및 지역 문화 노출에 기반하여 정체성을 형성하고 있다.[22] 위에서 언급한 바와 같이, 인도 젊은이들의 미디어 소비와 이로 인해 가능해진 정보에 대한 접근은 이들의 정체성에 다중적 층위를 추가하는 데 성공했다. 이것이 바로 응답자들이 문화라는 개념을 어떻게 정의하는지에 대해 답할 때 '다양성'이라는 단어를 여러 차례 사용했던 이유일 것이다. 인도 문화는 다양성으로 정의될 수 있으며 따라서 다층적인 정체성이 존재할 가능성을 품고 있다. 특히 미디어 커뮤니케이션 기술에 접근이 가능한 인도의 도시 청년들은 경계가 없는 정체성을 형성하도록 열린 태도를 가지고 있고, 이러한 다양성이 디지

---

22 Ritty A. Lukose, *Liberalization's Children: Gender, Youth, and Consumer Citizenship in Globalizing India*, Duke University Press, 2009.

털 공간에의 접근과 이와 관련된 소비에도 영향을 미친다는 것을 알 수 있었다. 이번 연구는 인도 도시 청년들의 문화적 감성을 이해하기 위한 시도이며, 이 연구 결과가 인도 청년들 전체의 문화를 대변한다고는 할 수 없다. 인도라는 국가의 방대한 문화적 다양성으로 인해 일반화는 어렵지만, 이번 연구는 더 많은 질문을 위한 몇 가지 길을 열어줄 것이다.

　이 연구를 통해 인도 도시 청년들이 문화의 교류에 열려 있으며, 음식을 비롯한 다양한 문화적 관습을 받아들이고 있다는 사실을 알 수 있었다. 문화적 교류를 통해서 이들은 스스로를 표현할 수 있는 대안적 공간을 탐사하며 동시대 젊은이들과의 공통 분모를 찾고자 한다. 글로벌화된 인도도시 청년들을 단순히 소비자라는 한정된 범주로만 정의할 수는 없다.[23] 이들은 글로벌과 로컬이라는 이분법 속에서 복잡하게 코드화된 정체성을 형성하고 있으며, 따라서 보다 세밀하고 섬세한 렌즈로 포착될 필요가 있다.

번역: 이현표 (중앙대학교)

23　ibid., p.162.

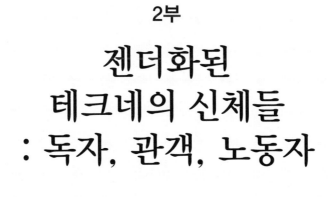

2부

젠더화된
테크네의 신체들
: 독자, 관객, 노동자

웹소설의 '여성 취향 장르'에 대한 고민과 또 다른 서사의 탐색[1]

안 상 원

1. 들어가며

이 글은 웹소설의 여성작가-독자들이 선호하거나, 선호하는 것으로 여겨지는 장르로서 '여성적 장르' 안의 균열과 새로운 이야기의 탐색을 검토하는 데 목표가 있다. 웹소설을 특정 플랫폼에서 일정한 분량을 기준으로 유료 연재되는 특정 문법이 있는 이야기로 정의할 때,[2] 해당 범주의 하부 장르의 문법 및 서사의 균열을

---

1   이 글은 2023년 6월 15일 동아대학교 젠더·어펙트연구소에서 진행된 연속 콜로키움 〈젠더스피어〉의 발표 원고인 「웹소설의 '여성적 장르'에 대한 고민과 대안적 서사의 탐색」을 수정·보완하여 수록한 것이다. 토론을 맡아 주신 부산외국어대학교의 권경미 선생님과 콜로키움에서 다양한 질문을 제기해 주신 선생님들, 추가적으로 원고 전반에 다양한 아이디어를 제공한 이화여자대학교 소설 전공 강명지 선생님에게 감사를 전한다.

2   안상원, 「웹소설 유료화에 따른 플랫폼과 서사의 변화 양상 연구」, 『한국문예창작』 제16권 제3호, 한국문예창작학회, 2017, 9-33쪽.

검토하는 것은 시장 안에서 그것을 소비하고-생산하는 독자-플랫폼-작가의 욕동을 살피는 단서가 된다.

그간 웹소설 내 장르 연구는 웹소설 체제 이전 장르소설의 세부 분류의 특성을 다루는 데 집중되었다. 곧 무협이나 판타지, 현대판타지와 로맨스의 특성을 다루거나,[3] 웹소설 체제로 접어들어서는 특정 장르의 모티프 혹은 새로운 장르의 출발에 주목한 것을 들 수 있다.[4] 독자 연구의 경우 예상 독자를 직접적으로 타게팅하는 데 한계가 있기에, 특정 장르를 선호하는 것으로 이해되는 집단을 검토하는 데 목표를 두었고, 독자-작가 간의 대화 연구에 집중하는 연구 또한 확인할 수 있다.[5] 특히 특정 이야기를 선호하는 독자들의 독서욕망을 다루는 경우에는 해당 장르의 특정 문법에 초점을 맞추어 독자들이 선호하는 내용을 역으로 추출하는 연구를 찾아볼 수 있다.

그럼에도 웹소설 독서에서 취향, 관심, 독서 욕망을 정의하는 것은 어느 영역이 그러하듯 출발부터 난항을 겪는다. 특정한 집단을 정의하는 것 자체도 쉽지 않을 뿐더러, 그 집단의 '취향'을 추출

---

3   고훈, 「대중 소설의 퓨전화」, 『대중서사연구』 제19호, 대중서사학회, 2008, 225-254쪽.

4   안상원, 「한국 웹소설의 회귀 모티프 연구」, 『한국문학이론과 비평』 제22권 제3호, 한국문학이론과비평학회, 2018, 279-307쪽; 「한국 웹소설 '로맨스판타지' 장르의 서사적 특성 연구」, 『인문콘텐츠』 제55권, 인문콘텐츠학회, 2019, 219-234쪽.

5   김경애, 「로맨스 웹소설의 갈등구조와 생산과 수용의 미의식 연구」, 『Journal of Korean Culture』 제49권, 한국어문학국제학술포럼, 2020, 319-347쪽; 김경애, 「한국 웹소설 독자의 특성 연구」, 『한국산학기술학회 논문지』 제22권 제7호, 한국산학기술학회, 2021, 551-558쪽.

하는 데도 한계가 있으며 취향을 충족하는 관심사의 현재성은 다채롭기 때문이다. 또한 작가가 상정한 독자의 욕망과 독자 개개인의 욕망이 합치하지 않을 수 있는데, 작가가 의도한 필수적인 인물/서사가 독자의 문제 제기를 끌어내는 경우가 많고 시간이 흐르면서 독자의 인식에도 변화가 생기는 것을 찾아볼 수 있기 때문이다. 독자들의 이러한 문제 제기는 댓글에 달린 비평이나 SNS와 커뮤니티에 남기는 짧은 글 중심이라, 웹소설 비평이 DB화되지 않은 경우가 많다. 따라서 독자들의 비슷한 문제 제기가(표절, 여성 캐릭터의 대상화 등) 주기적으로 등장할 것을 예측할 수 있다.

그런 의미에서 이 글이 주제로 삼은 '웹소설의 여성 취향 장르'는 출발부터 몇 겹의 매듭을 마주하게 된다. 웹소설 내에서 '장르'가 여전히 유효한 개념일지를 먼저 질문하게 되기 때문이다. 대표적으로 김준현의 지적을 들 수 있는데,[6] 그는 무협이나 판타지 그리고 로맨스라는 특정 장르가 남아 있기는 하지만, 이보다 유효한 것은 특정한 이야기 문법이라고 본다. 곧 '~물'이라는 이름으로 클리셰와 서사, 인물유형을 예측 가능하게 구조화해 독자에게 자신을 알리는 것이 장르적 특성보다 우선한다는 것이다. 그의 논의를 검토할 때, 특정 '장르'와 그 장르에 해당하는 독자 유형을 고집하는 것은 의미가 없어 보인다. 곧 여성 독자들이 좋아하는, 그리고 여성작가들이 좋아하는 '장르'라는 것을 한정지어 말할 수 있는가는 여전히 문제로 남는다.

---

6 김준현, 「웹소설 장에서 사용되는 장르 연관 개념 연구」, 『현대소설연구』 제74권, 현대소설연구학회, 2019, 107-137쪽.

다시 말해 '여성적'이라는 수식어가 들어가면서 이 문제가 깊어지는 것이다. 여성적 장르를 범박하게 정의하자면 앞서 지적한 것처럼 여성작가 및 여성독자들의 취향과 관심사, 독서욕망을 반영한 장르로 언급할 수 있다. 이 정의는 여성작가와 독자들의 독서욕망을 범주화하기 어려울 뿐 아니라, 내부적으로도 지속적인 점검을 작동케 한다는 점에서 문제의식을 유도한다.

　　주목할 것은 '여성작가와 독자의 취향과 관심사, 독서욕망을 반영한 장르'라는 묶음 안에서 경험하는 균열이다. 장르보다 이야기 구조로서 '~물'이 앞선다 할지라도 특정 '장르'가 자신의 문법을 예측 가능한 형태로 지속적으로 유지한다면, 그리고 그 장르의 소비자와 독자의 성별을 특정할 수 있다면 이는 특정 장르의 특정 독자들의 독서 욕망을 추출하는 데 여전히 유효한 통로가 되기 때문이다. 로맨스 그리고 로맨스판타지 장르에서는 아직까지 여성 인물이 주체가 되어 자신의 욕망을 실현하고 성취하는 이야기가 중심을 이룬다. 그리고 이 거침없는 욕망의 충족은 타 장르에서 여성 주인공의 등장 및 욕망 성취 시 마주하는 반발("로판/로맨스로 가라")을 전혀 마주하지 않으며, 더 적극적인 성취를 지원받는다는 점에서 범박하게나마 '여성적 취향'의 속성 일부를 갖춘다.

　　그런 의미에서 여성작가와 여성독자가 많은, 혹은 많은 것으로 추측할 수 있는 로맨스 장르, 특히 웹소설 체제가 구축되면서 적극적으로 창작/소비된 로맨스판타지 장르에서 '여성' 독자-플랫폼-작가의 욕망 및 균열은 여전히 유의미한 연구 대상이라 할 수 있다. 따라서 이 글에서는 판타지와 로맨스의 결합에서 등장하는 로맨스판타지 장르의 여성작가-독자-플랫폼의 욕동을 검토하되, 해당 장르에서 담아내지 않는, 그러나 여전히 여성작가와 독자의 관심사를 드러낼 수 있는 이야기를 탐색하는 데 목표를 둔다.

2. 로맨스판타지, 서사 탐색의 양가성

장르로서 로맨스판타지는 '여성 주인공의 모험과 사랑을 다루는 이야기'로 정의할 수 있다. 현대만이 아니라 중근세 동양(삼국지, 중국, 삼국시대, 고려, 조선 등이나 현대), 서양을 모티프로 한 배경에서 여성 인물들은 그들을 둘러싼 신분, 성별 등의 제약을 뛰어넘어 자신들이 원하는 것을 성취하는 존재로 드러난다. 판타지와 로맨스가 결합된 로맨스판타지는 장르소설의 로맨스 그리고 판타지의 문법을 활용하고 있는데, 이 글은 로맨스판타지가 판타지 장르와 좀 더 가깝다는 데 전제를 둔다.

곧 판타지 장르의 여성인물들의 모험 그리고 사랑을 다룬 이야기, ① 높은 신분의 여성인물이 ② 예기치 못한 고난을 겪되 ③ 뛰어난 능력으로 다양한 도전을 하며 ④ 동료를 만나 모험을 통해 성장하며 ⑤ 사랑과 명예(성공)를 성취한다는 이야기가 로맨스판타지에서도 유사하게 반복되었기 때문이다.

물론 로맨스 장르에서 지속적으로 활용되는, 여성인물이 ① 신분/능력이 압도적인 남성인물과 ② 의사소통 과정에서 오해와 고난을 겪다가 ③ 사랑을 확인하고 ④ 행복한 결혼을 하며 ⑤ 아이를 낳아 행복한 가정을 꾸리는 뒷이야기를 제시하는 이야기 구조를 차용하는 것 역시 살펴볼 수 있다. 기존 판타지 장르가 로맨

스와 비교할 때 원고의 분량이 압도적으로 길고, 판타지 장르에서
활용된 모험의 모티프가 적극적일 뿐 아니라, 2010년대 초반 판타
지에서 지속적으로 창작된 '황공녀물'을 품을 수 있는 새로운 장
르를 고민하면서 로맨스판타지가 등장했다는 점에서, 이 글은 앞
서 언급한 것처럼 판타지 장르와의 친연성에 무게를 두었다.[7]

　로맨스판타지 장르가 활용하는 모험은 다양하다. 권경미,[8] 김
경애,[9] 류수연,[10] 이주라와 우지연[11] 등의 연구자(와 창작자)들이 공
통적으로 지적한 것은 로맨스판타지 내 주인공의 인물형과 모험
의 특성이다. 이를 압축적으로 정리한다면, 장르가 만들어지면서
주인공들의 '모험'이 다양한 이야기를 실험할 무대가 되었다는 점
이다.

　등장인물들의 모험은 첫째, 다양한 분야 곧 여성인물들이 할
수 없었던 영역의 일들을 해내는 것으로 드러난다. 주인공들은 가
정교사나 의상 디자인 요리 등의 분야 곧 '여성적' 영역에서의 성
장만이 아닌(〈던전 앞 SSS급 카페〉, 〈던전 안의 살림꾼〉, 〈악역 황녀님은
과자집에서 살고 싶어〉), 농업(〈황제궁 옆 마로니에 농장〉), 마법(〈남자

7　안상원(2019), 앞의 글.

8　권경미, 「로맨스 판타지 웹소설의 신계급주의와 서사 특징-책빙의물과 회귀물
　　을 중심으로-」, 『인문과학』 제84권, 성균관대학교 인문학연구원, 2022, 109-
　　140쪽.

9　김경애(2020), 앞의 글; 김경애(2021), 앞의 글.

10　류수연, 「여성인물의 커리어포부와 웹 로맨스 서사의 변화-로맨스판타지의 '악
　　녀' 주인공 소설을 중심으로」, 『한국문학과 예술』 제39호, 사단법인 한국문학
　　과예술연구소, 2021, 35-58쪽.

11　이주라 · 우지연, 『웹소설 작가를 위한 장르 가이드 1. 로맨스』, 북바이북, 2015.

주인공이 없어도 괜찮아〉), 정치(〈악녀는 두 번 산다〉, 〈남주가 나를 돈으로 조련한다〉, 〈비선실세 레이디〉), 의학 및 의술(〈외과의사 엘리제〉, 〈주치의는 할 일 다 하고 사표 씁니다〉), 체술(무술/검술)(〈적기사는 눈먼 돈을 좇지 않는다〉, 〈내 공작님은 안 죽어!〉, 〈달콤한 찻집의 그대〉, 〈화산파 막내제자가 되었다〉, 〈남주들의 집착보다 내 탈영이 빠르겠다〉, 〈황제와 여기사〉, 〈어차피 조연인데 나랑 사랑이나 해〉), 영지경영을 비롯한 상업 영역의 경영(〈치트라〉, 〈결혼장사〉, 〈남주의 입양딸이 되었습니다〉, 〈아기는 악당을 키운다〉, 〈내 동생 건들면 너희는 다 죽은 목숨이다〉, 〈던전 호텔에 오신 것을 환영합니다〉, 〈밑 빠진 용병대에 돈 붓기〉), 게임(〈랭커를 위한 바른 생활 안내서〉) 등에서 다채로운 역할을 수행한다. 주목할 것은 이들이 신분이나 빈부, 성별의 차별이 여전히 있는 세계에서 그것을 넘어서고자 애쓰는 존재로 등장한다는 점이다. 가난한 여성 주인공이 재치와 능력, 지혜로움으로 자신과 가족 그리고 주변의 운명을 개척하거나, 부유하고 신분이 높을지라도 여성(딸, 아내 등)으로서 경험하는 제한을 뛰어넘어 자기 운명하는 바꾸는 여성인물들을 로맨스판타지에서는 쉽게 만날 수 있다.

결국 이들의 모험은 기회만 주어진다면 빈부나 성별은 문제가 되지 않으며, 인물들이 책무를 성공적으로 수행할 수 있음을 증명한다. 흥미로운 점은 로맨스판타지의 여성주인공들이 성공을 거둔 후, 자신과 유사한 처지에 놓인 후대 여성인물들을 보호하고 그들에게 기회를 제공하는 존재로 그려진다는 점이다. 이러한 에피소드는 일차적으로 주인공이 혼자만 잘 살아가는 존재가 아닌 주변을 살필 줄 아는 덕성 있는 존재로 그려지는 것으로 볼 수 있다. 이것은 작가와 독자층이 여성 간의 연대를 다분히 인식한 데서 등장하는 것으로 해석할 수 있다. 여성 간의 연대는 흥미롭게도 약자로서의 미성년-여성을 후원하는 것을 넘어, 존경할 만한 적수로서의 여성을 구현하는 데까지 이른다. 현명하지 못한 단편적인 악역 여성인물을 그림으로써 남성이 허락하는 자원을 가지고 경쟁하다가 발생한 여성혐오를 투사하는 대신, 열린 자본의 세계에서 주인공과 견줄 만한 의미 있는 여성인물을 고민하는 것이다(《황제궁 옆 마로니에 농장》).

등장인물들의 모험 중 두 번째로 주목할 것은 주인공이 자신을 얽어맸던 관계를 재편하는 것이다. 주인공은 연인이나 가족, 친구를 사랑하고 그들에게 헌신했지만, 그 마음을 보답받지 못했을 뿐더러, 애정과 헌신을 착취당해 왔다. 연애 내 착취는 연인이 주인공의 애정과 헌신을 기반으로 성장해 더 나은 경제적 위치에 놓인 여성과 결혼하는 에피소드를 주로 살펴볼 수 있으며, 이야기의 강조를 위해 착취와 배신의 내용이 더 자극적으로 전환되는 경우도 많다(주인공과 친밀했던 여성과의 연애, 주인공의 죽음을 유도하는 배신 등). 가족 내 착취 역시 가족 구성원의 불공평한 자본(애정자본 포함)의 분할 등으로 요약할 수 있다. 특히 형제간의 불공정한 분배보다 자매간의 관계에 주목하는 경우가 많은데, 이는 판타지 장르나 로맨스 장르 모두 동성 간의 애정 경쟁이 문법상 익숙하기 때문으로 보인다(《사랑받는 언니가 사라진 세계》).

주인공은 특정한 계기(죽음, 회귀, 환생, 그 외 위기 상황)를 마주하고, 자신의 애정과 헌신을 받을 가치가 없는 인물들을 물리적 혹은 정서적으로 떠난다. 새로운 가족을 찾거나 이전 연인보다 더 좋은 사람을 연애 대상으로 선택하는 것이다. 친구 역시 마찬가지이다. 주인공의 헌신을 남용하거나 성취를 막던 친구를 떠나, 새로운 동료 및 친구를 만나는 것을 살펴볼 수 있다. 더 나아가 관계의 재편은 '더 나은 인물로의 대체'만이 아닌, '복수'도 포함된다. 주인공은 자신을 착취했던 이들에게 더 이상 너그럽지 않고, 그들의 욕망을 차단하며 때로는 적극적인 처벌을 하는 모습을 볼 수 있다. 가정 및 연애, 친구 관계 안에서의 불평등을 경험한 여성독자들의 적극적인 이해와 재해석 등을 끌어낼 수 있는 요소라 하겠다. 해당 요소는 웹소설에서 자주 차용되는 '후회물'과 연관성이 높아 보이는데, 연애 관계 내의 후회만이 아닌, 가족 관계 및 친구 관계에서의 후회물에서 활용되는 것이다(〈회귀한 아기는 육아를 거절합니다〉).

흥미로운 것은 여성인물들의 성장과 투쟁, 복수와 성공 등의 이야기뿐 아니라 주인공의 욕망 투사가 적극적으로 등장한다는 점이다. 물론 로맨스 장르가 ① 평범하지만 아름다운 인물 ② 강력하게 주인공을 성적으로/관계적으로 원하는 사람들이 많음 ③ 배우자의 가족과 호혜적인 관계 ④ 임신-출산-육아를 경험해도 여전히 성적으로 매력적인 부부 내 관계 등 주인공의 판타지를 충족하는 것은 사실이다. 그러나 등장인물이 적극적으로 여러 사람과 애정 관계를 맺거나 동성 간의 강력한 매력을 경험한다거나 파트너와의 성관계에서의 적극성을 시도하는 것은 오히려 로맨스 판타지 장르에서 익숙하게 찾아볼 수 있다. 김휘빈의 〈세계 평화를 위한 유일한 방법〉, 알파타르트의 〈재혼황후〉, 〈하렘의 남자들〉이 로맨스의 문법을 따르면서도 매혹적인 인물들 사이를 오가며 여성인물의 성적 판타지를 실현하는 것 등이 그 예이다.

이러한 적극성은 연애 관계에서의 주도성으로 확장되면서, 연애 대상을 선택할 권리뿐 아니라 선택하지 않을 권리로까지 확장된다. 이것은 연애 대상으로서 남성인물 중 누구 한 명을 선택하거나 선택하지 않는 서사라기보다 1명의 남성인물이라도 선택하지 않을 수 있음을 뜻한다. 주인공에게 사랑은 더 이상 우선적인 것이 아니다.

초기 로맨스 문법이 1:1의 독점적 연애 후 가정으로 편입되는 여성과 섹슈얼리티를 다루었다면, 이후에는 일과 사랑을 모두 선택하는 여성들의 이야기를 살펴볼 수 있다. 주인공들은 사랑하는 사람과 행복한 미래를 꿈꾸면서도 자신의 일에서 성취를 맛보게 된다. 어쩌면 '뛰어난 여성들이 사랑도 성공적으로 이루는 이야기'가 중심을 이룬다 해도 과언이 아니다. 그러나 이러한 이야기 구조는, 역설적으로 여성들이 일과 사랑 사이에서 우선순위를 고려하는 세계에 살고 있음을 환기한다.

2018년 이후 로맨스판타지에서 흥미로운 것은 연애를 부차적인 요소로 다루는 이야기, 더 나아가 비-연애 서사가 늘어난다는 데 있다.[12] 등장인물들은 사랑을 선택할 권리뿐 아니라 선택하지 않을 권리를 누린다. 주인공은 자신의 일 혹은 의미 있는 친구들과의 관계로 충족감을 얻는다. 작품의 서사는 그들의 자족적이고 충족된 상황을 그려낸다. 이는 앞서 언급한 것처럼 누군가를 사랑하거나 사랑하지 않을 자유를 온전하게 주인공에게 부여하는 것으로, 곧 '사랑'이 주인공의 존재 의미를 좌우하지 않는다는 해석

---

12 안상원(2019), 앞의 글.

으로 확장될 수 있다.

물론 편당 유료 결제 체제로 운영되는 로맨스판타지 장르에서 위의 이야기는 부분적인 흐름에 대한 과도한 의미 부여가 될 수 있다. 여전히 장르 내 창작의 스펙트럼은 넓고, 서사 역시 다채롭게 구성되기 때문이다. 또한 위의 도전에도 불구하고 여전히 문제적이면서도 해결이 어려운 요소들이 남겨져 있다.

첫째로, 알파걸-엘리트 귀족 여성의 모험담이 주류를 이룬다는 점에서 고민점을 만날 수 있다. 이 문제는 앞서 연구자들이 공통적으로 지적한 문제(권경미, 류수연, 안상원) 중 하나이다. 호흡이 빠른 웹소설의 특성상, 인물들의 좌절이나 실패를 길게 다루기에는 한계가 있다. 따라서 예측 가능한 속도의 성공적 수행을 위해서 주인공은 최적화된 환경에 놓이게 된다. 성공적인 모험을 수행하기에 최적화된 환경을 구축하려면 하층계급보다는 상층계급 출신이, 가난한 집안보다는 부유한 집안을 선택하는 것이 적절하다. 설사 가난하거나 하층계급의 인물이라 할지라도, 이들은 곧바로 자신의 상황을 수습할 수 있는 최고의 능력을 곧바로 부여받는다. 이런 문법은 로맨스판타지만이 아닌 로맨스, 현대판타지, 판타지, 무협, BL/GL 등 다른 장르에서도 마찬가지이다. 재벌물과 천재물, 그리고 빙의와 회귀 등이 활용되는 것이 그 예이다.

이러한 문제에 따른 부속적인 문제상황 또한 살펴볼 수 있다. 바로 여성 주인공의 성공적인 모험을 위해 그 모험의 범위를 가족-관계 중심으로 구축함으로써, 그 범위가 확장되지 않을 뿐 아니라 '가정을 살리는 여성'으로 귀환할 확률이 높다는 점이다. 2024년 1월 15일 오전 11시~2시 기준 카카오페이지 Top 300편에

〈표 1〉 로맨스판타지 인기 순위 작품 속 주인공의 직업군

	작품 제목	주인공의 직업 / 신분
1	랭커를 위한 바른생활 안내서	게이머
2	천하제일 가문으로 키우겠습니다	가문경영인
3	남편교체	무직(귀족)
4	돈으로 약혼자를 키웠습니다	경영인, 투자자
5	빙의한 악녀가 깽판 침	무직(귀족)
6	던전 안의 살림꾼	던전 관리자+길드 관리자
7	저는 폭군님을 버린 적 없는데요	무직(귀족)
8	어린 흑막의 형수님이 되었다	무직(귀족)
9	남궁세가 손녀딸의 귀환	가문경영인
10	악마의 주인님이 되어버렸다	무직(귀족)
11	누군가 내 몸에 빙의했다	연금술사
12	마론 후작	후작
13	신성력은 돈으로 사겠습니다	성녀
14	망나니 악녀가 돌아왔다	투자자
15	병아리반 헌터는 효도 중!	헌터
16	나는 이 빙의를 끝내려 한다	경영인, 투자자
17	나의 아이가 죽었다	무직(귀족)
18	표국 손녀가 무공을 숨김	가문경영인
19	이물질은 나였다	무직(귀족)
20	이번 생은 가주가 되겠습니다	가문경영인, 황후
21	점괘 보는 공녀님	점술가
22	사랑받는 막내는 처음이라	무직(귀족)
23	남편은 분명 성기사였는데	정화자
24	아기님 캐시로 로판 달린다	가문경영인
25	남편은 됐고, 돈이나 벌렵니다	가문경영인
26	악마 공작저에는 성녀가 살고 있다	성녀
27	몰락 세가의 시한부 영약	영약개발자, 가문경영인
28	무림세가 천대받는 손녀딸이 되었다	가문경영인
29	빙의자를 위한 특혜	가문경영인
30	막내가 뭔갈 많이 숨김	마법사
31	왕은 길 위에서 태어난다	기사
32	악당들에게 키워지는 중입니다	가문경영인

33	엄마가 계약결혼 했다	무직(귀족)
34	계약 남편이 이럴 줄 몰랐다	기사
35	녹음의 관	가문경영인
36	입양된 며느리는 파양을 준비합니다	가문경영인
37	우리 집에 갇혀버린 남주들	양육자, 가문경영인
38	키우던 고양이가 폭군이 되어 버렸다	양육자, 가문경영인
39	당신의 기사에게 투표하세요!	황녀, 국가경영인
40	에시어 공작가의 레이디	가문경영인
41	무림최강 남궁세가 막내딸입니다	가문경영인
42	이제 울어도 될까요?	황녀
43	엑스트라에게 남주들을 빼앗겼다	용사
44	이 3세는 악역입니다	가문경영인
45	악역의 엔딩은 죽음뿐	가문경영인
46	가짜를 위한 장소는 없다	가문경영인
47	우리가 가족이 될 수 있을까요?	무직(귀족)
48	회귀한 아기는 육아를 거절합니다	무직(귀족)
49	아빠가 힘을 숨김	무직(귀족)
50	악녀는 두 번 산다	정치인, 황후

해당하는 작품 중 (19금을 제외하고) 로맨스판타지 장르의 작품에서 50위까지 해당하는 작품의 제목과 직업을 살펴보았다(〈표 1〉). 결과가 상당히 흥미로운데, 현재 독자들이 적극적으로 소비하는 작품들의 경우, 주인공은 귀족 혹은 황족이었으며 평민은 아니었다. 또한 그들의 직업은 경영인이었는데, 주로 새로운 무엇인가를 탐색하는 대신, 주어진 가문을 계승하고 확장하는 것에 가까웠다. 특색 있는 직업인 게이머나 던전 관리자, 연금술사, 점술가, 영약 개발자, 용사, 정치인 등도 등장했지만 압도적으로 주어진 가문을 경영하는 경영자가 중점을 이루었고 특별한 직업 없이 가족 안에서 모험하는 무직으로 등장하는 경우도 많았다는 점이다. 경영자

의 경우 스스로 가주가 되어 가문을 운영하는 존재로 움직이는 경우(〈내 동생 건들면 너희는 다 죽은 목숨이다〉, 〈이번 생은 가주가 되겠습니다〉 등)와, 안주인으로서만 움직이는 경우(〈결혼 장사〉 등)등 차이가 존재한다.

물론 서양 중근세 세계를 배경으로 하는 만큼, 여성인물들이 직업을 갖지 못하거나 갖지 않아도 되는 경우도 많다. 그럼에도 '귀족 여성'으로서 누리는 권리, 곧 물리적 신체의 한계에서 오는 폭력 상황에서 상대적으로 보호받을 수 있고(평민 혹은 천민 여성들보다는 안전하므로), 자신의 의사를 조금 더 안전하게 보호받으며 전달할 수 있는 인물이 초점화되는 것은 여전히 주의할 점이다. 이들이 설사 가난이나 차별을 극복했다 할지라도 이는 성공을 전제로 한 모험이라는 점에서 가난한 평민이나 천민 여성이 경험하는 모험과는 질적으로 다르다. 또한 성공을 담보로 했다 할지라도 같은 계급의 남성인물이 경험하는 모험의 다채로움과는 또 다르다. 그런 점에서 반복되는 '귀족 여성'의 재현에 문제 제기가 필요한 시점이다.

둘째로 가난과 차별을 극복한 인물을 조명함으로써 역설적으로 그렇지 못한 인물에 대한 혐오로 이어질 수 있다는 점을 살펴볼 수 있겠다. 웹소설에서 주인공의 가난과 신분상의 차별은 극복해야 하는 구태의연한 악습으로 그려진다. 주인공의 슬픔과 고통, 실패와 좌절이 길어지고 지속적으로 가난과 차별이 등장할 경우, 이는 연독율에도 영향을 줄 수 있다. 그렇기에 작품 1~2화는 간단하게 주인공의 고통과 몰락을 그리고 그것을 극복하려는 의도를 제시함으로써, 앞으로의 이야기가 '성공을 위한' 이야기임을 밝힌다. 그렇기에 해당 화수를 제외한 이후 전개 과정에서 주인공의 무기력함이나 망설임, 무능력이나 실패가 반복되면, 독자들은 긍정적인 평가를 하지 않는다.

주인공의 실패를 용납하지 않는 시선 아래서 주인공 외에도 미숙하고 가난하며 차별받는, 지속적으로 고통받는 여성인물들이 긍정적으로 그려질 수 있는가? 기존의 '악녀'가 주인공의 성공의 적수이자 디딤돌이었던 것을 고려한다면, 이들 역시 주인공의 명철함과 발전 그리고 거침없음을 표현하기 위해 반대로 답답하거나 무기력한 존재로 그려질 수 있다는 점에 주목해야 한다. 그 결과, 가난이나 슬픔, 불안과 두려움, 질병 및 고통 등을 안고 있는 주인공 아닌 인물들을 어디까지나 극복되어야 할 불만족스럽고 불쾌한 것으로 드러냄으로써, '극복 가능한 여성인물의 조명'에 주목한 로맨스판타지 장르의 이율배반적인 태도와 연결된다.[13]

물론 앞서 지적한 것처럼 알파걸, 엘리트 지향 서사가 성공담을 예약함으로써 주인공의 실패를 최소화하여 독자의 빠른 이입과 즐거움, 만족감을 주는 것을 부인할 수는 없다. 다만 성공의 패턴이 익숙해지면서 독자의 피로감이 쌓일 수 있고, 성공의 구조가 기계적으로 구축될 때는 독자가 이입하기 어려운 허술한 이야기가 생겨날 수 있다는 점을 한계로 들 수 있다. 익숙한 패턴의 사용은 편당 결제가 수익으로 이어지는 웹소설 특성상 필연적인 일이

---

13 〈재혼황후〉에서 주인공의 대적자로 등장하는 여성인물을 그려내는 방식이 여기에 해당한다. 신분을 비롯한 사회경제적 지위가 '낮은' 여성이 여성 중에서 가장 높은 자리인 황후에 도전한다는 것에 덧씌운, 아름답지만 사치스럽고 잔꾀만 많은 여성이라는 이미지는 신분제에 이입한 보수적인 욕망과 관계가 있다.

지만 새로운 무대, 새롭게 필연성을 구축할 만한, 잘 구조화된 고난과 모험을 탐색할 필요가 있다.

다음으로 관계의 재구조를 위해 주인공 주변 인물과 상황에 기계적인 가학성이 투입될 수 있다는 점 또한 고민이다. 가족이나 연인, 친구와 동료에게 배신당하는 주인공의 상황을 강조하면서 필요 이상으로 주인공이 가학적인 상황에 놓이게 되는 것이다. 예를 들어, 가족로망스의 업둥이 서사를 활용하며(새로운 가족 찾기), 원가족과의 갈등을 간략하게 언급하는 것을 넘어 극적인 편애, 가정폭력, 노동력 착취, 기아, 살해 등의 에피소드가 결합, 증폭되는 것을 살펴볼 수 있다. 앞선 도표에서 이러한 이야기를 그리는 작품들의 목록을 살펴보면 대략 12편 정도인데(〈남편교체〉, 〈돈으로 약혼자를 키웠습니다〉, 〈빙의한 악녀가 깽판 침〉, 〈남궁세가 손녀딸의 귀환〉, 〈망나니 악녀가 돌아왔다〉, 〈나의 아이가 죽었다〉, 〈사랑받는 막내는 처음이라〉, 〈무림세가 천대받는 손녀딸이 되었다〉, 〈막내가 뭔갈 많이 숨김〉, 〈입양된 며느리는 파양을 준비합니다〉, 〈회귀한 아기는 육아를 거절합니다〉, 〈악녀는 두 번 산다〉), 약 1/4에 해당하는 작품들이 위의 트렌드를 따른다.

특정한 클리셰가 트렌드가 되면서(육아물, 이혼, 재혼 등) 독자가 주인공의 감정 진폭을 더 강하게 경험하게 하고, 이야기에 빠르게 몰입하게 유도하는 것은 웹소설 전체의 특성이기도 하다. 그러나 이 태도가 여성인물 그리고 미성년 여성(영유아 포함)을 그려내는 과정은 충분히 고려할 필요가 있다.

특히 육아물의 '딸바보', 가족구성 시 '정상적인 남성인물'이 등장하는 경우를 살펴볼 수 있다. 육아물의 경우 여성주인공이 새로운(혹은 갱생하려는) 남성가족(아버지, 오빠, 남동생, 삼촌, 할아버지 등)의 인준을 받을 때 공통적으로 활용되는 에피소드가 있다. 바로 '귀여움(애교)' 활용 이후 능력 강조이다. 상당수가 여성인물의 '귀여움'을 먼저 제시하는 것에 주목할 필요가 있다. 동물의 귀여움이 사회에서 인정 가능할 정도로 야생성을 축소/거세했을 때 활용되는 현상이라는 김홍중의 논의를 떠올려 보면, 주인공이 자신의 능력과 야망을 은폐하는 것은 양면적으로 읽힌다. 버려진 아이가 가족으로 진입하기 위한 자기 증명이라는 점에서 서사적으로 합당해 보이지만, 남성가족을 보살피며 그들을 정서적으로 채워주고 사회화하는 존재로 인정받는 과정이 하나의 트렌드로 구축되고 로맨스판타지의 문법으로 남는 것이 유의미할지 고민할 필요가 있는 것이다.[14]

게다가 해당 현상은 등장인물을 존중하고 예의를 지키는, 사회적 예의를 구축한 남성인물을 필요 이상으로 긍정적으로 재현하는 것에 이르게 된다. 학대에 익숙한 주인공이 자신을 때리거나 폭언을 가하지 않고, 약자를 존중하는 예의를 보일 때 해당 남성인물은 '신뢰할 수 있는', '좋은 가족구성원'으로 인준된다. 이러한 시각은 남성주인공이 특정 여성인물을 평범하게 대우함으로써 감동을 주고, 상대방의 마음을 얻게 되는 에피소드와 차이가 없다는 점에서 상당히 남성 중심적인 시각을 보여준다.

마지막으로 여성주인공의 모험에만 주목하면서 장르 내에서

---

14 안상원, 「모험서사와 여성혐오의 결합과 독서 욕망-웹소설 로맨스판타지 장르에 나타난 성장물의 양가성」, 『이화어문논집』 제53권, 이화어문학회, 2021, 175-196쪽.

충돌을 겪는 경우를 들 수 있다. 곧 로맨스가 없는 작품은 로맨스판타지에 투입될 수 있는가. 사랑에 상처를 받고 더 이상 누군가를 사랑하지 않겠다고 결심한다거나, 애정 대상이 있음에도 자신의 목적을 이루고자 대상 선택을 하지 않는 주인공의 경우만이 아니다. 더 나아가 로맨스 자체를 염두에 두지 않은 인물들의 이야기는 로맨스판타지 안에서 어떻게 받아들여지게 되는가. 해당 질문은 여성을 주인공으로 하는 소설이 판타지나 현대판타지, 무협 장르로 출간될 때 환영받지 못하고, 독자 확보를 위해서는 로맨스판타지로 장르를 선택하는 데서 살펴볼 수 있다(현대판타지 장르의 '아이돌물'에서 남성 아이돌은 현대판타지 장르에, 여성 아이돌은 로맨스판타지 장르에 속한 것을 찾을 수 있다). 그 결과 로맨스를 기대했던 독자들의 문제제기가 이어진다는 점에서 '여성적 장르' 혹은 '여성적 취향'에 대한 고민이 필요하다.

3. 또 다른 서사의 탐색

이 글은 판타지 장르에서 여성 주인공, 특히 황녀나 공녀 등을 주인공으로 한 로맨스 서사가 강조된 작품들이 '로맨스판타지'로 구축되었다는 데 전제를 둔다. 이것은 판타지 장르에서 소화하던 다양한 모험서사가 여성 주인공의 사랑과 모험으로 초점화되면서 적극적인 여성 주인공의 이야기를 나눌 수 있다는 강점을 누리되, 한계로는 '여성 주인공', '로맨스 없는 작품의 로맨스 장르로의 편입', '범위가 좁은 모험' 등이 있음을 짚으면서, 이야기의 진폭을 넓힐 필요를 언급하고자 한다.

그런 의미에서 이 글은 로맨스판타지 장르 바깥으로 나와 고민을 전개하였다. 모든 여성 웹소설 작가가 로맨스/로맨스판타지 장르에서만 활동하는 것이 아니며, 여성 독자 또한 마찬가지일 것이다. 그렇다면 로맨스 장르 바깥에서 창작/독서하는 작가와 독자들은 '여성적'인 취향을 무조건적으로 거부하는가? 공통적으로 선호하는 취향이 있다면 무엇일까? 로맨스를 표방하지 않는 장르에서 여성주인공의 모험과 사랑을 다루는 글은 없을까? 작가의 성별을 직접적으로 노출하지 않거나, 남성작가이지만 여성독자와 남성독자에게 성별에서 오는 호불호 요소를 충분히 설득력 있게 구축하는 작품들은 없을까? 장르 바깥으로 나오는 작품들은 어떤 형태로 여성주인공의 정체성을 유지, 협상하면서 서사를 탐색할까? 더 나아가 여성주인공이 아닐지라도, 여성작가/독자들의 관심과 취향을 담아내는 이야기는 어떤 형태로 만들어질까? 이 글은 여성 육체의 경험을 활용하면서도 독자의 범위를 넓힌 이야기로서의 대체 역사물, 여성 육체를 경유하되 같은 여성인물들을 향한 애정을 보여주거나 여성 육체를 경유하지 않더라도 여성 독자들의 취향을 반영하는 작품으로서의 아이돌물 일부를 중심으로 여성적 장르의 서사 탐색을 검토하려 한다.

3.1. 대체역사물: 여성 육체로 수행되는 협상/타협

대체역사물은 특정한 역사적 분기점에서 주인공이 기존 역사와 다른 선택을 했을 때 어떤 결과를 맞이했는지 질문하는, 가정과 추론을 중심으로 하는 이야기라 할 수 있다. 웹소설 체제에서 대체역사물은 주로 21세기의 근현대 지식을 갖춘 한국인이 빙의나 환생을 통해 특정 역사적 배경의 인물로 태어나는 이야기가 주 골자이다. 2021년 장르소설과 웹소설 체제에서의 대체역사물의 특성을 검토하며, 웹소설 대체역사물은 남성주인공 중심으로 창작될 가능성을 언급한 바 있는데, 이는 역사에 기록된 남성인물이 많고, 시대적 배경상 여성인물이 사회활동을 적극적으로 하기 어렵다는 점 때문이었다. 또한 대체역사물의 구조가 '귀족이나 왕족으로 태어난 현대인의 국난 극복'이라는 점에서, 대체역사물은 다분히 남성중심적인 장르로 인식되고 있다.[15]

흥미로운 것은 여성주인공의 모험이 남성독자에게도 (거부당하지 않고) 설득력을 얻으면서 동시에 여성독자들의 공감 속에 이야기를 전개하는 소설이 조금씩 등장한다는 점이다. 여성주인공을 내세운 해당 작품들은 귀족/왕족의 신분으로 탄생하여 특정한 역사적 분기점에서 자신과 자신이 속한 세계의 운명을 적극적으로 바꾸는 존재를 그려낸다. 주목할 것은 여성인물들의 역사적 활약에서 로맨스의 활용이 긍정적으로 받아들여지며, 감정적 교류와 인물들에 대한 조망 또한 입체적으로 그려진다는 것이다. 동시에 주인공은 여성의 몸으로 권력을 수행할 때 다양한 형태의 협상을 시도한다. 따라서 앞으로 웹소설의 여성인물 유형을 검토할 때 흥미로운 착안점은 대체역사물의 여성주인공들이 여성의 육체로

---

15   안상원, 「상상의 질료, 해체의 대상으로서의 역사: 장르소설과 웹소설의 대체역사물 연구」, 『민족문학사연구』 제72권, 민족문학사연구소, 2020, 71-92쪽.

'남성적'인 것으로 명명되는 권력을 수행할 때 어떤 가면을 쓰는 가일 것이다. 이들의 모험은 여성 스스로를 혐오하지 않으며, 여성 권력주체로서 정체성의 협상을 수행하는 과정을 살펴보는 대상이다.

현재 주목할 만한 작품은 스플렌더의 〈사이코 여왕의 대영제국〉(문피아, 완결), 윤인수의 〈환생했더니 단종의 보모나인〉(문피아, 완결) 두 작품이다. 〈사이코 여왕의 대영제국〉은 사학을 전공한 직장인 현영이 잉글랜드의 첫 여왕인 메리 여왕이 즉위한 상황에 빙의한 것으로 시작된다. 직장 내 괴롭힘에 퇴사한 현영은 모함을 받아 죽은 메리 여왕을 비난하며 자기라면 "정말 미친 것처럼" 살았을 것이라는 평가를 남긴다. 그 말마따나 메리 여왕이 된 현영은 역사적 지식을 활용하면서 첫 번째 난관이었던 에스파냐와의 결혼 동맹을 피하고, 자신들의 정적들을 제거 및 회유한다. 대신 제인 그레이, 엘리자베스 1세 등의 자매들에게 자비롭게 대하며 사람들의 마음을 사는 과정 또한 설득력 있게 보여준다.

소설에서 주인공은 메리에게 덧씌워졌던 '블러디 메리'라는 호칭을 적극적으로 활용한다. 그는 유년 시절 유배당하다시피 했던 실제 메리를 잘 아는 사람이 없다는 데 착안, 일부러 속을 알 수 없으며 공격적이며 사나운 인물로서 자신을 포장한다. 곧 강한 여왕으로 자신을 드러내는 퍼포먼스로 망치를 직접 들고 다니며 위험한 상황에서는 망치와 검을 휘두른 것이었다. 해당 에피소드는 여러 가지 효과를 획득한다. 먼저 소설 안에서는 정략결혼을 강요당하는 운명을 비껴내는 효과를 보여준다. 곧 메리 여왕을 상식과 말이 통하지 않는 인물로 보여주는 장치로 만들어, 신하들에게 두려움을 자아내는 것이다. 부친과 기타 왕족에게서 배신당했고 정치적 기반이 약했던 그를 보호하는 무기로 망치와 검이 등장한다. 또한 소설 바깥으로는 망치를 둘러싼 밈(meme)을 활용해 정치적인 상황 설명으로 인해 생겨난 독자들의 지루함을 탈피하게 하며, 검이나 활 등의 무기에 따르는 거부감을 비껴가는 것이다.

망치와 검을 휘두르고 전쟁을 하며 전략을 구성하는 메리의 모습은 흔히 생각하는, 대체역사물의 남성주인공과 차이가 없어 보인다. 차이라 한다면 그의 연애와 결혼, 임신과 출산이라는 에피소드가 좀 더 자세하게 일대일의 독점적 연애관계를 중심으로 다루어진다는 데 있을 것이다.

다음으로 〈환생했더니 단종의 보모나인〉은 역사학자 아버지를 둔 심리상담사 권윤서가 자신과 성(姓)이 같은 나인의 몸으로 눈뜨는 것에서 시작한다. 현덕왕후(문종의 세 번째 아내)의 친정 집안의 가난한 친척이었던 그는 홍위(후에 단종)를 출산한 현덕왕후가 사망하자 홀로 남은 '권가 나인'으로, 홍위를 돌보는 역할을 한다. 수양대군과 윤씨 부인이 현덕왕후의 출산 때 급살을 날리고 저주했다는 야사를 기억한 윤서는 가장 먼저 조선시대에 적응하고 자신이 돌보는 홍위를 지키는 데 최선을 다한다. 이때 유용하게 활용되는 것이 발달심리학적 지식이다. 윤서는 어린이들의 정서 및 육체 발달에 마음을 쓰고 홍위와 희아(경혜공주, 홍위의 손윗누이)도 점차 마음을 회복하게 된다. 후에 문종과 혼인한 그는 자신의 정체와 미래지식을 공유하며 이향을 좋은 군주로 만드는 데 집중한다. 이향에게 호의적이었던 광평대군을 예측된 죽음에서 살려내고, 세종에게도 일부 미래 지식과 비전을 공유하여 추가적인 업적을 달성하게 할 뿐 아니라, 위협적인 대상이었던 양녕, 수양, 안평대군과의 사이를 벌려놓은 후 상단을 키워내는 것이 그 예이다. 윤서는 목숨을 위협받는 보모나인에서 자기 조직과 상단을 갖춘, 정치적으로도 세종과 이향의 비호를 받는 중전으로 성장해 간다.

물론 이 소설은 육아를 중심으로 한, 로맨스의 '가정교사' 문법을 활용한다는 점에서 익숙한, 그리고 신분/자본과 성을 거래하는 문법으로 읽을 수 있다. 또한 후궁들과의 다툼이라는 클리셰를 활용한다는 점에서 남편의 사랑이라는 한정된 자원을 두고 경쟁하는 내용 역시 진부하게 다가올 수 있다. 그럼에도 소설은 윤서가 그를 둘러싼 정치적, 사회문화적인 충돌과 협상하는 과정을 상당히 설득력 있게 그려낸다. 역사적으로 비극이 예정된 이들에게 개입할 수 있는가, 그들을 구한다면 어떤 방식으로 접근해야 하는가. 왕과 세자라는 책무 앞에서 한 개인의 고통과 질병을 어떤 형태로 위무할 수 있는가, 신분에 막힌 재능 있는 개인의 미래를 어떤 형태로 풀어낼 수 있는가 등을 고민하는 과정이 지속적으로 드러나기 때문이다.

두 소설은 여성의 육체로 왕/중전으로서 정치적 역할을 수행하는 주체를 그려낸다. 특정한 역사적 분기점에서 개인과 집단을 구원하는 존재가 되었으나, 자신과 타인의 취약성을 혐오하지 않는다. 〈사이코 여왕의 대영제국〉에서 메리는 제인 그레이나 엘리자베스 등 정적이 될 수 있는 자매들에게 자비롭게 대하며 그들의 취약함이 그들의 무능력에서 발현된 것으로 보지 않는다. 〈환생했더니 단종의 보모나인〉은 이보다는 조금 복합적인 모습을 보인다. 소설은 윤서의 행동 동기와 방향을 심리학도이자 21세기 현대인의 윤리에 기반한 현대적 인간의 모습으로 그려낸다. 그래서 윤서는 정적인 윤씨 부인의 행동 동기를 고려하며 그의 아들 현동의 목숨을 두 번이나 구한다. 더 나아가 소설은 윤서의 모성성 역시 적극적으로 조명한다. 역사에는 존재하지 않았던 홍위의 남동생 둘과 여동생 하나를 낳고 희아와 홍위, 그리고 직접 낳은 자식들을 사랑하고 길러내는 윤서의 모성성은 비극적으로 삶을 마감한 문종과 단종의 삶에 대한 위로이자 대체역사물의 여성주인공에 대한 거부감을 약화하는 장치로 읽힌다. 결과적으로 이 두 소설에서 주목할 점은 이들 인물들이 물리적인 여성성과 취약성을 혐오하지 않고 협상과 설득의 역량을 드러냈다는 것이다.

3.2. 아이돌물
: 섹슈얼리티의 삭제와 친밀한 공동체의 구축

이 글에서는 장르 바깥의 탐색으로, 여성작가/독자 취향을 만족시키는 소설 일군을 검토하고자 한다. 그중 한 가지로 주목한 것이 바로 아이돌물이다. 아이돌물은 노래나 춤, 작곡과 프로듀싱에 재능이 있는 청소년들이 소속사를 만나 팬들의 기대에 부응하며 연합된 그룹으로 성장하는 내용으로 구성된다. 아이돌물이 웹소설 체제로 접어들면서 창작된 것은 아니다. 장르소설 체제에서도 평범한 개인이 아이돌로 성장하는 이야기가 창작된 바 있다. 남성 아이돌의 경우 BL 및 팬픽션 장르를, 여성 아이돌의 경우 팬픽션 장르를 중심으로 창작되었으며 동성 간의 애정과 증오, 질투, 프로듀서를 중심에 둔 일 대 다의 연애관계를 다루는, 섹슈얼리티 표현에 기반한 작품 창작이 중점을 이루었다. BL에서 아이돌물은 여전히 아이돌 멤버 간, 혹은 멤버와 주변 인물 간의 강력한 연애를 다루고 있다.

웹소설 체제에서 적극적으로 아이돌물이 등장한 것은 2019년 이후로, 카카오페이지의 독점작 〈이번 생은 우주대스타〉(손윤, 연재 중) 이후, 〈천재 아이돌의 연예계 공략법〉(청도복숭아, 완결), 〈데뷔 못 하면 죽는 병 걸림〉(백덕수, 완결), 〈망나니 PD 아이돌로 살아남기〉(문찐, 완결), 문피아, 시리즈, 리디북스 등에서 동시에 연재된 〈기레기와 함께하는 연예계 생활〉(피제이, 완결), 〈절대 실패하지 않는 아이돌의 기술〉(동울, 완결) 등을 대표적으로 꼽을 수 있다. 여성 아이돌(걸그룹)을 다루는 작품 중 대표적인 것은 해강의 〈망할 운명의 걸그룹 리더가 되었습니다〉(카카오페이지, 완결)가 있으며 최근에는 바삭튀잉의 〈내 새끼 데뷔시키려다 내가 데뷔하게 생김〉(카카오페이지, 연재 중)과 정꼬순의 〈목표는 엔딩 요정〉(카카오페이지, 연재 중)이 있다.

위의 소설들은 상당수 비슷한 전개를 보여 준다.[16] (여러 사정

16　이야기의 구체적인 유형은 차이가 있다. 상당수 아이돌물의 전개는 다음과 같이 유형화된다.
　　(1) 새로운 능력을 얻어 아이돌이 되기(〈이번 생은 우주대스타〉)
　　(2) 회귀 혹은 빙의하여 아이돌 되기: 회귀 혹은 빙의에는 해당 그룹과 강력한 감정적 연대가 있음.
　　- 아이돌로서 성취가 낮았던 아이돌이 과거로 돌아가 자신의 그룹 혹은 연예계 생활을 회복하기(〈절대 실패하지 않는 아이돌의 기술〉, 〈초심 잃은 아이돌을 위한 회귀 백서〉)
　　- 아이돌이 아니었던(그러나 친연성이 있었던) 사람이 과거로 돌아가거나 새로

으로) 간절하게 아이돌이 '되어야 하는' 주인공은 낯선 동성의 멤버들과 친밀해지며, 자신과 멤버들의 재능을 발견한 후 그 재능을 적극적으로 기르며 국내와 해외에서 유의미한 성과를 거두는 데 집중한다. 신곡을 만들고 무대를 구성하며 팬덤에 어필하고 음반 성적에 집중하는 이들의 모습은 다분히 성취 지향적이다. '과로사 위험' 등의 단어가 대부분의 작품에 등장하는 것을 볼 때, 등장인물과 독자 그리고 작가 모두 아이돌의 성취에 매몰된 것처럼 보이는 것도 사실이다. 이 성취 지향적인 이야기에서 주목할 것은, 앞서 언급한 것처럼 등장인물의 애정, 연애, 성적 욕구 등은 허락되지 않는다는 점이다. 이것은 남성 아이돌(보이그룹)이나 여성 아이돌(걸그룹) 모두 동일하며, 실제 팬덤문화에 기반한 전개라 할 수 있다. 팬덤은 자신들이 좋아하는 그룹의 성취에 목말라 있으며 그 성취에 방해되는 모든 유형의 활동에 문제제기를 할 수 있기 때문이다. 이에 따라 타인과의 친밀한 성적 접촉이 배제된 아이돌물에서의 독서욕망은 무엇으로 읽을 수 있는지 살펴보고자 한다.[17]

앞서 언급했던 아이돌 팬덤은 멤버들의 퍼포먼스와 특성을 그들의 아우라로 받아들이고 물질적이고 정신적인 자원을 아낌없이

운 인물이 되어 데뷔하거나(《기레기와 함께하는 연예계 생활》, 《망나니 PD 아이돌로 살아남기》), 그룹이 아닌 프로듀스 프로그램에 참여하여 프로그램으로 데뷔하거나(《데뷔 못하면 죽는 병 걸림》, 《탑 아이돌의 막내 멤버가 되었다》) 다른 방식으로 데뷔하여(《천재 아이돌의 연예계 공략법》, 《김 대리는 아이돌이 싫어》) 성공한 아이돌이 되기

17 여성팬덤의 걸그룹/보이그룹을 향한 다른 취향과 욕망에 대한 아이디어를 제공한 이화여자대학교의 강명지 선생님께 고마움을 전한다. 다만 해당 영역에 따른 생각이 짧아 충분히 보완하지 못한 것은 전적으로 필자 역량의 한계이다.

투자한다. 아이돌은 그러한 사랑에 적극적으로 응답하는 것을 미덕이자 직업윤리로 삼아야 하는데, 팬들의 요구에 적절한 행동을 하지 못할 경우 팬들은 팬덤 활동의 중지를 넘어 해당 멤버를 그룹에서 탈퇴하게 하라는 시위를 비롯해 다양한 공격을 가하게 된다. 이때 '부적절한 행동'이라 함은 사인회에서 성의 없이 답변한다거나 몸을 잘 관리하지 못해 체중이 늘거나 외모가 변하거나 팀 내 활동에 적극적이지 않은 것만이 아닌, 연애를 들키거나 가족사로 인한 잡음이 들리거나 학교폭력을 했다거나 사회적인 범죄를 저지르는 것(불법카메라, 스폰, 도박, 성폭력, 마약 등)[18] 또한 해당된다. 이러한 행동들은 사실상 팬들이 직접 통제할 수 없다는 데 문제가 있는데, 결과적으로 이러한 외부 요소를 잘 조절할 줄 아는 존재들이 필요해지는 것이다. 그렇기에 박문대(〈데뷔 못 하면 죽는 병 걸림〉), 서호윤(〈망나니 PD 아이돌로 살아남기〉), 정해원(〈절대 실패하지 않는 아이돌의 기술〉), 김이월(〈김 대리는 아이돌이 싫어〉) 등의 인물들은 그룹을 위협할 만한 문제, 곧 학교폭력이나 성폭력, 스폰, 마약 등의 위협을 사전에 제거한다.

그렇다면 타인과의 친밀한 접촉이 무엇으로 대체되는가를 살펴볼 수 있다. 작가들은 상당수 멤버 간의 이해와 친밀도 및 능력

---

18 좋아하던 연예인이 사회적으로 물의를 빚어 충격을 받고, 그 고통을 추적한 영화로는 〈성덕〉(오세연, 2022)이 있다. 팬덤이 스타를 향해 가졌던 마음, 그 마음에 대한 배신 등을 팬덤 입장에서 설득력 있게 구성한 작품이다. 이 외에도 〈초심 잃은 아이돌을 위한 회귀 백서〉의 작가 리벨은 창작 동기로 자신이 좋아하던 아이돌이 범죄를 저지른 것을 (사회면에 등장) 이야기한 바 있다. 이때 팬덤의 공통적인 반응으로 "좋아한 것을 부끄럽게 만들지 말라"는 표현이 있는데 이는 팬덤의 배신감을 적절히 포착한 말이라 하겠다.

치의 상승을 서술하는 데 집중한다. 박문대는 과거로 회귀하고 전직 '데이터팔이'로서의 재능을 살려, 자신이 좋아해서 팬으로 활동했던 그룹 '스티어'의 멤버들을 도우며 새로운 그룹 '테스타'의 핵심 멤버가 된다. 그러면서 관심을 두었던 그룹 멤버들이 겪었던 개인적 고통과 그룹의 실패를 비껴나게 돕는다. 우울증으로 죽음을 맞았던 그는 회귀한 세계에서 자신의 생존을 걸고 싸운 결과적으로 아이돌로 성공할 뿐 아니라 '행복한' 존재가 된다. 이러한 맥락에서 그는 팬의 마음을 알고, 자기 직업에 전문적인 아이돌이라는 판타지를 충족시키는 역할을 한다. 〈절대 실패하지 않는 아이돌의 기술〉 역시 마찬가지이다. 프로그램에서 악마적 편집의 피해를 받고 '국민의 혐오대상'으로 찍혔던 주인공 정해원은 과거로 회귀해 자신이 들어가고 싶었던 그룹에 참여해 멤버들의 성장을 돕고 자신 역시 아이돌이자 프로듀서로서 성공하며, 악편의 가해자들과 소속사의 권력자들을 처단한다. 게임 시스템에 기반한 이 소설들에서 주인공은 그룹 '퍼스트라이트' 멤버들의 능력치를 볼 수 있을 뿐 아니라, 그들을 도와 '상태이상'에 놓인 약점—상후 스트레스장애, 약물중독 가족, 슬럼프, 멤버의 연애 등—을 극복할 수 있게 도와준다. 외모와 노래, 춤 등의 능력치가 약했던 주인공과 멤버들은 점차 능력치를 회복하며 서로를 깊게 이해하게 된다. 〈데뷔 못 하면 죽는 병 걸림〉의 경우 주인공은 멤버들과 비밀을 공유하게 된다. 박문대에게 주어진 희귀한 능력이 '여러 시간선의 간섭'이라는 것을 알게 된 멤버들은 자신들의 삶에도 주인공이 개입한 것을 안다. 〈절대 실패하지 않는 아이돌의 기술〉의 경우 주인공의 비밀은 밝혀지지 않으나 멤버들은 주인공 정해원의 신비로운 능력을 신뢰하고 그에게 비밀이 있어도 그것을 밝히기보다 주인공을 지지할 것을 결심한다. 결과적으로 등장인물들의 비밀은 멤버들을 긴밀하게 엮어 주는 수단이 된다.

서로에 대한 애정과 이해, 그리고 성공을 향한 야망에 집중한 등장인물들은 자신들의 역할, 곧 사랑받는 아이돌이라는 역할 수행에 최선을 다한다. 이들은 성인 남성에게 요구되는 과묵함과 남자다움을 강조하거나, 남성공동체의 인정을 받는 '멋있음'에 집중하지 않는다. 오히려 적극적으로 자신의 외모를 가꾸거나 팬들이 좋아하는 '귀여움' 또한 충실히 수행하며, 팬들을 사랑하고 팬들을 위한 이벤트(팬미팅, 팬송, 자체 콘텐츠, 팬선물, 온라인 방송 등)를 기꺼이, 자발적으로 즐겁게 수행한다. 이 과정에서 독자들은 신인 아이돌 그룹인 '테스타'와 실패한 그룹이었던 '퍼스트라이트'가 1군으로 성장하는 과정에서 노력하는 자들의 성취, 기쁨, 보람 등의 대리만족을 경험하는 것이다.

아이돌 산업과 아이돌 팬덤 문화를 총집합했다고 해도 과언이 아닌 이 작품군에서 투영되는 것은 무해한 남성공동체, 순정한 애정공동체에 대한 열망, 더 나아가 앞서 언급한 성공에 대한 대리 성취이다. 현실에서 팬덤-유명인 간의 관계는 자연히 가장과 이에 따른 갈등에 기반할 수밖에 없다. 상품으로서 유명인은 팬덤이 좋아하는 형태로 자신을 가장하고 팬덤은 더 깊고 자세히 유명인을 알고자 한다. 물론 이때 앎의 욕망은 '확인받고 싶은 부분'을 향한 욕망이다. 결코 민낯을 드러낼 수 없고 드러내서도 안 되는 관계임에도 진실같은 가짜, 잘 구성된 가짜를 만나고 싶은 욕망이 여기에 놓여 있다. 웹소설의 아이돌물은 이 지점을 포착, 여성독자들에게 자신의 일에 충실하면서 자신을 사랑해 주는 이들에게 보답할 줄 아는, 성취감을 맛보게 하는 순정한 남성인물들이라는 판타지를 서사한다.

특히 이들이 감정노동을 할 줄 아는 남성인물들이며, 그 감정노동의 대상인 팬덤이 여성들을 중심으로 하고 있다는 점에 주목해야 한다. 등장인물들은 작품 안에서는 여성 팬덤, 작품 바깥에서는 여성 독자들의 취향과 관심사를 충분히 고려한 인물들로 구현된다. 그리고 그 취향을 비난하거나 편견으로 대하는 대신 팬덤의 욕동을 배려하고 존중하는 '무해한' 남성인물들, 현실에서는 만날 수 없는 '의심의 여지가 없이 믿을만한' 인물들로 그려진다. 관심사를 알며 규격화된 대화를 나눌 수 있는 무해하고 친밀한 공동체에 대한 대리만족을 구현한다는 점에서, 웹소설 아이돌물의 특성, 작가/독자의 취향과 욕망을 검토할 수 있겠다.

4. 나가며

이 글은 여성작가, 여성독자층이 중점을 이루는 로맨스판타지 장르에 집중하여, 해당 장르가 여성 주인공을 중심으로 여성의 모험을 적극적으로 다루었다는 점에서 유의미한 장르임을 언급하였다. 다만 판타지 장르에서 로맨스판타지 장르로 범위가 축소되면서 오히려 다채로운 모험이 줄어들었고, 로맨스가 없는 작품들이 역설적으로 자리를 잃었다는 점을 한계로 언급하였다. 따라서 엘리트 '아닌' 다양한 인물군의 다채로운 모험을 조망할 필요를 제기하였다.

서사의 탐색이 다양해질 필요성을 언급한 데에는 현재 현대판
타지나 판타지 장르에서 여성 주인공들을 다루는 작품 자체가 많
지 않다는 점, 그렇기에 적극적으로 여성 주인공의 모험 이야기를
로맨스판타지 장르 바깥에서 요청하기 쉽지 않다는 데 있다.[19] 특
히 유료연재를 기반으로 하는 플랫폼의 특성, 작가의 수입(그리고
생계)을 좌지우지하고 별점이 작품 랭킹에도 영향을 끼치는 UI 구
조를 고려하면 더욱 그러하다. 여성 주인공을 드러내면서 사랑과
모험, 그리고 때로는 페미니즘적(평등, 자유, 성취)인 목소리를 내는
서사를 구축하는 여성적인 취향의 이야기는 더욱 그러하다. 이러
한 이야기가 어느 정도 존중되는 안정적인 경계가 어쩌면 로맨스
판타지 장르일 수 있다.

이 글은 대안이라기보다 '또 다른' 이야기로서 여성 독자들의
취향이나 관심사를 잘 반영하는 이야기를 대체역사에서 여성인물
들을 주인공으로 탐색한 이야기(〈사이코 여왕의 대영제국〉, 〈환생했더
니 단종의 보모나인〉), 여성 육체를 활용하되 같은 여성들에 대한 애
정과 헌신을 그려내는 여성 아이돌물(〈내 새끼 데뷔시키려다 내가 데
뷔하게 생김〉, 〈망할 운명의 걸그룹 리더가 되었습니다〉), 혹은 여성 주인
공은 아니지만 여성 독자(팬덤)의 욕망을 드러내는 이상적인 남성
인물로서 남성 아이돌물(〈데뷔 못 하면 죽는 병 걸림〉, 〈절대 실패하지

---

19 유빙 작가의 〈예고의 미술 천재가 되었다〉, 〈방송천재 막내작가〉의 경우 각각
    582만 뷰, 1672.5만 뷰를 기록하며 긍정적인 평가를 받았으나, 〈예고의 미술 천
    재가 되었다〉의 경우 로맨스가 포함되며 뷰 수가 상대적으로 낮아졌고, 유빙을
    제외한 다른 작가들의 적극적인 창작 및 독자들의 소비를 찾기도 쉽지 않았다.

않는 아이돌의 기술 등)을 통해 살펴보았으며, 이는 독자들의 욕구에 맞추어 새로운 이야기들을 탐색하는 웹소설장의 흐름과 연결됨을 확인하였다.

다만 연구의 특성상 여성적 취향이라는 개념에 대한 접근이 섬세하지 못했다는 점, 장르의 명칭을 둘러싼 고민을 좀 더 직접적으로 내세우지 못했다는 점 등을 한계로 들 수 있겠다. 아울러 이 글을 발표했던 콜로키움에서 받은 질문인, '로맨스판타지라는 장르를 재생산하는 욕망은 무엇인가'에 대한 질문에 대해서도 적극적인 답을 하지 못했다는 점, 장르를 구축하는 작가와 플랫폼의 역할 등에서도 정치하게 접근하지 못했다는 점을 아쉬움으로 남긴다. 해당 질문에 대해서는 추후 연구 과제로 남겨 논의를 지속하고자 한다.

영화 다양성과 포용의 역량을 키우기
: 넷플릭스와 영국의 공공 영화정책을 중심으로[1]

조 혜 영

1. 신자유주의 통치와 '가성비' 문화

현재 한국 사회는 그 어느 때보다 심각한 사회적 갈등에 노출되어 있다. 이 사회적 갈등의 원인은 여러 가지가 있겠지만 공공성을 약화시키고 시장의 가치를 최우선으로 하며 정치적 영역뿐 아니라 우리 삶의 모든 면을 경제화하려는 신자유주의 통치의 영향이 크다. 웬디 브라운(Wendy Brown)이 정리한 것처럼 신자유주의 통치는 경제적 영역의 결과로 현실화된 '시장화'를 넘어서 돈과 관련이 미약한 영역에서조차도 "인간이라는 존재를 언제나, 오로지, 어디에서나 호모 에코노미쿠스라는 철저한 시장 행위자로 규

---

1   이 글은 「영화 다양성과 포용의 역량 키우기: 넷플릭스와 BFI 영화정책을 중심으로」, 『안과밖: 영미문학연구』 53권, 영미문학연구회, 2022를 수정·보완하여 재수록한 것이다.

정한다는 데 있다."² 신자유주의 통치의 호모 에코노미쿠스(homo economicus)는 일상, 노동, 가치판단, 취향, 소비 등을 수행하는 자신을 인적 자본으로 규정하며 이윤을 목적으로 하나의 기업처럼 관리한다. 심지어 여가와 놀이, 창조행위와 문화생산, 정서적 관계 및 상상력의 비물질 영역에서도 경제적 가치를 중심으로 전략화한다. 이것이 한국 사회에서 문화수용에 있어서도 소위 '가성비'³가 중요한 판단의 기준이 된 이유 중 하나다.

예를 들어, 영화를 보기 위해 극장에 가는 행위 역시 경제적으로 계산된다. 극장에 간다면 정보검색과 관람에 들인 시간과 노력 그리고 관람료를 상회하는 만족감을 충분히 제공해주어야 한다. 기대만큼 재미를 얻지 못하면 관객은 작품에 대한 실망감을 넘어 '투자'한 시간과 금전의 손해를 보고 패자가 된다. 그래서 영화 관람에서도 기존 취향을 벗어나기 어렵다. 개인 관람자들은 기업의 전략을 모방해 다소 실험적이고 당장 경제적 효과를 내지 않는 것, 즉 존재하지만 잘 들리지 않고 보이지 않는 소수적 표현을 손해 볼 수 있는 '위험(risk)'으로 처리하고 배제한다. 이러한 경향은 다양성과 포용에 대한 의지를 위축시킨다. 예측 가능성을 높이는 안전한 방법은 기존의 행동이나 다수의 패턴을 반복하는 것이다. 대자본을 들인 하이컨셉의 블록버스터 영화, 장르적 특색이 분

2   웬디 브라운, 배충효 · 방진이 역, 『민주주의 살해하기』, 내인생의책, 2017, 21/190쪽 [알라딘전자책뷰어].

3   가성비(價性比)는 '가격 대비 성능'의 줄임말로 애초에 IT 관련 인터넷 커뮤니티에서 소비자가 지불한 가격에 비해 제품이나 서비스의 기능이 얼마나 큰 효용을 주는지를 가리키는 말로 사용되었다. 출처: 위키피디아(https://ko.wikipedia.org/wiki/가격_대비_성능)

명한 영화(특히 범죄스릴러), 이미 흥행한 영화의 후속 영화, 흥행이 보장된 스타가 출연한 영화, 기획 단계부터 관객 모니터링을 통해 높은 점수를 받은 프로젝트 등 흥행공식이 보증된 영화에 안전하게 '투자'한다. 그리고 코로나 팬데믹 이후에는 아예 극장을 가지 않는 더 안전한 방법이 가속화되고 있다. 넷플릭스, 디즈니플러스, 웨이브, 티빙, 왓챠 같은 온라인 동영상 스트리밍 플랫폼의 구독 결제를 통해 자유롭게 시간과 공간에 구애받지 않고 원하는 작품을 감상한다.

물론 영화 다양성의 위축과 양극화의 주된 원인이 관객의 신자유주의적 문화 향유에만 있지 않다. 일차적으로는 한국 영화산업이 오랫동안 독과점에 가까운 방식으로 운영되어 온 영향이 크다. 관객 점유율에서 국내 3위 내에 드는 배급사 CJ ENM, 롯데, NEW 중 앞의 두 회사는 전국에 멀티플렉스 극장을 소유하고 있고, NEW도 소수이지만 수도권에 회사 소유의 극장을 갖고 있다. 이 회사들은 수익 극대화를 위해 자신들이 대규모로 투자한 영화에 스크린을 몰아준다. 다양한 소재와 형식을 가진 중소규모의 영화들은 애초부터 관객들과 만날 기회를 잃게 된다. 실제로 코로나 팬데믹이 일어나기 전인 2019년 한국영화산업통계를 보면 일별 상영 점유율 1위에서 3위까지의 영화의 합계가 69.2%이다.[4] 2017년 CJ ENM이 배급한 〈군함도〉(류승완, 2017)는 개봉 첫날 2027개의 스크린에서 1만 174회 상영되면서 한 편의 영화가 일일 상영 점유율 55.2%를 기록해 논란이 되었다. 이러한 독과점은 한국

---

4   도동준 외, 『2019년 한국 영화산업 결산』, 영화진흥위원회, 2020, 43쪽.

영화에만 해당되지는 않는다. 2021년 코로나 팬데믹으로 극장은 2019년과 비교해 매출 규모가 30.5%에 불과할 정도로 큰 타격을 받았다.[5] 극장을 가는 횟수가 줄어들고 감염의 위험이 발생하자 관객들은 '가성비'를 더 따지면서 극도로 보수적 선택을 하게 되었다. 이미 보증된 디즈니의 마블 시리즈가 박스오피스 순위를 휩쓸어 버린 것이다. 2021년 극장흥행을 보면 2위인 〈모가디슈〉(류승완, 2021)를 제외하고는 1위 〈스파이더맨: 노 웨이 홈(Spider-Man: No Way Home)〉(존 와츠, 2021), 3위 〈이터널스(Eternals)〉(클로이 자오, 2021), 4위 〈블랙 위도우(Black Widow)〉(케이트 쇼트랜드, 2021) 모두 마블 시리즈였다.[6] 코로나 팬데믹이라는 위기 상황에서 거대자본이 투여되고 '마블 유니버스'라는 이미 알려진 설정에 기반한 공고한 글로벌 팬덤이 존재하는 디즈니 영화가 극장 점유율을 가져갔다. 제작 국가, 규모, 장르의 측면에서 볼 때 한층 더 다양성이 축소된 것이다. 다양성이 감소된 영화 환경은 경쟁이 더 치열해질 때 중소규모 영화뿐 아니라 대형 한국 영화에도 영향을 미친다는 사실이 입증된 것이다.

한편 다양성은 규모나 제작 국가로만 평가되지 않는다. 최근에 와서는 배급의 구조적 독과점이나 지역문화와 함께 스크린 재현과 창작 인력의 다양성, 포용, 공정, 접근성을 실천하기 위한 운동과 정책이 전 세계 영화계에서 뜨거운 쟁점으로 부상하고 있다. 이 새로운 흐름은 전 세계적으로 일어난 미투운동(#Metoo)과 인종

---

5   도동준 외, 『2020년 한국 영화산업 결산』, 영화진흥위원회, 2021, x쪽.
6   도동준 외(2021), 위의 글, xi쪽.

차별반대 운동(#BlackLivesMatter) 그리고 미국 영화계의 인종주의에 대한 비판(#OscarSoWhite)이 영화산업에 영향을 미친 결과라고 할 수 있다. 디즈니, 마블, 넷플릭스처럼 전 지구를 대상으로 사업을 하는 거대기업들은 ESG(Environment, Social, and Governance) 경영을 강조하며 다양성과 포용을 기업의 핵심 전략으로 내걸고 있다. ESG 경영은 사회적 가치는 자본의 이익과 상충되지 않으며 지속 가능한 발전이라는 이름하에 장기적 이익을 보장한다고 주장한다. 이들은 다양성과 포용 정책을 통해 전 세계의 뛰어난 창작 인력을 확보하고 각 지역과 문화를 공략할 콘텐츠를 기획하면서 스스로를 혁신할 기회를 얻어 지속적으로 시장을 확장하려는 계획을 갖고 있다.

이들 글로벌 기업들에게 1차 시장이 미국이긴 하지만 인구구성(population)상 미국과 하나의 시장으로 통합된 전 지구는 '다인종, 다문화'라는 점에서 공통점을 갖는다. 다시 말하면, 그들의 전략 속에서 미국은 작은 '글로벌'이고, 전 지구는 큰 '미국'이다. 극장뿐 아니라 OTT(Over the Top)라 불리는 온라인 동영상 스트리밍 플랫폼을 통해 사용자/구독자를 확보하고 전 세계 동시 유통이 (때로는 독점적으로) 가능해지면서 시장이 경계 없이 전 세계로 확장된 조건에서는 이러한 전략이 더 큰 이윤을 가져다 줄 수 있다. 시장이 확장되고 통합될수록 소수자들의 서사나 매니악한 서브컬처 같은 니치 마켓은 더 이상 그 수가 적지 않게 된다. 여기서 수량화될 수 있는 인구 구성이 중요해진다. 그래서 현재 세계 영화계에서 벌어지고 있는 다양성 및 포용 정책은 거대한 전 지구적 기업일수록 공공성과 시장성이 서로의 목적을 충족시키며 시장의 논리와 구분되지 않는 지점이 있다.

그렇기에 전 지구적 미디어 기업의 적극적인 다양성 및 포용 정책은 환영할 만하지만, 또한 경계할 필요가 있다. 다양성 및 포용 실천을 전 지구적 기업에만 의존하면 그들이 선호하고 이윤이 되는 방향으로만 치우쳐져 지역의 실질적 차이들과 잠재성들이 배제될 수 있다. 또한 미래에 그들이 다양성과 포용 실천을 포기할 경우, 강제할 방법도 없다. 실제로 워너브라더스는 남성 영웅에 초점을 맞춘 시리즈에서 벗어나 DC 세계관을 확장한다는 목표를 갖고 여성감독인 패티 젠킨스(Patty Jenkins)가 연출한 〈원더우먼(Wonder Woman)〉(2017)과 〈원더우먼 1984(Wonder Woman 1984)〉(2020) 시리즈를 내놓아 성공을 거두었고 다양성과 흥행성 모두를 성취했다는 평가를 받았다. 그러나 2022년 워너미디어와 디스커버리가 합병하고 새로운 경영진이 들어서면서 이미 9천만 달러를 들여 제작이 완료된 〈배트걸(Batgirl)〉(아딜 엘 아르비·빌랄 팔라, 2022)의 개봉이 전면 취소되었다.[7] 이들은 이 영화가 큰 수익을 내지 못할 것이고 마케팅비를 들일 가치조차 없으며 차라리 적자로 처리해 세금 감면을 받는 것이 낫다는 판단을 한 것이다.[8] 넷플릭

---

[7] 미국 최대 통신회사 AT&T에 속해 있던 워너미디어는 디스커버리에 인수되었는데 이로써 CNN, HBO, 디스커버리, TNT, HGTV, 터너스포츠 등 영화제작사, 보도, 스포츠, 다큐멘터리, 드라마 채널 등이 하나의 거대 미디어 회사로 통합되었다. 「워너-디스커버리 합병완료… 새 거대 미디어 기업 출범」, 『연합뉴스』, 2022. 4. 9.

[8] 이와 관련된 상세정보를 위해선 다음 기사를 참고. "'Batgirl' Cancellation Controversy 'Blown Out of Proportion,' Warner Bros. Discovery CFO Says", *Variety*, Sep 8, 2022; "'Batgirl' Directors: Studio Blocked Our Access to Footage After Scrapping the Movie", *IndieWire*, Aug 23, 2022.

스 역시 영업 비밀을 이유로 투명한 데이터 공개 없이 사용자가 해당 콘텐츠를 보기 위해 넷플릭스를 새로 구독하거나 구독을 지속한다는 정황을 가리키는 조정시청지분(Adjusted View Share)에 따라 가차 없이 후속 시즌을 취소해 버리곤 한다.[9] 거대기업들은 자본의 흐름, 경영진의 교체, 경제 상황에 따라 언제든지 정책을 바꿀 수 있다. 그렇기 때문에 다양성 및 포용 실천에 있어 안정적으로 전체 산업의 균형을 맞춰줄 공공정책이 필수적이다.

이 글은 다양성 및 포용 전략과 정책에서 전 세계적으로 중요한 모델이 되고 있는 넷플릭스와 영국의 공공 영화정책을 살펴보고 영화 같은 산업적 특징이 강한 문화예술에서 성격이 다른 각 조직이 어떠한 다양성 및 포용 실천 논리와 철학을 세우는지 비판적으로 검토하고자 한다. 넷플릭스를 통해서는 전 지구적 대중문화 시장의 다양성 전략을, 영국의 영국영화협회(British Film Institute, 이하 BFI) 영화정책을 통해서는 문화 다양성 공공정책의 현 상황과 인구 구성을 기반으로 한 보편성으로의 전환을 살펴볼 것이다. 최근 한국의 문화예술에서 다양성 및 포용 정책을 펼치고자 할 때 '공정'이나 '역차별'이라는 프레임으로 소수자를 혐오하고 낙인찍으며 공격하는 백래시(backlash)가 일어나고 있다. 한국 영화도 이미 세계 영화문화의 중요한 축을 차지하고 있는 상황에서 세계의 다양성 및 포용 정책의 흐름에 대해 지역적 맥락을 충분히 고려하면서도 창조적 역량으로서의 다양성을 키우기 위한 최소한의 보편적

---

9   Timothy Pecoraro, "The Squid Game Leak: How Netflix Decides the Value of Its Viewership and Shows" *Medium*, Oct 20, 2021.

환경을 만드는 데 적극적으로 참여해야 할 것이다.

2. 실제보다 더 크게 보일 수 있는
: 넷플릭스의 다양성과 포용 전략

글로벌 기업인 넷플릭스는 다양성(diversity), 공정성(equality), 포용(inclusion)을 오래전부터 자신들의 핵심 전략으로 홍보해 왔다. 넷플릭스의 다양성 정책과 실천은 공익을 위한다는 명분과 함께 기업의 이익을 고려해 실천하는 측면이 크다. 마블 시리즈도 "포용은 시장 관련성의 핵심(Inclusion is key to market relevance)"이라고 자체 다양성 캠페인에서 강조한 바 있다.[10] 넷플릭스와 디즈니가 개별 작품의 서사적 재현을 넘어서 기업의 전체적인 방향에서 다양성과 포용을 강조하는 것은 앞에서 말한 것처럼 전 지구적 시장의 확장과 관련이 있다. 넷플릭스나 디즈니는 미국 시장뿐 아니라 전 세계를 타겟으로 기업전략을 짠다. 성별, 장애, 인종·종족, 지역, 종교, 성정체성, 계급, 연령, 신체 이미지 등 다양한 정체성의 스크린 재현은 이민 국가인 미국뿐 아니라 전 세계 시장에도 적합하다. 상대적으로 작은 지역이나 인구 규모에서는 예상 관객이 절대적으로 적기 때문에 상업영화에서는 손해나 부담으로 작동하던 다양성이 지역이 확장되어 다양한 정체성과 배경을 가진 사람들

---

10 디즈니 포용 캠페인 "belong" 웹사이트(impact.disney.com/diversity-inclusion)를 참조.

이 더 많이 포괄되면 안정적으로 손익분기점을 넘으며 기존에 없던 새로운 시장을 개척하게 되고 이윤을 만들 수 있게 된다.

넷플릭스는 전통적 매체인 방송이나 영화와는 달리 온라인 스트리밍 서비스로 구독형 시스템을 갖고 있다. 특정 영화를 두고 관객을 모으는 전통적인 방식과는 다르다. 카탈로그를 다 확인할 수 없을 정도로 수가 많고 지역과 시간에 따라 목록이 유동적이기도 한 콘텐츠를 보유한 플랫폼에 구독자를 모은다. 구독자는 언제, 어디서든 원하는 콘텐츠를 볼 수 있는 선택의 자유를 갖고 있다는 환상에 빠진다. 그 환상을 부추기는 것은 구독자가 보는 첫 화면의 다양성이다. 그 다양성은 일차적으로 장르뿐 아니라 성별, 인종·종족, 지역, 종교, 성정체성, 계급, 연령, 신체 이미지 등과 관련해 다양한 소재와 인물을 재현한 영화를 제작하고 유통시키는 데 기인한다.

넷플릭스의 오리지널 시리즈 〈오렌지 이즈 더 뉴 블랙(Orange Is the New Black)〉(젠지 코헨, 2013~2019)은 교도소에 오게 된 다양한 인종, 성정체성, 계급의 배경을 가진 여성 수감자들의 이야기로, 이 시리즈가 공개됐을 당시 넷플릭스에서 가장 많은 관람수를 기록했다. 단지 이 시리즈를 보기 위해 새롭게 가입한 구독자가 대거 유입되면서 넷플릭스는 다양성 정체성의 재현이 흥행의 주요 공식이 될 수 있다고 평가하게 된다. 이후 넷플릭스는 유럽을 배경으로 한 〈브리저튼(Bridgerton)〉(숀다 라임스, 2020년 론칭) 같은 사극에서도 백인뿐 아니라 아프리카계 흑인, 인도계 등 다양한 인종을 주인공으로 포함시키면서 이러한 기조를 유지한다.

회사직원과 영화 제작 인력의 포용에서도 지역의 확장과 다양성은 기존, 특히 미국에서 찾을 수 없던 새로운 인재와 뛰어난 프로젝트를 찾는 데 도움을 준다. 지역 다양성이 발현될 수 있는 니치 프로젝트는 대체로 제작비가 미국 상업영화에 비해 낮기 때문에 그 또한 이익이 된다. 넷플릭스의 '가성비' 제작으로 알려진 오리지널 시리즈 〈오징어 게임〉(황동혁, 2021년 론칭)의 회당 투자비는 238만 달러(28억 원)이고 미국에서 제작된 〈기묘한 이야기(Stranger Things)〉(맷 더퍼·로즈 더퍼, 2016년 론칭)는 회당 800만 달러(95억 원), 〈더 크라운(The Crown)〉(피터 모건, 2016년 론칭)은 회당 1000만 달러(119억 원)이다.[11] 2021년 190여 개국 2억 900만여 가구의 유료 멤버십을 기록한 넷플릭스에서 〈오징어 게임〉은 1억 1100만 넷플릭스 구독 가구가 시청하면서 넷플릭스 오리지널 작품 중 최고 흥행 기록을 세웠다.[12] 또한 〈오징어 게임〉은 2022년 미국 에미상에서 6관왕에 오르며 비영어권 드라마의 감독상 최초 수상이라는 역사도 썼다. 넷플릭스는 〈오징어 게임〉으로 자사와 미국 대중문화의 다양성을 성취했다고 볼 수 있다.

넷플릭스는 〈오렌지 이즈 더 뉴 블랙〉, 〈브리저튼〉, 〈오징어 게임〉 같은 시리즈의 성공으로 다양성과 포용이 시장의 확장에 도움을 준다는 확신을 재차 갖게 되었다. 그런 흐름 속에서 2018년에는 다양성 전략 부서를 신설하고 2021년에는 USC 아넨버그 포용 정책 연구소(USC Annenberg Inclusion Initiative)와의 협업으로 엔터테

---

11 「넷플릭스, 오징어게임 254억 투자…다른 인기작의 1회 제작비」, 『중앙일보』, 2021. 10. 15.

12 「'오징어 게임', 넷플릭스 최고 흥행작 기록 썼다…'브리저튼' 제쳐」, 『한겨레』, 2021. 10. 19.

인먼트 업계 최초로 『다양성 보고서(Inclusion in Netflix Original U.S. Scripted Series & Films)』를 발간해 오리지널 프로젝트의 스크린 재현과 제작 스태프뿐 아니라 회사 내부의 포용 통계를 공개했다. 2018년과 2019년 넷플릭스 오리지널 영화에서 여성 주인공 영화는 48.4%이고 여성 감독은 23.1%이며, 오리지널 시리즈의 여성 크리에이터는 29.8%이었다. 오리지널 영화와 시리즈의 인종 다양성을 보면 백인 주인공이 71.8%이고 흑인은 13%, 히스패닉·라틴은 4.7%, 아시아인은 2.3%이고 원주민은 0%이다. 전통적 영화산업보다는 조금 상회하는 수치를 기록했다.[13] 기업인력 통계를 보면 2021년 기준 전 세계 직원 중 여성은 51.7%이고, 그 가운데 디렉터와 그 이상 직급인 여성 임원의 비율이 6.9% 증가해 전체 임원의 51.1%를 차지했다. 인종·종족 다양성에서 미국 직원의 절반(50.5%)이 흑인, 아시아계, 히스패닉·라틴, 중동·북아프리카 출신, 아메리카 원주민, 태평양 도서민 등 역사적으로 소외된 인종·종족 중 하나 이상의 배경을 지닌다고 보고한다. 이 가운데 임원급의 비율은 2020년 10.9%에서 2021년 13.3%로 증가했다.[14] 그리고 직원모집, 인턴, 근속과 승진 등 경력을 쌓는 전 과정에서 포용 교육 및 모니터링을 진행하고 있다고 밝히고 있다.

　넷플릭스가 다양성을 성취하기 위해 전방위로 노력하고 있는 것은 분명하지만, 그럼에도 여전히 비판적으로 살펴볼 두 가지 측

---

13 Stacy L. Smith et al., *Inclusion in Netflix Original U.S. Scripted Series & Films*, USC Annenberg Inclusion Initiative, 2021, pp.1-4; pp.11-12.

14 "넷플릭스의 포용성 증진 현황: 2021년 최신 보고서"(https://about.netflix.com/ko/news/our-progress-on-inclusion-2021-update)를 참조.

면이 있다. 첫째, 넷플릭스의 다양성은 실제보다 다양하고 자유로 운 선택이 가능하다는 감각을 통해서도 생산된다. 구독형 시스템 은 넷플릭스 추천 알고리즘(NRA)을 이용해 개인 계정에 맞춤형으 로 카탈로그 큐레이션을 지속적으로 바꿔준다. 한 연구에 따르면 구독자들은 82%가 포스터를 이용한 썸네일 이미지를 기반으로 무엇을 볼지, 계속 볼지를 결정한다. 그리고 그 결정에 평균 1.8초 를 소비한다고 한다.[15] 따라서 구독자의 관심을 끌기 위해 최적화 된 데이터와 알고리즘이 필요하다. 그에 맞게 목록의 순서나 배치 가 변화될 뿐 아니라 썸네일 이미지로 사용되는 포스터도 바뀐다. 예를 들어 구독자가 여성 주인공이 주도하는 서사를 자주 관람한 데이터가 있다면 해당 작품의 주인공이 여성이 아니어도 포스터 의 메인 캐릭터를 여성 (조연) 인물로 바꿔 보여준다. 그러나 기록 이 없는 새로운 구독자에게는 사회적 편견이 고스란히 노출된다. 사회적 편견 또한 기존 사회에 쌓여 있는 데이터이기 때문이다. 즉 알고리즘은 객관적이거나 중립적이지 않다. 예를 들어 흑인과 백 인이 주인공인 앙상블 시리즈에서 백인 주인공만이 포함된 전체 적으로 톤이 희고 밝은 썸네일 포스터를 선택해 보여주는 경우들 이 종종 보고된다고 한다.[16]

보여주는 것보다 무엇을 보여주지 않는가가 더 중요할 수 있 다. 개인의 시청 기록과 취향에 맞춘 썸네일 정보가 다양성의 성취

---

15 Olivia Khoo, "Picturing Diversity: Netflix's Inclusion Strategy and the Netflix Recommender Algorithm (NRA)", *Television & New Media*, Vol 24, No.3, 2023, p.4.

16 ibid., p.6.

그 자체가 되지는 않음에도 개별 구독자는 넷플릭스가 자신의 취향을 잘 맞출 만큼 매우 다양하다고 믿는다. 실제로 이렇게 전시된 다양성은 편견이 포함된 데이터의 필터 버블(filter bubble)에 갇힌 것일 수 있지만 카탈로그와 썸네일 큐레이션은 개인화되어 있고 매우 유동적이어서 다른 사용자와 비교하기 어렵기 때문에 사실 확인이 쉽지 않다. 넷플릭스의 개인 맞춤형 다양성은 데이터에 근거해 합리적으로 타겟팅한다고 홍보하지만, 실제보다 더 크게 성취한 것처럼 보이는 환상을 작동시키고 정작 그 알고리즘 방식을 투명하게 공개하지 않아 비판의 개입을 막는다는 점에서 문제적이다.

둘째, 넷플릭스가 주장하는 글로벌 다양성 기준은 상당히 미국중심적이다. 물론 넷플릭스 코리아는 〈보건교사 안은영〉(이경미, 2020) 같은 젤리 괴물을 보는 여성과 장애인 남성이 주인공인 시리즈도 제작했지만, 후속 시즌으로 이어지지 못했다. 넷플릭스 코리아는 한국 극장 영화와 유사하게 점점 반전 서사와 잔인한 폭력적 묘사가 특징인 범죄 스릴러 장르에 집중하고 있다. 한국 영화가 본격적으로 전 지구적 영화계에 진입한 2000년대부터 영미권은 한국 영화의 낯선 지역성과 잔인한 폭력성 묘사에 감탄하며 '익스트림 무비(extreme movie)'로 소환해 온 바 있다. 이와 관련해 김선아는 〈빈집〉(김기덕, 2004), 〈오! 수정〉(홍상수, 2000), 〈올드보이〉(박찬욱, 2003) 같은 세계 시네필의 찬사를 얻은 영화를 분석하며 지역성과 폭력성이 전 지구 무대에서 주목받기 위한 트랜스

내셔널한 기호-이미지로 번역·거래된다고 주장한 바 있다.[17] 폭력적인 경쟁과 강렬한 원색으로 가득 찬 무국적적 공간에 지역적인 놀이를 서사장치로 가져온 〈오징어 게임〉 역시 전 지구 시장에서 거래되기 위해 한국 영화의 주목 요소로 지속적으로 언급되었던 폭력성과 더불어 다양성의 기호-이미지를 번역·거래한다.

미국 다양성의 관점에서 볼 때 〈오징어 게임〉은 소수인종(동아시아)과 언어(한국어)의 장벽을 넘어서 전 세계적으로 흥행에 성공하면서 역사적 성취를 이뤘다고 할 수 있다. 그러나 규모, 서사, 장르의 측면에서 봤을 때 〈오징어 게임〉이 한국영화의 다양성에 그만큼 크게 기여했다고 말하기는 어렵다. 주연을 맡은 이정재는 미국이나 다른 국가에서는 알려지지 않은 배우이지만 한국에서는 스타배우로서 30년 가까이 주연으로 상업영화에 출연해온 베테랑이며 황동혁 감독 역시 〈도가니〉(2011), 〈수상한 그녀〉(2014), 〈남한산성〉(2017) 등 여러 편의 상업 영화를 연출해 왔다. 그럼에도 넷플릭스를 통해 국가 경계가 흐려진 상황에서 미국의 다양성 성취가 마치 한국의 것이라는 착각을 불러일으킬 수 있다. 그러한 착각 속에서는 한국영화가 미국 다양성의 우산 아래 들어가게 된다. 또한 때때로 이러한 성공은 'K-드라마/K-무비'로 통칭되며 다양성과 거리가 먼 동일성을 강조하는 애국주의 마케팅에 활용되기도 한다.

다양성과 관련해 어느 한 문화가 다른 문화에 일방적으로 기여하거나 종속되는 것이 아니라 상호참고하고 영향을 받으면서도

17　김선아, 『한국영화라는 낯선 경계』, 커뮤니케이션북스, 2006, 140쪽.

각 지역에 따라 현재 스크린과 창작 인력에서 배제되고 소외된 이들, 즉 스크린에 적극적으로 포용해야 할 이들과 주제가 무엇인지를 파악하는 것이 중요하다. 넷플릭스 같은 전 지구적 거대기업에만 다양성을 의존한다면 분명 그 지역의 다양성을 동질화하는 것이 될 수 있다. 또한 규모가 작은 기업, 관객 수가 적은 지역일수록 넷플릭스 같은 거대기업과 달리 시장의 이윤과 다양성의 실천은 일치되지 않을 수 있다. 따라서 다양성과 포용을 시장의 이윤을 넘어서 평등의 입장에서 고려하는 공공정책이 필요하다.

3. 영화 다양성 공공정책의 흐름

유네스코(UN Education, Scientific and Cultural Organization, 1945년 설립)는 2001년 세계 문화 다양성 선언을 발표한 바 있다. 2001년 이전만 해도 유네스코는 '문화'를 예술적인 걸작(artistic masterpiece), 즉 개인의 천재적이고 창의적인 작품으로 해석했지만, 세계 문화 다양성 선언과 함께 라이프스타일, 가치 체계, 전통, 신념을 포함하는 사회 또는 사회 집단의 독특한 정신적 · 물질적 · 지적 · 정서적 특징의 집합, 즉 사회적이고 공적인 담론에 의한 형성물이라는 보다 폭넓은 이해를 채택하게 되었다.[18] 2005년 유네스코는 세계화, 자유무역, 국제무역이 가속화되는 가운데 문화적 동질화와 강

---

18 Elsa Stamatopoulou, *Cultural Rights in International Law: Article 27 of the Universal Declaration of Human Rights and Beyond*, Brill, 2007, pp.77-79.

요된 통합에 직면하고 '문화 표현의 다양성 보호 및 증진에 관한 협약'을 채택한다. 한국도 이 협약에 의결한 바 있다.[19] 유네스코의 문화다양성 협약은 유럽의 국가들 다수가 다양성 관련 정책을 적극적으로 시행할 수 있는 근거가 되었다. 최근에는 문화 상대주의와 거리를 두기 위해 포용(inclusion), 공정(equity), 평등(equality), 접근가능성(accessibility)의 개념을 연계해 사용하고 있다. 포용은 사회에서 차별받거나 낙인찍힌 경험 혹은 정체성으로 인해 사회적으로 배제되거나 주변화되어 불이익을 받았던 이들이 일터 혹은 공동체에 진입할 수 있는 기회와 자원을 공정하게 제공하고 그들에게 친환경적인 노동조건, 조직문화와 체계를 육성하는 것을 말한다. 다양성이 드러난 결과라면 포용은 다양성을 만들어 내기 위한 적극적 조치나 운영에 해당한다고 할 수 있다. 사회적 배제나 소외는 계층계급, 인종, 피부색, 종교, 출신 민족, 학력, 정치적 견해, 성별, 섹슈얼리티, 장애, 나이 등과 관련될 수 있다. 평등은 각개인이나 집단에 동등한 자원과 기회가 주어져야 한다는 의미라면, 공정은 각기 다른 이들과 집단이 서로 다른 환경을 갖고 있다

---

19 유네스코는 이 협약들에서 문화 다양성은 다음과 같은 내용을 갖는다고 설명한다. 1) 균형: 불평등한 조건에 있는 '문화적 소수자'를 위한 행동 촉진, 2) 멸종 위기에 처한 '문화적 소수자' 보존, 3) 문화적 보호 또는 문화적 예외는 문화의 사회적 비전을 위해 상업화로부터 보호. 문화적 예외는 EU의 승인이 필요, 4) 이러한 옹호는 1990년대 초 유럽에서 유의미한 성과를 거두지 못했던 '문화적 권리' 조항을 인권의 일부로 통합하는 것을 의미이며 문화 다양성을 보존해야 할 생물 다양성처럼 다룬다. 위와 관련된 조항은 "문화적 표현의 다양성 보호와 증진 협약(Convention on the Protection and Promotion of the Diversity of Cultural Expression)"(2005년 10월 20일 프랑스 파리 제33차 유네스코 총회에서 채택)을 참조.

는 것을 인식해 자원과 기회가 평등한 결과에 도달할 수 있도록 할당되어야 한다는 의미를 갖고 있다. 접근 가능성은 생산품, 장치, 서비스, 이동수단, 환경 등의 디자인이 장애와 같은 다양한 조건을 가진 사람이 장벽 없이 이용할 수 있도록 설계되어야 하는 것을 뜻한다.

이 협약에 근거해 스웨덴 정부 산하 기관인 스웨덴영화협회 (SFI, Swedish Film Institute)는 2011년 안나 세르너(Anna Serner)가 회장으로 취임하면서 스웨덴 영화의 최대 과제를 성평등과 다양성으로 삼겠다고 선언했다. 스웨덴은 5년마다 정부, 영화산업, 방송, 배급사가 모여 영화정책과 관련된 협약을 맺는데 협회가 주도해 2016년까지 유효한 협약에서 공공기금 지원에서 다양성 목표를 성취하고 기금의 평등한 분배가 이뤄져야 한다는 조항을 삽입했다. 그 조항에 포함된 다양성 목표는 다음과 같은 세 범주로 나뉘졌다. 1) 관점: 계급, 젠더, 성별, 민족성, 아젠다, 사회적 가치, 섹슈얼리티, LGBT, 경험, 이데올로기, 2) 장르: 표현, 형식, 호소력, 미학, 모델의 다양성, 3) 가치: 우리가 사는 시대를 반영.[20] 이 조항에서 가장 적극적으로 개입하고 구체적 성과를 낸 것은 성평등이었다. 제작 기금의 분배 조항에서 프로듀서, 감독, 작가의 성비가 50:50이 되고, 여성들이 영화산업에서 더 나은 조건에서 일하며, 영화 스크린에서 묘사되는 관점이나 이야기에 더 많은 여성들이 다양성을 보장받아야 한다는 선명한 목표를 제시했다. 그리고

---

20 *Looking Back Moving Forward: Gender Equality Report*, Swedish Film Institute, 2017, p.16.

2014년 제작기금 지원 결과에서 주요 창작 인력과 스크린 재현에서 성비가 50:50이 되며 목표를 달성했다. 그렇게 스웨덴은 적극적인 공공 영화정책 개입을 통한 첫 성공사례가 되었다.

소셜 미디어를 중심으로 전 세계적으로 일어난 젊은 여성들의 페미니즘 운동과 미투 운동은 어느 나라도 이루지 못한 성과를 만들어 낸 스웨덴을 주목하게 했고 베를린국제영화제와 칸국제영화제에 모범사례로 대대적으로 소개되었다. 이후 스웨덴의 영감을 받은 정책들이 다른 지역에서도 실행되기 시작했다. 이중 급진성과 영향력 측면에서 주목할 만한 곳은 단연 영국이다.

3.1. 영국 공공영화 정책과 보편성

정부 산하 기관인 BFI는 2016년 다양성 표준(Diversity Standards)을 발표하고 전면적인 캠페인을 벌인다. BFI에서 운용하는 공공기금에 지원하는 모든 단위는 반드시 다양성 표준을 충족해야 지원 자격을 얻을 수 있다. 다양성 표준은 유네스코 다양성협약뿐 아니라 2010년 영국에서 포괄적인 평등법(Equality Act 2010)이 제정되면서 가능해졌다. 영국의 평등법은 1970년 동일노동 동일 임금법(Equal Pay Act)으로 시작해 성, 인종, 장애, 종교와 신념, 결혼 및 시민 파트너십, 임신과 모성, 성적지향, 나이 등을 추가하며 차별금지의 항목을 지속적으로 확장해 왔으며 2010년에는 모든 공적 영역은 사회경제적 불평등을 해소할 '의무'가 있음을 명시한다. BFI의 다양성 표준은 바로 이 평등법에 따른 적극적 조치라고 할 수 있다.

다양성 표준은 "A. 재현, B. 창작자, C. 노동조건과 환경, D. 수용"이라는 4개의 표준을 갖는다. 4개 표준에서 최소 1~2개를 충족해야 기금지원이 가능하며, 3개 이상 충족 시 다양성 기여 프로젝트로 홍보할 수 있는 인증을 부여한다. 각 다양성 표준의 상세 충족 기준은 다음과 같다.[21]

〈표 1〉 BFI 다양성 표준의 상세 기준

A. 주제 및 서사 다양성
A1: 주연급 배우 중 최소 한 명이 소수자 집단 출신, A2: 조연급 및 기타 출연자들이 아래의 조건을 1개 이상 충족. ① 50:50 성별 균형, ② 20% 흑인, 아시아인, 그 밖의 인종적 소수자, ③ 10% 성적 소수자(LGBTQ), ④ 7% 장애인, ⑤ 런던 및 영국 남동부지역 외 출신자, ⑥ 저소득층, A3: 주요 줄거리, 주제, 서사가 소수자 집단을 다룸, A4: 줄거리 내에 소수자 집단을 다루는 요소가 일부 포함, A5: 줄거리의 배경이 소외된 지역 혹은 지역사회가 될 것, A6: 소수자 집단을 다루고 편견이나 고정관념을 타파하는 캐스팅

B: 창조적인 리더십 및 프로젝트팀
B1: 파트별 헤드스태프(음악, 의상, 감독, 촬영, 편집, 미술, 작가)가 소수자 집단 출신, B2: 최소 6개 파트의 기타 핵심 스태프(세컨드, 기술직 등)가 소수자 집단으로 구성, B3: 기타 총 스태프가 아래의 조건을 1개 이상 충족. ① 50:50 성별 균형, ② 20%가 흑인, 아시아인, 그 밖의 인종적 소수자, ③ 10%가 성적 소수자(LGBTQ), ④ 7%가 장애인, ⑤ 런던 및 영국 남동부지역 외 출신자, ⑥ 저소득층, B4: 런던과 영국 남동부 지역 외에서 고용 창출

C: 영화산업 내 기회 및 접근성
C1: 소수자 집단 출신에게 유급 고용기회 제공, C2: 소수자 집단 출신 학생에게 업무 경험 향상 기회 및 기술 개발을 위한 교육 제공, C3: 소수자 집단 출신을 장기적 경력 개발/승진이 가능한 직무에 배치, C4: 소수자 집단 출신이 준비해 온 직군의 전문적 역할에 첫 고용기회 제공, C5: 소수자 집단 출신을 위한 멘토링 프로그램 진행

---

21 BFI 다양성 표준 소개 및 가이드라인 웹사이트(www.bfi.org.uk/inclusion-film-industry/bfi-diversity-standards)를 참조.

> **D: 관객 개발**
> D1: 축제, 이벤트, 시사회 등에 참석할 수 있도록 장애인 접근성 향상, D2: 프로젝트의 대상을 취약계층으로 설정하고 이를 위한 명확한 전략을 세움, D3: 런던 중심가 외에 서주하는 관객들을 끌어들이기 위한 명확한 전략을 세움, D4: 마케팅 이벤트, 온라인 전략, 교육 콘텐츠, 앱, 게임, VR 콘텐츠 등을 포함한 전략을 구축해 D2에 언급된 관객들에게 활발히 홍보, D5: D2에 언급된 관객들을 끌어들이기 위해 전문가 및 전문 지식을 활용

BFI 다양성 표준은 예술문화 영역의 소수자 배려 정책 혹은 다양성 및 포용 정책이라고 불리는 조치에서 흥미로운 전환을 보여준다. 첫째, 다양성을 충족시키는 최저 기준을 인구비례에 맞춘다. 성별, 인종, 성소수자,[22] 장애인, 지역, 계급에 있어 과소 재현/대표(under-representation)되었다고 판단되는 이들이 적어도 인구비례만큼 가시화되어야 한다는 점을 적시한다. 예술문화의 다양성이 민주주의의 양적 대표성으로 등치된다. 창작 인력뿐 아니라 캐릭터와 서사도 인구비례에 근거해 측정된다. 여기서 주관적인 질적 평가나 비평적 담론은 개입하지 않는다. 인구비례를 최저 기준으로 둔 스크린 가시성은 영화문화의 다양성과 민주성을 확보할 하부구조 혹은 환경이 된다. 사회 구성원이 스크린에서 자신(과 유사한 경험)의 이야기 혹은 이미지를 찾을 수 없거나 접근이 힘들다는 것은 영화 문화로부터 소외되고 배제되고 있음을 의미하기에 가시성을 양적으로 재분배해 문화 민주주의를 실현하고자 한다.

---

22 성소수자의 경우는 불이익이나 낙인의 두려움 없이 자신의 정체성을 표현할 수 있을 만큼 소수자 친환경적인 노동환경을 만드는 것까지 포괄적으로 포함한다.

영화작품은 개인 창작자나 영화사의 소유지만 또한 그 공동체에서 질료를 채집한다는 의미에서 스크린에 등장하는 캐릭터와 서사는 사회의 것이기도 하다는 인식에 기반을 둔다.

더 나아가 다양한 창작자는 다양한 이야기를 만들어 낼 연관성이 높다. 2020년 극장 개봉한 한국 영화를 전수 조사한 연구에 따르면 여성 감독이 여성 주연 영화를 만든 비율은 71%이고 남성 감독이 여성 주연 영화를 만든 비율은 35%였다. 순제작비 30억 이상의 상업영화에서는 4편밖에 되지 않지만, 여성 감독이 여성 주연 영화를 만든 비율은 100%였다.[23] 2009년부터 2018년까지 10년간 극장 개봉한 한국 영화를 전수 조사한 연구에서도 여성 감독은 여성 주연 영화를 62%, 남성 감독은 여성 주연 영화를 31% 연출했다.[24] 과소재현된 사회적 소수자 캐릭터와 서사를 양적으로 늘리기 위한 가장 쉽고 확실한 방법은 당사자가 결정권을 가진 핵심 창작 인력으로 영화계에 유입되는 것이다. 인구비례를 근거로 하는 다양성 표준은 기계적인 양적 다양성 성취를 목표로 한다. 그러나 BFI는 양적 다양성은 질적 다양성, 더 나아가서는 영화예술의 창조성과 독창성을 위한 최소한의 환경 조성이라고 주장한다. 창조성은 새로운 주제와 미학을 찾는 데서 나오는데 그러기 위해선 기존에 들리지 않고 보이지 않았던 이야기와 미학을 찾는 것이 필요하다. 따라서 암묵적인 차별적 장벽 때문에 기존에 진입하지 못했던 재능을 찾아내는 것이 필요하다.

---

23 도동준 외(2021), 앞의 글, 88쪽.

24 조혜영 · 김선아 · 주유신 외, 『한국영화 성평등 정책 수립을 위한 연구』, 영화진흥위원회, 2020, 39쪽.

둘째, BFI 다양성 표준은 영화계 '모두'의 기준이다. 다양성 표준은 BFI의 공공사업에 지원하기 위한 필수 충족 요건이다. 공공사업에 선정된 지원자는 어느 항목에서 어느 정도로 다양성 표준을 충족할지에 대한 내용이 포함된 계약서를 쓴다. 즉 특정 소수 집단을 위해 일부 기금을 할당하거나 심사에서 가산점을 주는 방식이 아니다.[25] BFI는 다양성 표준을 적용하기 전에 약 30년간 여성을 비롯해 영화에서 과소재현/대표된 이들을 지원하는 별도의 기금을 마련해 왔다. 그러나 이러한 지원 방식은 소수의 뛰어난 감독이나 작가들을 간간이 발굴해 내는 성과를 가져오긴 했지만, 영화계 구성원들의 인식과 산업의 급진적인 구조변화를 끌어내지는 못했다고 평가한 것이다. BFI는 100년이 넘는 영국영화사의 창작자와 캐스팅 성비를 조사했는데, 100년 전에 여성 주연이 31%였는데 현재에도 30%라는 결과가 나왔다.[26] 양적 측면에서 보면 변화 없이 100년 넘게 성별 불균형한 구조를 유지한 것이다. 과거 BFI가 운영했던 소수자를 위한 할당 기금이나 심사에서 가산점을 주는 방식으로 선정된 프로젝트는 금액과 개수 면에서 상대적

---

25 프랑스 CNC(국립영화영상센터)는 영국 BFI와 달리 기금할당이나 가산 정책을 활용하고 있다. 도시의 열악한 구역 위주의 작가주의 영화 및 혁신적 작품을 발굴하는 다양성 기금(Fonds Images de la diversité)과 여성이 감독, 제작자, 작가 등 핵심 인력에 속하는 경우 기존 지원금에 15%의 인센티브를 추가로 지급하는 파리테 인센티브(Bonus Parité) 제도가 그것이다. 『유럽 콘텐츠 산업동향 2020년 7호』, 한국콘텐츠진흥원, 2021. 1. 5, 5쪽; 서선주, 『영화진흥사업 내 성평등지수 도입 배경과 쟁점』, KOFIC 이슈페이퍼 2022-01, 영화진흥위원회, 8쪽 참고.

26 BFI Filmography 아카이브 웹사이트(www.bfi.org.uk/bfi-national-archive/search-bfi-archive/bfi-filmography)를 참고.

으로 적을 수밖에 없다. 따라서 전체 구조를 바꿀 정도의 영향력을 미치지 못하거나 의도치 않게 적은 예산 내에서 소수자들끼리 경쟁하게 만드는 '게토'를 형성하기도 했다. 인식적 측면에서 보면 사회적 차별과 불평등을 해소하기 위한 다양성과 평등 정책을 소수자들의 문제라고 여겨 무시 혹은 무지한 상태로 방치하거나, 더 나아가 소수자만을 우대하는 '역차별'이라고 비난하기도 했다. 물론 할당 기금이나 가산점 같은 제도는 다양성 및 포용과 관련된 자원이 적게 책정되거나 인식이 낮은 영역 혹은 사회에서는 보완이나 과도기적 정책으로서 여전히 유효하다.

셋째, 다양성 표준은 능력의 평가가 아니라 보편적인 윤리적 책임에 가깝다. 양적 평가에 가까운 다양성 표준은 실질 심사 항목에 포함되지 않기에 개별 작품의 완성도 및 특출함 혹은 창작자의 뛰어난 경력 같은 '능력'과 별개다. 다양성 표준은 자원을 공평하게 분배하기 위한 최소한의 기준이다. 이러한 정책 설계는 다양성 및 포용을 신자유주의적 능력경쟁 담론에서 가능한 한 멀어지게 한다는 점에서 의미가 있다. 이와 같은 철학적 틀 속에서 '역차별' 비판의 빌미나 소수자 배려 정책의 혜택을 받은 이들에 대한 낙인도 줄어들 수 있다. 또한 A~D 중에서 일부만 충족하면 통과되는 방식으로 설계되어 있어 실제로 조건충족이 그렇게 어렵지 않다. 그런 면에서 다양성 표준은 규율이나 규제가 아니라 보편적 책임으로 인식된다.

넷째, BFI의 다양성 표준은 공공사업에만 해당한다. 시장의 직접 개입은 불가능하기 때문에 공공사업의 급진적이고 전면적인 개입을 통해 시장에 캠페인 효과를 불어 넣는 방식을 취하고 있다. 어떤 면에선 시장 개입의 불가능성이라는 한계를 인정하면서 공공사업 정책이 더 급진성을 가질 수 있는 근거를 마련했다고도 볼 수 있다.

　BFI의 다양성 표준이 주장하는 새로운 프레임은 기존의 소수자 배려 정책에 대한 비판을 어느 정도 반영한 결과라고 할 수 있다. 김정희원은 『공정 이후의 세계』에서 낸시 프레이저(Nancy Fraser)[27]를 경유해 소수자 배려 정치가 도리어 차별을 강화하는 경우가 있기에 문제적이라고 역설한다. 불평등한 구조는 혁신하지 못한 채 일시적으로 약자들에게 기회만 제공하는데 이마저도 소수의 엘리트들을 위한 것에 그치고, 다양성 채용으로 뽑힌 직원들은 입사와 동시에 모욕과 차별의 대상이 되곤 해 인정의 획득 역시 더 어려워진다는 것이다. 더 나아가 다양성이라는 명목하에 소수자들을 능력주의 경쟁에 뛰어들게 해 기존의 시스템과 담론을 더 공고하게 한다는 명확한 한계가 있다고 기술한다.[28]

　영국의 다양성 표준은 영화산업에서 시장 자본의 재분배를 위한 직접적 조치는 아니지만 프레이저와 김정희원이 비판한 인정의 재분배에서 발생하는 역효과를 보완하는 데 목적이 있다. 다양성 표준은 여전히 그 수혜는 공공사업에 한정되어 있지만 적어도 소수자들 간의 '능력주의 경쟁'이 되지 않고 '다양성 채용'이라는 낙인이 붙지 않게 모든 이들이 모든 사업에 지원하기 위한 충족 기준으로 만드는 주류화 전략을 통해 다양성은 예술의 창조성을 위

27　낸시 프레이저, 문현아 · 박건 · 이현재 역, 『불평등과 모욕을 넘어』, 그린비, 2016.

28　김정희원, 『공정 이후의 세계』, 창비, 2022, 106쪽.

한 보편적 환경이라는 개념으로 재프레임화한다.

3.2. "역량의 창조"와 다양성 표준

BFI의 다양성 표준은 영화문화와 산업에서 다양성을 확보하기 위한 최저의 환경, 즉 하부구조를 만드는 작업에 해당한다. 그 표준은 구체적이고 상세한 기준을 갖고 있는 동시에 공동체의 많은 이들이 그물에 들어갈 수 있을 만큼 포괄적이다. BFI의 접근법은 마사 누스바움(Martha Nussbaum)이 기본적 사회정의를 실천하기 위해 제안한 역량 접근법을 연상시킨다. 이 개념은 "사람은 무엇을 할 수 있고 무엇이 될 수 있는가?"라는 질문으로부터 출발하며 개개인의 역량과 선택의 자유에 초점을 맞춘다. 누스바움의 역량 접근법은 매우 포괄적이고 실용적이지만 하나의 수적인 표준이나 데이터에 맞추려는 시도에 대해서는 강하게 비판한다. 역량 접근법은 "사람을 목적으로 보면서 총체적 잘 살기나 평균적 잘 살기가 무엇인지 묻고 사람이 어떤 기회를 활용할 수 있는지 살핀다. 선택과 자유를 중요하게 생각하고, 기회와 실질적 자유를 증진하는 사회가 좋은 사회라고 주장한다. … 역량 접근법은 사람이 자신을 규정할 역량을 존중한다고 할 수 있다. 역량 접근법은 가치다원주의(pluralist about value) 입장도 확고하게 견지한다. 사람마다 핵심역량을 달성한 정도는 양적, 질적으로 다르기 때문에 역량을 단일 수치 척도로 환원해 평가하면 반드시 왜곡이 생긴다고 보기 때문이다."29

누스바움에 따르면 사회는 개인의 내적 역량을 만드는 것에는 능하지만 그에 맞게 자신의 역량을 조합해 기능할 기회를 주지 않는 것이 문제. 사회는 개인의 잠재성을 키우는 것에서 멈추지 말고 자신의 잠재성으로 원하는 삶과 일을 선택할 수 있는 자유를 제공해 주어야 한다. 이를 위해선 내적 역량이라고 할 수 있는 특화된 훈련, 두려움의 극복, 사회적 상호작용과 돌봄 외에 결합 역량이라 할 수 있는 정치, 사회, 경제적 상황까지 역량이 키워져야 한다. 누스바움은 그러한 환경을 위해서는 "생명, 신체건강, 신체보전, 감각, 상상, 사고, 감정, 실천이상, 관계, 인간 이외의 종, 놀이, 환경통제"30의 10대 핵심역량이 필요하다고 말한다.

누스바움의 역량 접근법은 단순히 기회를 제공하면 사회에서 배제되고 소외되었던 이들의 목소리가 들릴 것이라는 주장과 거리를 둔다. 그보다는 기회를 아무리 제공해도 정치경제적인 환경의 변화가 없다면 그것은 실질적인 기회 제공이라고 볼 수 없다고 강조한다. 흥미롭게도 누스바움은 10대 핵심역량 목록에서 최저수준이라는 개념을 강조한다. 누스바움의 역량 접근법은 "부분적 사회정의 이론으로서 모든 분배 문제를 해결하겠다고 주장하지 않는다. 다만 광범위한 사회적 최저수준을 구체적으로 보장하려고 노력할 뿐이다."31 이때 중요한 것은 역량의 최저수준을 보장

---

29 마사 누스바움, 한상원 역, 『역량의 창조』, 돌베개, 2015, 33쪽.

30 마사 누스바움, 위의 책, 48-50쪽.

31 마사 누스바움, 위의 책, 55쪽.

하기 위한 평등의 추구이다. 당연히 이 최저수준을 결정하는 것은 매우 복잡하고 곤란하다. 한정된 자원과 얽히고설킨 이해관계 속에서 우선순위를 정하는 문제가 되기 때문이다. 그렇다고 이상주의적으로 그 기준이 너무 높게 설정되어 그 어떤 국가나 단체도 달성하지 못하게 해놓는 일이 벌어져서는 안 된다. 그렇게 된다면 환경의 조성이 아니라 자칫 규제가 되거나 소수만 접근할 수 있는 기준이 되기 때문이다. 정책적 차원에서는 다소 실용적일 수 있는 이러한 접근법이 유효하다.

BFI는 다양성의 역량이 성장할 수 있는 최저의 수준으로 다양성 표준을 만들었다. 다양성과 포용은 문화예술을 위한 생태적 환경 그 자체다. 다양성 표준의 최대 장점은 포괄적이라는 것이다. 카메라 앞과 뒤, 기획 제작에서 수용까지, 내용부터 관람 접근성까지, 소수자 정체성부터 주제까지 다각도로 다양성을 측정하기 때문에 얼핏 다양성 표준은 도달하기 어려운 것처럼 보이지만, 오히려 이렇게 복합적이고 포괄적으로 측정하고 있기 때문에 다수가 포함될 수 있다. 이 모든 조항을 지켜야 하는 것이 아니라 여러 조항 중에서 자신의 프로젝트에 맞는 항목들만 골라서 지키면 되기 때문이다. 그런 면에서 다양성 표준은 영화 역량 평등의 최저 기준이다. 그리고 위에서 강조한 것처럼 다양성은 '뛰어남이나 완성도'를 측정하는 작품성 및 독창성과 상당한 관련이 있지만 그렇다고 작품성 평가의 항목으로 다양성을 명시하지는 않는다. BFI의 다양성 표준은 기존의 할당제나 소수자 배려정책의 프레임을 다양성 역량을 위한 보편적 환경 조성으로 재규정했다는 점에서 큰 의미가 있다.

4. 나가며: 한국의 다양성 영화정책과 수정가능성

한국의 영화정책을 제정하고 실행하는 대표적인 기관인 영화진흥위원회는 미투 운동과 영화계 내 성폭력 고발 운동 이후 성평등 정책을 일부 도입했다. 다양성 영화정책이라고 불릴 수 있는 것 중에서 성별과 관련된 정책을 가장 먼저 시작한 것이다. 2018년 영화계 내 성폭력 사건 피해자 상담과 법적 지원 그리고 예방 교육을 목적으로 한 '한국영화성평등센터 든든'이 설립되었고, 같은 해 영화진흥위원회 산하에 '한국영화성평등소위원회'가 처음으로 구성되어 한국 영화 성평등 현황을 조사하고 정책 수립을 논의했다. 그리고 이 단위들의 제안으로 심사 규정을 수정했다. 영진위의 모든 지원 사업에서 심사위원 성비를 5:5로 구성해야 한다는 규정을 삽입하고(2020년 시행) 기획개발과 독립예술영화 제작 지원에서 '성평등 지수'라는 평가 항목을 신설했다(2021년 시행). '성평등 지수'는 '작품의 독창성과 참신성, 발전가능성, 작품성' 등에 따른 최대 100점의 평가 기준 외에 성별균형에 기여하는 정도에 따라 최대 5점(프로듀서, 감독, 작가, 주연 등이 여성인 경우, 점수 부여)을 가산할 수 있는 평가 제도다. 0~5점까지 부여되는 이 점수는 심사위원들이 최대 100점에 해당하는 작품평가를 마친 이후 일괄적으로 적용되기 때문에 본 심사를 할 때는 성별 정보가 전혀 공개되지 않는다. 즉 가산점 형식을 갖고 있지만 본 심사에서는 배제되기 때문에 작품성의 판단에 크게 영향을 미치지 않는다.

이러한 정책을 시도한 배경에는 100년이 넘는 한국영화사에서 1980년대까지 한국 개봉영화에서 여성 감독은 총 5명에 불과했고 1990년대와 2000년대를 거치면서 여성 감독과 여성 주연이 증가했지만, 임순례와 변영주 같은 감독들을 제외하고는 꾸준히 극 장편 영화를 만드는 감독이 여전히 드물다는 설명이 덧붙여졌다. 2009년에서 2018년까지 극장 개봉한 한국 영화 1,433편을 전수 조사한 결과 여성 감독은 평균 11.5%, 여성 주인공은 33.9%에 불과했다. 순제작비 30억 이상의 상업영화에서 여성 감독은 4.1%에 불과하며, 평균임금이 높은 촬영은 7.4%로 직무와 관련된 성별 고정관념도 극심하다는 것이 밝혀졌다.[32] 수치로 모든 것을 설명할 수는 없지만 100년 이상 불평등이 구조화된 문화의 결과라고 할 수 있다.

해당 정책은 성평등이라는 관점을 영화정책에 처음으로 도입했다는 점에서 긍정적으로 평가할 수 있지만 보다 포괄적인 BFI 다양성 표준에 비하면 분명 한계도 있다. 전체 지원 사업 중 일부에만 적용되고 성별 균형에만 한정되며 성별도 여남이라는 이분법을 유지하고 있다.[33] 그리고 의도치 않게 가산점의 형식을 취하

---

32 조혜영 · 김선아 · 주유신 외, 앞의 글, 2쪽.

33 영화진흥위원회와 한국영화성평등센터 든든이 공동으로 연구한 보고서『한국 영화의 다양성 · 포용 지표 개발 및 정책 방안 연구』(김선아 · 조혜영 외, 2023)는 성별(gender), 인종, 연령, 지역, 계급, 장애, 성(sexuality)이라는 7개 다양성 · 포용 지표를 발표하고 2017~2021년에 개봉한 한국영화를 대상으로 '다양성 통계'를 조사했다. 해당 연구는 이에 근거해 한국영화의 다양성을 위한 정책 모델을 제안하고 있지만 2024년 현재까지 실제 정책으로 입안되지는 않고 있다.

면서 여성에게 특혜를 주는 것 아니냐는 '역차별' 논란을 야기하기도 했다. 실제로 2021년 성평등지수가 도입되고 나서 해당 정책이 남성에게 불이익을 주는 역차별이고 공정성을 해치고 있으니 제도를 철폐해달라는 청와대 국민 청원과 인권위 진정이 있었다. 청와대 청원은 청원 인원수가 부족해 기각되었으며, 인권위는 "구조적 여성 영화인 차별이 심각하기에 개선 위한 적극적 조치로 봐야"한다고 설명하며 진정을 기각했다.[34] '역차별' 주장은 현재의 구조적 성별 불평등을 애써 무시하겠다는 의지의 발산이다. 김정희원이 말한 것처럼 백래시는 선택적 무지와 결탁해 강화된다.[35] 한편 영화계 내에서는 성평등지수가 '좋은 작품'을 선별하는 데 있어 어려움을 줄 것이라는 비판도 일부 제기되고 있다. 즉 심사의 가장 높은 가치인 작품성이라는 순수성에 오염이 될 수 있다는 것이다. 이렇게 주장하는 사람들은 100점 안에 적정한 예산편성과 행정관리, 배급망 확보 같은 평가 항목이 주요 배점으로 포함되어 있으며 완성되지 않은 작품의 기획안을 보고 평가하는 사업들이 대다수라는 사실에는 이의를 제기하지 않는다. 역으로, 이러한 이의는 과연 영화에서 '작품성과 창조성이란 무엇이고 어떤 조건 속에서 획득될 수 있는가'라는 근본적 질문을 제기한다.

성평등지수는 앞으로 성평등한 환경 조성뿐 아니라 이제까지 한국영화의 스크린에서 제외되었던 다양한 소수자들의 창작활동과 재현의 역량을 키울 수 있는 정책으로 확장되어야 한다. 최근

---

34 「영진위 '여성 창작자 가산점'은 왜 차별이 아닌가」, 『여성신문』, 2022. 8. 10.
35 김정희원, 앞의 책, 89쪽.

시행된 「예술인의 지위와 권리의 보장에 관한 법률」(2022년 9월 25
일) 제2장 예술표현의 자유보장 제8조(예술지원사업의 차별 금지)에
서도 "예술인은 국가기관 등 또는 예술지원기관의 예술지원사업
에서 합리적인 이유 없이 차별을 받지 아니할 권리가 있다"[36]고 분
명히 기술하고 있다. 이런 환경에서 역차별이나 능력주의 같은 불
필요한 담론에 휘말리지 않기 위해서는 BFI와 같은 포괄적인 방
식으로 정책을 변화시킬 필요가 있다. 다양성 문화 정책에서 포괄
적인 방식이 중요한 이유는 기존의 범주나 규범에서 벗어난 예외
들이 늘 상존하고 그 예외를 존중하는 것이 다양성의 가치이기 때
문이다. 규제가 아닌 지원을 위해 담아낼 수 있는 그물이 필요하
지만, 그 그물은 예외를 인정할 수 있을 정도로 넓고 커야 한다.
또한 다양성 문화 정책은 개별 작품을 평가하기 위한 도구도 아
니고 모든 불평등을 해결해 줄 마술적 해결책도 아니다. 그보다는
역량을 현실화 해줄 최소한의 평등한 환경을 만드는 일이 되어야
한다. 그렇기에 최소한의 환경을 만들어 주는 다양성 문화 정책
외에도 질적인 차원에서 담론을 풍부하게 해줄 수 있는 다양한 관

---

36 제8조 ②에서는 다음과 같이 덧붙이고 있다. ② 국가기관 등 및 예술지원기관
   은 합리적인 이유 없이 성별, 종교, 장애, 나이, 사회적 신분, 출신 지역(출생지,
   등록기준지 또는 성년이 되기 전의 주된 거주지 등을 말한다), 출신 국가, 출신
   민족, 피부색, 용모 등 신체 조건, 기혼·미혼·별거·이혼·사별·재혼·사실혼
   등 혼인과 관련된 사항, 임신 또는 출산과 관련된 사항, 가족 형태 또는 가족
   상황, 인종, 사상 또는 정치적 의견, 형의 효력이 실효된 전과(前科), 성적(性的)
   지향, 학력, 병력(病歷) 등을 이유로 예술지원사업에서 특정 예술인 또는 예술
   단체를 우대·배제·구별하거나 불리하게 대우하는 행위(이하 "차별행위"라 한
   다)를 하여서는 아니 된다. 다만, 현존하는 차별을 없애기 위하여 특정 예술인
   또는 예술단체를 잠정적으로 우대하는 행위와 이를 내용으로 하는 법령의 제
   정·개정 및 정책의 수립·집행은 차별행위로 보지 아니한다.

점의 비평 문화 조성과 관객 운동에 대한 지원도 함께 가야 한다.

마지막으로 강조하고 싶은 것은 다양성 정책설립과 실천에 있어서도 한계와 실패를 수정·보완하고 회복할 수 있는 돌봄이 필요하다는 것이다. 정책의 돌봄은 무엇보다 정책을 제정하고 시행하는 것을 넘어서 목적에 맞게 잘 실천되고 있는지, 결과는 적절한지, 무엇이 더 필요하고 불필요한지, 실행 및 운영 과정에서 배제·소외되는 집단은 없는지를 모니터링하고 기록해야 한다. 그리고 그 정책에 보완이나 개정, 그리고 또 다른 협동 정책이 필요하다면 유연하게 수정하고 추가할 수 있어야 한다. 정책을 시행하는 이들과 관련 사업 지원자들에게 혼란을 주지 않는 선에서 한계가 있다면 왜 그러한 한계가 발생하는지 분석하고 설명하고 수정할 수 있는 기회와 여유를 제공해야 한다.[37][38] 예를 들어, 영진위의 '성평등 지수'의 경우 위에서 언급한 한계는 한국 사회 전반의 한계를 공유한다. 한국에서는 성소수자가 자신의 정체성을 커밍아웃하기가 극히 어려운 차별적 환경에 있기 때문에, 성소수자 인구

---

[37] 김정희원은 공정한 실천을 위한 절차정의의 6대 원칙을 다음과 같이 정리한다. 대표성(representativeness), 일관성(consistency), 편견억제성(bias suppression), 정확성(accuracy), 수정가능성(correctablity), 윤리성(ethicality). 김정희원, 앞의 책, 193쪽.

[38] BFI는 기금 선정자가 다양성 표준을 지킬 수 있도록 지원·자문하는 담당자가 있으며, 정책을 재설계하고 자문하는 기관 내에 소수자 집단 출신의 당사자 전문가를 상근직원으로 고용하고 있다. 또한 2020년부터 2년마다 다양성 표준 정책에 대해 지원자들과 산업전문가들의 의견을 묻는 리뷰 보고서를 발간하고 있다. 여기에는 기준의 업데이트 필요성, 지원소개의 선명성, 담당자 지정의 필요성, 실천을 잘해내기 위한 마스터클래스 접근의 가치, 모범적 사례 제시 등에 대한 질문이 포함되어 있다. *Review of BFI Diversity Standards: A Summary of Industry Perspectives & Recommendation*, BFI, 2022, p.3.

비율을 조사할 수도 없다. 차별적 상황은 정책을 실행할 때 투명
성과 신뢰성이 떨어지게 만든다. 하지만 한국 사회가 계속 변화하
고 있기 때문에, 그 변화를 주시하면서 기초 연구조사를 하고 정
책을 보완하고 유연하게 수정해 나가야 한다. 어떤 정책의 한계나
일부 실패가 발견되었을 때 그것을 완전히 폐기하기보다는 수행
적으로 돌보고 살펴서 포용하는 관점이 필요하다. 그러한 과정에
서 우리 사회의 문제와 갈등을 더 또렷이 살펴보고 논의할 수 있
을 것이다.

"레디 노동자 투"
: 중국의 플랫폼 기반 게임 노동에서 나타나는 젠더화된 노동 체제[1]

자 오 멩 양 (Zhao Mengyang)

"누가 그런 일에 남자를 고용하겠어요?" 새롭게 떠오르고 있는 비디오 게임 클라우드워크인 게임 컴패니언으로서 일해본 경험을 묻자, 게임 노동자 라이언(Ryan)은 이처럼 즉답했다. 이러한 게임 컴패니언 서비스를 통해 긱 워커[2]들은 고객들과 함께 온라인 팀플레이 게임을 하며 돈을 번다. 여성 게이머들이 세계적인 비디오 게임 지형, 그중에서도 특히 온라인 경쟁 게임이 주류를 이루는 중국에서 눈에 띄게 큰 세력으로 성장하고 있음에도 불구하고, 지

---

1   이 글은 Sage Journals의 오픈 엑세스 정책에 의해 출간된 Mengyang Zhao, "Ready Worker Two: Gendered Labor Regime of Platform-Based Game Work in China", *New Media & Society*, 2024, DOI: 10.1177/14614448231222944를 저자의 동의하에 Creative Commons License에 의거해 번역 및 재수록한 것이다.

2   역자 주: 긱 워크는 개인이 일, 과제, 프로젝트 등에 단기적으로 또는 일회성으로 고용되는 노동 형태를 말한다. 최근에는 디지털 플랫폼을 기반으로 하는 승차 공유 서비스, 배달, 프리랜서 디자인, 가사 도우미, 전문가 컨설팅 등 여러 분야에서 긱 워크가 확산되고 있다.

난 10년간 불안정 노동의 새로운 젠더 체제는 더욱 고착화되어 나타난다. 이러한 고착화는 국제 플랫폼 노동의 젠더 격차를 심화시킬 뿐만 아니라, 비디오 게임을 통해 정상성 밖의 다양성과 경계를 탐구할 수 있는 퀴어한 가능성을 가로막는다.

이 연구는 중국의 플랫폼 게임 노동에 대한 수년간의 민족지학적 연구를 바탕으로 한다.[3] 이러한 플랫폼 게임 노동에는 게임 라이브 스트리밍, 대리 게이밍(paid boosting), 게임 컴패니언(game companionship) 등 고객의 요구에 맞춰 즐거움을 제공하거나 게임 플레이를 돕는 다양한 온라인 게임 서비스 업종이 포함된다. 지난 10년 동안 이러한 플랫폼 매개 게임 서비스업은 700만 명 이상의 중국 노동자들을 동원시켰으며, 이 중 상당수는 노동 시장에서 차별적인 채용을 겪는 소외 계층 여성들이다. 플랫폼 게임 노동은 오늘날 중국 비디오 게임 산업의 중요한 특징이자 전 세계 시장에서도 꾸준히 성장하는 영역이 되었으며, 더 이상 게임 세계의 틈새 시장만이 아니게 되었다.

급성장하고 있는 게임 노동 분야에서 현재 목격되는 상업화 현상은 게임 연구, 페미니즘 연구, 플랫폼 경제 연구에서 충분히 다뤄지지 않았던 다양한 경험적 난제와 모순을 전면에 드러낸다. 특히 최근에는 경쟁적인 게임에서 여성 게이머의 존재감이 증가하고, 플랫폼 게임 직종에서 젠더 분업이 심화되어 여성의 플랫폼 게임 노동이 고착화되는 현상이 동시에 나타나고 있다. 이에 따라

---

3   Mengyang Zhao, "Fragmented Control of Platform Game Work in China", *The Economic and Labour Relations Review*, Vol.34, No.2, 2023, pp.328-342.

이 글은 여성 플랫폼 노동자들이 플랫폼 게임 노동의 서비스 공급 망에서 문화적, 사회적, 알고리즘적으로 불리한 위치에 놓이게 된 과정을 추적한다. 결론부터 말하자면, 게임 산업에서 여성들은 더욱 비공식적이고 비가시적이며 취약한 위치에 놓이게 되었다.

이 연구는 플랫폼 노동력 내 교차성에 대한 기존 연구에 더해,[4] 특히 원격 노동자에 초점을 맞추어 기여하고자 한다. 플랫폼 경제에 대한 연구는 종종 플랫폼 노동자들에게 정규직과 동등한 법적 보호를 확보해야 한다는 주장으로 기울어지곤 한다.[5] 그러나 이 연구는 이러한 주장이 가정하는 획일적인 합법성에 우려를 표하며, 그러한 주장이 주류 플랫폼에서 배제되고 대중의 인식 속에서 진지한 노동자로 인식되지 않는 많은 긱 워커들을 소외시킬 수 있다고 지적한다.

1. 게임 개발과 전통적인 플랫폼 클라우드워크를 넘어선 젠더화된 노동

게임 산업에서 젠더는 외면할 수 없는 문제이다. '게이머게이트'부터 '액티비전 블리자드' 스캔들에 이르는 일련의 사례에서 알

---

4 Angèle Christin & Yingdan Lu, "The Influencer Pay Gap: Platform Labor Meets Racial Capitalism" *New Media & Society*, Epub ahead of print, 29 April 2023, DOI: 10.1177/14614448231164995.

5 Abi Adams, Judith Freedman & Jeremias Prassl, "Rethinking Legal Taxonomies for the Gig Economy", *Oxford Review of Economic Policy*, Vol.34, No.3, 2018, pp.475-494.

수 있듯,[6] 희귀 자재 추출부터[7] 게임 개발 및 상품화에 이르기까지 게임 산업의 모든 과정에 성차별과 이성애적 규범이 내재되어 있기 때문이다. 이러한 젠더 역학은 게임 커뮤니티의 구조에서도 나타난다. 전 세계적으로 여성 게이머의 수가 폭발적으로 증가하고 있음에도 불구하고, 여성 게이머들은 전형적인 하드코어 '게이머'로 스스로를 정체화하지 않는 경우가 많고,[8] 게임을 하더라도 비교적 짧은 시간을 쪼개서 하는 경우가 많으며,[9] 덜 경쟁적이고 여성적 특성에 더 부합하는 장르를 스스로 선택하는 경향이 있다.[10]

여성 게이머와 개발자에 대한 많은 연구가 있었지만, 게임 기술과 게임 내 관계의 적극적 상품화 및 플랫폼화가 진행되는 교차

---

6   Torill Elvira Mortensen, "Anger, Fear, and Games: The Long Event of #GamerGate", *Games and Culture*, Vol.13, No.8, 2018, pp.787-806.

7   역자 주: 이러한 희귀 자재의 예로는 콜탄(콜롬바이트-탄탈라이트로 구성된 희귀 광물)이 있다. 이 광물에서 추출되는 주요 원소는 탄탈럼(Tantalum)과 니오븀(Niobium)인데, 이 중 탄탈럼은 특히 전자 산업에서 중요한 역할을 한다. 탄탈럼은 휴대전화, 노트북, 비디오 게임 콘솔 등 다양한 전자 제품의 소형화 및 고성능화에 필수적인 요소로 사용되며, 특히 커패시터 제작에 중요하다. 이 커패시터는 전자 기기에서 에너지를 저장하고 효율적으로 전달하는 데 사용되므로, 게임 콘솔과 같은 장치의 성능과 신뢰성을 높이는 데 기여한다.

8   Shira Chess, *Ready Player Two: Women Gamers and Designed Identity*, 1st ed., University of Minnesota Press, 2017; Jeffrey A. Stone, "Self-Identification as a 'Gamer' Among College Students: Influencing Factors and Perceived Characteristics", *New Media & Society*, Vol.21, No.11-12, 2019, pp.2607-2627.

9   Cuihua Shen et al., "Do Men Advance Faster Than women? Debunking the Gender Performance Gap in Two Massively Multiplayer Online Games", *Journal of Computer-Mediated Communication* Vol.21, No.4, 2016, pp.312-329.

10   Kelsey Cummings, "Gendered Choices: Examining the Mechanics of Mobile and Online Girl Games", *Television & New Media*, Vol.19, No.1, 2018, pp.24-41.

점에 대한 논의는 분명히 간과되어 왔다. 무보수로 이루어지는 '놀이노동(playbor)'에 대한 논의는 게임 소비자와 제작자 사이의 경계를 흐려 놓았지만,[11] 여전히 창조적인 게임 플레이에 참여하는 노동자들의 노동 조건에 관한 체계적이면서도 교차성을 고려하는 조사는 부족한 실정이다. 예를 들어, 게임 모딩(game modification)에 참여하는 놀이노동자들은 자신을 취미인으로 규정하며, 일에 대한 사랑과 애정을 기반으로 기꺼이 노동력을 제공한다. 최근에야 비로소 그들 중 전문 지식을 경제적 이익으로 전환하는 사람들이 등장하기 시작했던 것이다.[12] 반면, 게임 서비스 노동자의 대다수는 자신의 노동자 정체성을 뚜렷하게 인식한다. 그들 중 많은 이에게 게임 수입은 단순한 부가 수입을 넘어 경제생활의 중심이 되고 있다.

비디오 게임 서비스 노동에 대한 이론적, 실증적 탐구가 제한적인 것은 게임 라이브 스트리밍 내 젠더와 성적 지향에 대한 연구와 대조적이다. 이러한 연구에서 학자들은 스트리머들의 젠더화된 퍼포먼스, 젠더에 기반한 괴롭힘, 그리고 카메라 뒤에서 이뤄지는 노동에 대해 조명해 왔다.[13] 스트리밍 방송 노동의 확산은 게임

11 Nick Dyer-Witheford & Greig De Peuter, *Games of Empire: Global Capitalism and Video Games*, University of Minnesota Press, 2009; Lin Zhang & Anthony Y. Fung, "Working as Playing? Consumer Labor, Guild and the Secondary Industry of Online Gaming in China", *New Media & Society*, Vol.16, No.1, 2014, pp.38-54.

12 Finja Walsdorff, "Video Game Modding and Money: From Precarious Playbor to Reimbursed Labor of Love", *Spiel|Formen*, Vol.2, 2022, pp.163-188.

13 Bonnie Ruberg, "Obscene, Pornographic, or Otherwise Objectionable: Biased Definitions of Sexual Content in Video Game Live Streaming", *New Media & Society*, Vol.23, No.6, 2021, pp.1681-1699; Bonnie Ruberg & Johanna Brewer,

엔터테인먼트에 여성화된 감정 노동과 의사소통 노동이 다양한 방식으로 깊이 내재되어 있음을 보여준다.

이 연구는 세 가지 새로운 접근 방식을 통해 이러한 논의를 더욱 깊게 탐구하고자 한다. 첫째, 현재 세계에서 가장 선진적이고 유연한 중국 비디오 게임 시장을 심층적으로 조사하여 플랫폼 게임 노동의 범주를 더욱 풍부하게 하는 데 기여한다. 캐릭터 레벨업, 맵 잠금 해제, 무기 거래, 계정 대여 등 다양한 게임 서비스 노동과 그와 연계된 다양한 층위의 여성성과 남성성을 살펴보는 것은 젠더 노동 분업의 강화 또는 해체를 분석할 수 있는 풍부한 근거를 제공할 것이다. 둘째, 특정 게임 부문의 젠더 소수자를 분석하는 대신, 이 연구는 다양한 게임 분야에서 여성의 게임 노동 생산과 가치 평가를 면밀히 살펴보며 기존 연구보다 더 넓은 시각을 요청한다. 가장 중요한 것은, 이 연구가 특정 게임플레이 노동의 여성화가 노동 시장의 뚜렷한 불이익으로 이어지는 복합적인 메커니즘을 드러낸다는 점이다. 이 연구는 게임 연구에서 일반적으로 고려되지 않는 사회적 요인과 여성 노동자 소외 현상을 효과적으로 연결한다.

"Digital Intimacy in Real Time: Live Streaming Gender and Sexuality", *Television & New Media*, Vol.23, No.5, 2022, pp.443-450; Bonnie Ruberg, Amanda L.L. Cullen & Kathryn Brewster, "Nothing But a 'Titty Streamer': Legitimacy, Labor, and the Debate over Women's Breasts in Video Game Live Streaming", *Critical Studies in Media Communication*, Vol.36, No.5, 2019, pp.466-481; Christine H. Tran, "'Never Battle Alone': Egirls and the Gender(ed) War on Video Game Live Streaming as 'Real' Work", *Television & New Media*, Vol.23, No.5, 2022, pp.509-520.

한편, 플랫폼 게임 노동의 젠더화된 노동 체제를 밝히는 것은 새롭게 떠오르고 있는 원격 플랫폼 노동 또는 클라우드워크에 대한 비판적 연구에 기여한다.[14] 전 세계적으로 약 7천만 명의 노동자가 원격 플랫폼 노동을 제공하는 노동 플랫폼에 가입한 것으로 추정된다.[15] 여러 국가를 대상으로 한 연구에 따르면, 원격으로 일하는 긱 워커들은 특정 위치에 묶여 현장에서 일하는 긱 워커들과 비교했을 때 고객과의 관계에서 구조적으로 더 약한 위치에 있으며, 이로 인해 과로, 수면 부족 및 피로를 더 많이 경험하는 경향이 있다.[16] 인공지능에 대한 높은 수요는 "자동화의 마지막 마일"[17]이라는 역설 아래 미래에 더 많은 유형의 원격 긱 노동을 만들어낼 것으로 보인다.[18]

글로벌 클라우드워크 역시 젠더화된 영역이다. 차량 호출 서

---

14 Mark Graham & Fabian Ferrari, *Digital Work in the Planetary Market*, MIT Press, 2022.

15 Alex J. Wood et al., "Good Gig, Bad Gig: Autonomy and Algorithmic control in the Global Gig Economy", *Work, Employment and Society*, Vol.33, No.1, 2019, pp.56-75.

16 ibid.

17 역자 주: "The last mile of automation"은 자동화 기술에서 자주 언급되는 개념으로, 자동화 과정이 거의 완성 단계에 이르렀음에도 불구하고, 완전한 자동화를 달성하기 위해 남은 마지막 구간을 의미한다. 이 '마지막 마일'은 종종 가장 도전적이고 복잡한 부분으로 간주되며, 여기서는 인간의 개입이 여전히 필요한 작업들을 지칭한다.

18 Julian Posada, "Embedded Reproduction in Platform Data Work", *Information, Communication & Society*, Vol.25, No.6, 2022, pp.816-834; Benjamin Shestakofsky, "Working Algorithms: Software Automation and the Future of Work", *Work and Occupations*, Vol.44, No.4, 2017, pp.376-423.

비스나 음식 배달과 같은 현장 기반 플랫폼 노동에 비해 플랫폼 클라우드워크는 진입 장벽이 낮고, 여성들이 가정에서 책임지는 돌봄 노동과 병행하기 쉽기 때문에 더 많은 여성 노동자들을 끌어들인다.[19] 예를 들어, 온라인 과외는 도시 중심에서 다소 거리가 있는 교외에 살면서 안전한 직업을 찾는 여성들에게 큰 인기를 끌고 있다.[20] 최근의 원격 플랫폼 작업에 관한 연구는 종종 디지털 프리랜싱(digital freelancing)[21] 또는 MTurk[22]에서 수행되는 미세노동 (microwork)[23]의 관점으로 이를 바라본다. 플랫폼 게임은 유연한 기업가적 요소와 수요에 따른 건당 지불 방식이 결합된 두 극단의 중간쯤에 위치한다. 따라서 플랫폼 게임을 논의에 포함시키는 것은 플랫폼 클라우드워크의 다양한 형태가 플랫폼 경제의 젠더 정

---

19 Mary L. Gray & Siddharth Suri, *Ghost Work: How to Stop Silicon Valley from Building a New Global Underclass*, Houghton Mifflin Harcourt, 2019; Tamara Kneese, Michael Palm, & Jennifer Ayres, "Selling in Place: The Home as Virtual Storefront", *Media, Culture & Society*, Vol.44, No.2, 2022, pp.362-369.

20 Le Lin, "Control and Consent in the Connected Age: The Work of Contractors on Transnational Online Education Platforms", *Socio-Economic Review*, Vol.19, No.4, 2021, pp.1291-1313.

21 Pelin Demirel, Ekaterina Nemkova & Rebecca Taylor, "Reproducing Global Inequalities in the Online Labour Market: Valuing Capital in the Design Field", *Work, Employment and Society*, Vol.35, No.5, 2021, pp.914-930.

22 역자 주: "MTurk"은 Amazon Mechanical Turk의 줄임말로, 개인이 작은 작업을 수행하고 그 대가를 받는 글로벌 기업 아마존의 소유인 온라인 플랫폼이다. 이런 종류의 작업을 미세노동이라고 하며, 일반적으로 단순하고 반복적이며 짧은 시간에 완료할 수 있는 작업들로 구성된다. 예를 들어 데이터 입력, 간단한 이미지 분류, 설문 조사 참여 등이 이에 해당된다.

23 Lilly Irani, "The Cultural Work of Microwork", *New Media & Society*, Vol.17, No.5, 2015, pp.720-739.

치에 어떻게 영향을 미치는지 이해하는 데 도움이 될 것이다.

2. 데이터와 방법론

이 연구는 전 세계 중국어권 지역에서[24] 플랫폼 기반 게임 작업의 사회적 영향을 분석하는 대규모 프로젝트를 기반으로 한다. 2019년부터 2022년 사이에 수행된 종단적 인터뷰, 참여 관찰, 아카이브 연구를 통합적으로 활용하였다. 또한 이 프로젝트는 대학의 기관심사위원회(Institutional Review Board, IRB)로부터 면제를 받았다.[25]

코로나19(COVID-19)로 인한 이동 및 경제적 제약에도 불구하고, 나는 중국의 여러 지역과 가상 공간 양쪽에서 문화인류학자

---

24 역자 주: Sinophone을 편의상 중국어권이라고 번역하였으나, 이는 사실 정확한 번역은 아니다. 이 용어는 단순히 중국어를 사용하는 사람들을 의미하는 것을 넘어, 중국어가 문화적, 사회적, 정치적으로 중요한 역할을 하는 지역이나 커뮤니티를 포괄적으로 나타내는 개념으로, 중국 본토뿐만 아니라 대만, 홍콩, 싱가포르, 말레이시아, 그리고 중국어 사용자가 상당수 있는 다른 지역, 특히 해외 중국인 디아스포라 커뮤니티도 포괄할 수 있다. 다만 대만과 홍콩 같은 지역에서는 중국 본토와의 정치적, 문화적 차이를 강조하려는 경향이 있기 때문에, 이런 지역에서 "중국어권"이라는 용어는 그들의 독립적인 정체성을 인정하지 않는 것으로 해석되어 정치적으로 민감하게 받아들여질 수 있다.

25 역자 주: IRB에서 "certified as exempt"로 인정받는 것은, 해당 연구 프로젝트가 IRB의 엄격한 검토를 요하지 않는 범주에 속한다는 의미이다. 일반적으로 이런 면제는 연구가 참여자에게 최소한의 위험만을 수반하고, 연구의 본질이 일상적인 교육 관행, 공개적으로 접근 가능한 데이터 수집, 일부 설문조사 및 인터뷰 등을 포함할 때 주어진다.

들이 "패치워크 민족지학"[26]이라고 부르는 연구를 성공적으로 수행할 수 있었다. 필드워크는 2019년 여름 그리고 2020년 말부터 2022년 초까지 7개 도시에 걸쳐 이루어졌다. 나는 긱 워커들이 밀집해서 살고 있는 상하이의 노동 계급 지역에 거주하면서 그 장소를 다른 지역으로 이동하기 위한 거점으로 활용했다. 이 연구에서 또 다른 중요한 필드워크 장소는 이주 노동자 커뮤니티로 알려진 군 단위 도시 쿤산(Kunshan)의 대형 사이버 카페다. 종합하면, 게임 서비스 업계의 다양한 위치에서 일하고 있는 총 92명의 응답자를 대상으로 심층 인터뷰를 진행하였다. 인터뷰 대상자에는 게임 서비스 노동자 53명, 베테랑 게이머 13명, 게임 개발자 및 마케터 11명, 게임 플랫폼과 스튜디오 및 길드 직원 8명, 게임 저널리스트 3명, 사이버 카페 운영자 2명, 그리고 정책 입안자 2명 등이 포함되었다. 단순히 연구 참여에 대한 동의를 받는 것을 넘어서, 나는 인터뷰 과정에서 발생하는 경제적 손실을 상쇄하기 위해 모든 게임 서비스 종사자들에게 정규 시급을 보장해주었다.

나의 분석은 또한 수십 개의 디지털 게이밍 플랫폼, 비디오 게임, 그리고 수백 개의 게임 관련 채팅 그룹에 대한 가상 민족지학에 기반을 두고 있다. 나는 중국산 안드로이드 휴대폰을 구입하여 약 100개의 현지 게임 앱을 다운로드했으며, 그중 상당수는 애플 스토어에서 찾을 수 없는 것들이었다. 이를 통해 연구의 다양성과 포괄성을 넓히고자 했다. 나는 3년 동안 이러한 디지털 환경에 베

---

26   Annamaria Fratini, Susan R Hemer & Anna Chur-Hansen, "Peeking Behind the Curtains: Exploring Death and the Body through Patchwork Ethnography", *Anthropology in Action*, Vol.29, No.3, 2022, pp.1-13.

테랑 게이머, 브이로거, 게임 서비스를 찾는 고객으로서 몰입하며 끊임없이 진화하는 플랫폼 아키텍처와 규제 환경을 면밀히 관찰했다.

이 연구는 게임 연구에서 점점 더 많이 사용되는 근거 이론 접근법을 채택하여 이론적 틀을 개발하고 새로운 단계의 경험적 조사를 수행한다.[27] 코딩 과정은 MAXQDA 소프트웨어를 사용하여 진행되었으며, 모든 데이터에서 젠더가 특히 두드러진 요소로 나타났다. 따라서 이어질 분석은 현장 조사 중 수집한 인터뷰 기록, 현장 노트, 사진, 스크린샷 등을 광범위하게 모아 결합한 내용을 바탕으로 한다.

3. 분야 간 분업: '컴패니언 여성'과 '대리 게이머 남성'

중국 플랫폼 게임 노동의 젠더화된 노동 체제는 다양한 게임 카테고리에서의 젠더 분업을 통해 명백하게 드러난다. 이 연구에서 분석한 세 가지 게이밍 서비스 중 라이브 스트리밍은 젠더에 있어 가장 평등한 참여를 보이는 반면, 대리 게이밍과 게임 컴패니언 서비스에서는 현저한 젠더 불균형이 드러난다. 이러한 불균형은 각 작업에 수반되는 감정적 요구 때문에 발생한다. 대리 게이밍

---

27 Amanda C. Cote, "I Can Defend Myself: Women's Strategies for Coping with Harassment while Gaming Online", *Games and Culture*, Vol.12, No.2, 2017, pp.136-155.

은 노동자가 고객을 대신해 게임 계정의 평가 점수나 등급을 향상시키는 것으로, 최소한의 감정적 상호작용만을 요구한다. 반면, 게임 컴패니언은 고객과 함께 게임을 플레이하는 것이 수반되며, 상당한 정도의 게임 외적인 헌신을 요구한다. 게임 라이브 스트리밍은 이 두 서비스 사이의 중간 지점을 차지한다. 게임 외적인 상호작용이 필요한 작업일수록 여성의 참여는 뚜렷하게 증가하고, 남성의 참여는 감소하는 경향을 보이는 것이다.

중국 게임 산업을 조금이라도 관찰해본 사람이라면, 다양한 소셜 미디어에서 젠더와 섹슈얼리티에 대한 수많은 논의를 접할 수 있을 것이다. 중국 최대 Q&A 웹사이트인 지후(Zhihu)의 한 게시물은 플랫폼 게임 노동에서의 젠더 구분 논리가 얼마나 지배적인지를 보여준다. 한 사용자가 여성이 대리 게임과 게임 컴패니언 중 어느 쪽에서 일하는 것이 더 수익성이 좋은지 물었을 때, 13개의 답변 중 9개는 "채팅만 할 수 있다면" '저숙련' 게임 컴패니언이 수익성이 높다고 조언했다. 답변 중 한 명은 "여성 컴패니언과 남성 대리 게이머는 말 한마디 없이 돈을 벌고, 여성 대리 게이머와 남성 컴패니언은 하루 만에 파산한다"는 중국식 속담 형식을 인용하여 젠더에 따른 노동 분업을 요약하기도 했다.[28]

내가 만난 53명의 플랫폼 게임 종사자 중, 여성 대리 게이머로 일하는 사람은 메이(May)와 샤오츠(Xiaoci) 두 명뿐이었으며, 두 사람 모두 동료의 도움 없이 독립적으로 일하고 있었다. 더욱 충격적인 일화는 남성 노동자들과 진행한 두 차례의 온라인 인터뷰에

---

28 필드노트, 2021년 3월.

서 발생했다. 내가 이야기를 시작하자마자, 그들은 모두 내 말을 끊고 내가 게임 컴패니언으로 일할 계획이 있는지 물었다. 마치 여성적인 목소리를 가진 사람이라면 당연히 그런 일을 할 것이라는 전제처럼 말이다.

내가 만난 여성 노동자들 중, 특히 게임 서비스 분야에서 정규직으로 일하는 여성들은 대부분 '고인물' 게이머(long-time gamer)로 간주될 수 있었다. 이들 중 단 한 명만이 수입을 목적으로 게임을 시작했다고 대답했으며, 나머지는 모두 늦어도 청소년기에 비디오 게임을 접했다. 그러나 게임 실력이 뛰어난 여성들도 사회적 압박을 받아 게임 생방송과 게임 컴패니언 서비스에 참여하는 경향이 있었다. 더욱이, 이들은 업무 과정에서 남성 고객들로부터 게임 외적인 오락 퍼포먼스, 정서적 지지, 심지어 성적 서비스까지 제공할 것을 종용받았다. 젠더 규범을 따르지 않을 경우, 그들은 관심을 받지 못하는 불이익을 겪는다. 한 응답자인 JS는 팬데믹 초기에 미디어 분야에서 일자리를 잃은 후 한동안 게임 생방송을 시도했지만, 수입이 만족스럽지 않았다고 말했다.

작년에 게임 생방송을 시도하면서 얼굴을 보여주지 않고 마이크만 사용했는데, 아마도 제가 마케팅 방법을 잘 몰라서 그런지 관심과 온라인 트래픽이 매우 제한적이었습니다. 남자인 친구들은 저에게 조금 더 예쁘게 차려입고 화장을 하고, 더 부드럽고 여성스러운 목소리로 말하면 더 많은 남자들이 즐겁게 시청할 것이라고 조언했어요. 저는 다른 〈왕자영요(王者荣耀, Honor of Kings)〉(TiMi, 2015) 게임 스트리머들도 관찰했습니다. 남자 스트리머들이 많은 선물을 받으면, 보통 시청자들에게 감사하며 "게임 레벨을 올릴 수 있도록 코치해주겠다"고 말하지만, 같은 상황에서 여성 스트리머들은 주로 "내 개인 위챗(WeChat) 계정을 추가할 수 있게 해줄게"라고 말하고, 그에 따라 일부 게이머들은 그녀들에게 사적인 사진을 보내달라고 요청하기도 합니다.[29]

사케(Sake)는 초등학교 때부터 경쟁 멀티플레이어 게임과 1인칭 슈팅 게임을 즐겨 해왔다. 그녀는 복잡한 인게임 과업을 처리할 수 있을 만큼 실력이 뛰어난데도 불구하고, 남자 고객들은 그녀를 서비스직 종사자처럼, 때로는 '심리 치료사'처럼 대한다. 게임 컴패니언으로 벌 수 있는 것보다 상담 카운셀링의 비용이 훨씬 높기 때문에, 사케는 자신이 이러한 고객들에게 착취당하는 것처럼 느껴진다고 말한다.[30]

여성 게임 컴패니언의 강도 높은 감정 노동은 그들이 다양한 배경을 가진 남성들과의 상호작용 의례를 구축하는 방법을 배워야 한다는 사실에서도 드러난다. 이 현상은 다른 소통이 중요한 상호작용적 서비스 산업에 대한 연구에서도 반복적으로 관찰되어 왔다. 급여가 미지급되는 상황에서 발생하는 손실을 메우기 어렵기 때문에, 다양한 고객 유형을 식별하고 비양심적인 고객을 걸러내는 능력은 수입과 직접적으로 연결된다. 내가 만난 인터뷰 대상자들은 돈이 많은 척하면서도 돈을 지불하기를 거부하는 남성 고

---

29 인터뷰, 2021년 10월.

30 인터뷰, 2020년 5월.

객에 대해 불만을 털어놓곤 했다. 그들의 의견에 따르면, 자신의 부를 자랑하고 남성다움을 과시하는 고객일수록 실제 생활에서는 경제적인 부담을 지니고 있으며, 결국에는 결제를 거부할 가능성이 높다고 한다.

저는 제 앞에서 부자인 척하는 남성 고객들 때문에 정말 짜증이 나요. 한 번은 수백만 달러의 사업을 한다면서 의뢰가 끝날 무렵에 다음 번에 할인을 해줄 수 있는지 물어보는 고객이 있었습니다. 이런 사람들은 "너도 나와 게임을 즐기고 있잖아? 우리는 서로 너무 잘 아는 사이인데 왜 그렇게 돈을 따져야 하나?"라고 말합니다. 제가 서비스를 제공하는 입장이기 때문에, 불만을 표현할 수도 없어서 항상 즐거운 척해야만 했습니다.[31]

샤오츠는 연구 참여자들 중 단둘뿐인 여성 대리 게이머 중 한 명이자 게임 컴패니언으로도 활동하고 있다. 그녀는 반복되는 비용 지불 거부로 인해 남성 고객을 받지 않으려고까지 했다고 말한다.

제 고객 대부분은 여성인데, 주로 남성이 의뢰가 끝나고 나서 지불을 회피하고 '먹튀(run)' 하기를 좋아하기 때문이에요. 급여를 지불하지 않는 사람들을 많이 만났고, 그래서 제가 결제를 요청하면 저를 블랙리스트에 올렸어요. 이런 상황에서 제 스스로의 권리를 보

---

31 인터뷰, 2020년 8월.

호할 수 있는 채널이 없고, 기껏해야 제가 할 수 있는 건 다른 사람들에게 경고하는 정도에요. 예를 들어 샤오홍슈(Xiaohongshu)를 통해 제게 의뢰한 고객이 비용을 지불하지 않을 경우, 저는 다른 사람들에게 주의를 주기 위해 플랫폼에 해당 고객의 정보를 게시해요.[32]

또 한 명의 여성 대리 게이머인 메이는 일상 업무에서 노골적인 성차별을 자주 경험하지는 않았지만, 많은 사람들이 그녀가 대리 게이밍을 하는 것을 이해하지 못하고 그만두라는 반응을 보였다. 고객과의 직접적인 상호작용을 줄이기 위해 메이는 맞춤형 계정 서비스를 제공하기보다는 자신이 직접 레벨을 올린 고레벨 계정을 판매하는 것을 선호하는데, 이는 일반적인 대리 게이밍보다 수익이 적을 수밖에 없다.[33]

4. 분야 내 분업: 남성화된 컴패니언과 여성화된 대리 게이머

4.1. 오락(entertainment) 컴패니언에서 기술(technical) 컴패니언으로

여성이 남성과 같은 게임 서비스 분야에 진입하더라도, 결국

---

32 인터뷰, 2022년 4월.

33 인터뷰, 2021년 10월.

여성의 일로 여겨지는 특정 유형의 노동에 배치된다. 지난 5년 동안 오락(entertainment) 컴패니언과 기술(technical) 컴패니언 서비스 사이의 분화, 또는 컴패니언 서비스와 코칭의 분화는 여성의 게임 노동이 끊임없이 생산되는 것을 반영한다. 오락 컴패니언과 기술 컴패니언은 모두 컴패니언 서비스에 속하지만, 둘 사이의 우선순위는 크게 다르다. 오락 컴패니언의 주된 임무는 게임 플레이 동안 분위기를 북돋우는 것이고, 기술 컴패니언의 임무는 고객이 파티 플레이를 통해 게임 내에서 더 높은 랭킹을 달성하도록 돕는 것이다. 이는 일반적으로 높은 수준의 게임 실력을 필요로 한다.

오락 컴패니언과 기술 컴패니언 사이의 이분법은 더 성숙하고 안정된 시장인 게임 생방송 영역에서부터 이어져 온 것이다. 오락 스트리머들은 게임을 플레이하면서 채팅하고 수다를 떠는 반면, 더 전문적인 특성을 가진 실력파 스트리머들은 게임 플레이와 동시에 기술적인 설명과 해설을 제공한다. 전자는 주로 여성이고, 후자는 남성이지만, 이러한 구분은 계속해서 도전받고 있다. 예를 들어, 나는 여성 기술 스트리머를 만난 적도 있으며, 유명 게임 스튜디오의 사용자 경험 연구원으로부터 남성 오락 스트리머의 성공 사례를 소개받은 적도 있다. 중국 뉴스를 검색해 보면, 실력 있는 여성 스트리머들이 증가하면서 성별 고정관념을 깨는 데 기여한 것에 대한 많은 칭찬과 긍정적인 보도를 찾아볼 수 있다.

그러나 오락과 기술의 구분이 스트리밍에서 게임 컴패니언 서비스로 옮겨오면서 젠더에 따른 이분법적 전제가 크게 강화되었다. 대부분의 게이머는 오락 컴패니언을 순전히 여성의 노동으로 간주하며, 이 때문인지 나는 오락 컴패니언이라고 주장하는 남성 노동자를 단 한 명도 만나보지 못했다. 내가 만나본 게임 컴패니언으로 일한 경험이 있는 14명의 여성 중, 경쟁적인 게임 의뢰를 받은 사람은 오직 3명뿐이었다.

게임 스튜디오의 채용 광고에서도 오락과 기술의 영역은 엄격히 구분되어 있다. 예를 들어 바이두(Baidu)에 등록된 한 게임 스튜디오의 구인 광고에서 오락 컴패니언의 시간당 급여는 35위안에서 50위안 사이인 반면, 기술이 요구되는 역할은 60위안에서 120위안으로 거의 두 배에 달한다. 두 역할 모두 이론적으로는 모든 성별에게 열려 있어야 하지만, 해당 스튜디오는 남성 오락 컴패니언을 고용하지 않는다고 명시적으로 언급하고 있다. 또 다른 게임 스튜디오를 운영하는 정보 제공자 샤오커(Xiaoke)는 이보다 더욱 특화된 젠더 분업을 도입하고 있었다. 한 건의 오락 컴패니언 의뢰에 대해, 남성 직원은 게임 플레이를 담당하고, 여성 동료는 커뮤니케이션을 전담한다. 이 둘은 함께 협력해 한 명의 여성 노동자인 척 연기한다.

이러한 젠더 분업은 소통도 잘하고 게임도 잘해야 하는 오락 컴패니언의 엄격한 업무 기준을 보여주는 증거이기도 하다. 여성 컴패니언은 여전히 고객이 코칭 과업을 완료하도록 도와야 하는 경우가 많다. 그렇지 않으면 급여를 받지 못하거나 나쁜 리뷰를 받기 쉽기 때문이다. 오락 컴패니언을 포함한 대부분의 컴패니언들은 성과를 유지하기 위해 게임 실력을 쌓는 연습에 더 많은 시간을 들인다.

개인 계정을 보기 좋게 관리해야 해요. 결국, 많은 사람들이 게임 실력을 향상시키기 위해 게임을 하니까요. 정말로 게임을 잘 하려면 게임을 분석하고 수천 번의 게임 라운드를 플레이해야 합니다. 때로는 혼자서 게임을 하기도 하고, 다른 컴패니언들과 팀을 이뤄서 플레이하기도 합니다… 하지만 개인적으로 보면 컴패니언 부문에서는 남자들이 더 인기가 많고, 제 남자 동료들이 저보다 더 많은 수입을 얻는 것 같습니다. 많은 고용주들이 남자들의 게임 실력을 더 높게 평가하기 때문에, 그들이 더 많은 의뢰를 받습니다.[34]

여성 컴패니언인 키아라(Kiara)는 자신의 위챗(WeChat) 계정에서 업무 강도가 높고 보람 없으며 불쾌했던 업무 경험을 분노에 차 묘사한 적이 있다.

여성 게임 컴패니언이 되기 위해서는 노래도 잘하고, 말도 잘하며, 채팅도 잘하고, 게임도 잘해야 하고, 보기 좋은 얼굴과 귀여운 목소리를 가져야 한다는 기대를 받습니다. 성희롱, 개인적인 사진을 요구하는 남성 고용주, 저속한 댓글에도 익숙해져야 합니다. 항상 고용주의 게임 실력을 칭찬하고, 기분을 좋게 해주며, 그들의 자존심을 상하지 않게 해야 합니다. 고용주가 지급하지 않은 돈을 요구해서는 안 되며, 그렇지 않으면 그들은 플랫폼에서 당신을 맞고소할 것입니다. 저렴한 시간당 요금을 채택하고 몇 가지 할인 혜택을 제공해야 할 것입니다. 그렇지 않으면 그들이 당신을 차단할 것입니다! 이 모든 것은 내가 온라인에서 만난 개자식들에 대한 이야기입

---

34 치샤오(Chixiao)와의 인터뷰, 2020년 12월.

니다!³⁵

한편, 오락 컴패니언이 겪는 어려움은 대부분의 남성 응답자에게 없는 것처럼 취급당하고 있었다. 내 필드워크에서 이 분야에서 높은 실력을 가진 여성의 존재를 명시적으로 인정한 노동자는 단 한 명뿐이었다. 대부분의 남성 응답자들은 여성 컴패니언들이 게임 실력이 부족하더라도 '대화'만 할 수 있다면 여전히 수익을 낼 수 있다고 믿는 것처럼 보였다.

한번 생각해 보세요. 여성이 의뢰를 받을 경우, 보통은 게임 실력이 그다지 필요하지 않습니다. 왜냐하면 결국 남자가 여성에게 의뢰하는 것은 게임에서 이기기 위한 이유가 아니기 때문이죠. 이기고 싶었다면 남자 컴패니언에게 의뢰하지 않았겠어요? 그렇지 않나요?³⁶

일부 인터뷰 참여자들은 플랫폼이 여성을 우대하고 남성을 차별한다는 의혹을 제기한다. 예를 들어, 맥스(Max)는 여성 컴패니언이 고객으로부터 홀대당할 가능성이 낮기 때문에 자연스럽게 유리한 혜택을 받는다고 주장했다.³⁷ e스포츠 경영을 공부하면서 시간제로 컴패니언 일을 하고 있는 지아오이(Jiaoyi)는 대부분의 컴패니언 플랫폼을 신뢰하고 있었다.

35　키아라의 게시물, 2019년 11월.

36　다펑(Dafeng)과의 인터뷰, 2021년 5월.

37　인터뷰, 2020년 8월.

…여성 컴패니언은 게임 실력이 뛰어나지 않아도 아주 비싼 요금을 책정할 수 있어요. 컴패니언들의 서클은 주로 여성 컴패니언들의 세력이 강하기 때문에 매우 혼란스럽습니다. 여성 컴패니언들이 지저분한 서클을 형성하고 있기 때문에, 우리는 전원 남성 컴패니언으로만 구성된 우리만의 소셜 서클을 가지고 있습니다.[38]

남성 컴패니언은 압도적인 경향으로 자신을 숙련된 노동자로 인식하며, 이러한 주관적인 견해는 컴패니언 노동의 위계를 정당화한다. 예를 들어, 컴패니언이자 대리 게이머로 일하는 아웬(Awen)은 보이지 않는 노동의 중요성을 경시하며, 기술 컴패니언으로서 자신의 역할에 고객과의 인간관계 유지·관리와 같은 추가적인 노력은 필요 없다고 주장했다.[39] 풀타임 기술 컴패니언으로 일하는 헌터(Hunter)는 일부 남성들이 컴패니언 역할을 주저한다는 이야기를 듣고, 자신은 고객을 정서적으로 달래야 하는 추가적인 압박 없이 그저 게임 실력만 뛰어나면 된다고 주장했다.[40] 마찬가지로, 웬준(Wenjun)은 "게임만 잘하면 게임 중에 마이크를 켤 필요도 없다"고 말했다.[41] 게임 코치들에게 있어 고객 응대에 필요한 여성화된 감정 노동을 하지 않아도 된다는 것은 그들의 하드코어한 게임 전문성에 대한 확고한 자신감을 나타내는 것이다.

---

38 인터뷰, 2020년 5월.

39 인터뷰, 2021년 3월.

40 인터뷰, 2021년 9월.

41 인터뷰, 2021년 4월.

또한, 기술 컴패니언의 가격은 일반적으로 표준화되어 있으며, 일정한 패턴이나 주기에 따라 변동되지 않는다. 감정적 상호작용이 정량화되기 어려운 탓에, 오락 컴패니언들의 수익은 코로나19가 중국에 확산되었을 때 급격히 줄어들었다. 예를 들어, KS는 2020년 이후 협상하는 고용주들이 점점 더 많아졌다고 언급했다. 그녀가 받을 수 있는 시간당 가격은 낮아진 반면, 클라이언트의 요청은 줄어들지 않아 "노래와 게임을 동시에 해야 하는 상황"이 계속되고 있다.[42]

4.2. 다이간(Daigan): 대리 게이밍의 여성화

2020년 중국 시장에서 오픈월드 게임인 〈원신(原神, Genshin Impact)〉(miHoYo, 2020)을 시작으로 더 많은 혼합 장르 게임이 등장한 이후, 전통적인 대리 게임 노동에서도 여성화 경향이 나타나고 있다. 이는 주로 다이간(Daigan)이라는 변형된 대리 게임이 유명세를 얻는 경향으로 드러났다. 실력을 극도로 중시하는 전통적인 대리 게임과 달리, 다이간은 인게임 재료 수집, 맵 잠금 해제, 일일 퀘스트 완료 등 힘들고 반복적인 작업을 강조하며 장시간 플레이를 필요로 한다. "다이간"이라는 용어는 일종의 말장난으로, 대리 게임 과정에서 '간(liver, gan)'을 혹사시킨다는 의미를 담고 있다. 즉, 게임 내 목표를 달성하기 위해 간 건강에 해로울 수 있는 격렬한 육체적 노력을 투자한다는 것을 내포한다.

---

42 인터뷰, 2020년 11월.

〈원신〉의 경우, 개발사가 프리미엄 콘텐츠를 위한 인앱 구매를 제공하지만 맵을 잠금 해제하고 캐릭터와 무기를 업그레이드하려면 상당한 노력이 필요하다. 〈원신〉에는 게임 내 거래 시스템이 없어, 게임 내 장비를 사고 파는 전통적인 골드 파밍 방식은 불가능하다. 그 결과, 게임에 몰두하고 싶지만 계정 업그레이드에 시간을 투자할 수 없는 많은 플레이어들은 주요 소셜 미디어 플랫폼에서 사람을 찾아 자신의 계정 접속 및 강화 작업을 대신 맡기고 있다.

여러 직업 분야, 특히 보건 의료 업종에 대한 사회학적 연구에 따르면, 산업 내 여성 노동자 비율의 증가로 나타나는 "직장 내 여성화"는 임금 하락의 주요 예측 요인 중 하나로 드러났다.[43] 대리 게임의 여성화라고 할 수 있는 다이간도 예외는 아니다. 다이간 서비스에 통일된 가격은 없으며 플랫폼과 시기에 따라 평균 가격이 달라지지만, 공통점은 매우 낮은 임금으로 거의 자기 착취적인 수준이라는 것이다. 2021년에는 시간당 10위안이면 플랫폼, 노동자의 젠더, 게임 경력과 관계없이 좋은 수입으로 여겨졌고, 시간당 5위안이 가장 흔한 시급이었다. 일부 고객은 소셜 미디어를 통해 '무료 대리 게이머'를 찾기도 하는데, 이는 게임 서비스 노동자

43 Asaf Levanon, Paula England & Paul Allison, "Occupational Feminization and Pay: Assessing Causal Dynamics Using 1950-2000 U.S. Census Data", *Social Forces*, Vol.88, No.2, 2009, pp.865-891; Hadas Mandel, "Up the Down Staircase: Women's Upward Mobility and the Wage Penalty for Occupational Feminization, 1970-2007", *Social Forces*, Vol.91, No.4, 2013, pp.1183-1207; Gabriel Winant, *The Next Shift: The Fall of Industry and the Rise of Health Care in Rust Belt America*, Harvard University Press, 2021.

가 게임을 하면서 자연스럽게 정신적 '보상'을 얻을 것이고, 별도의 금전적 보상은 필요하지 않다는 근거가 빈약한 논리에 기반한 것이다. 이러한 논리의 배경에는 게임 회사의 모딩과 테스트에 자발적으로 참여하는 무료 놀이노동자들의 관행이 있다.[44]

아이러니하게도, 다이간 대리 게이머 중 누구도 이 노동에서 순수한 즐거움을 얻었다고 말하지 않았다. 상하이의 한 전문학교에서 간호학을 공부하는 피카츄(Pikachu)는 처음에 대리 게임을 통해 용돈을 벌고자 했지만, 일을 시작한 지 얼마 되지 않아 자신의 모든 자유 시간이 잡아먹히는 것을 깨닫고 크게 후회하고 있다고 불만을 토로했다. 그는 심지어 이미 받아놓은 고객들의 의뢰를 취소하기까지 했다.[45]

다이간의 여성화는 노동 플랫폼의 분업에서도 나타난다. 다이간 노동자들은 주요 대리 게이밍 플랫폼보다 여성 비율이 높은 아이들 피쉬(Idle Fish), 도우반(Douban), 샤오훙슈와 같은 게임과 관련 없는 사이트에 더 자주 모인다. 여성 비율이 높은 플랫폼일수록 다이간의 평균 가격이 내려간다. 내가 관찰한 플랫폼 중, 여성 사용자가 90%에 이르고 인스타그램과 비슷한 형식의 샤오훙슈에서 가장 낮은 가격이 형성되어 있었다. 예를 들어, 게임 맵 잠금 해제와 같은 동일한 작업에 대해 샤오훙슈의 평균 단가는 젠더 분포가 균일한 시나 웨이보(Sina Weibo)보다 5~6위안 낮았다. 〈Sky: 빛의

44   Julian Kücklich, "Precarious Playbour: Modders and the Digital Games Industry", *The Fibreculture Journal*, Vol.5, No.1, 2005, pp.1-5; Trebor Scholz, *Digital Labor: The Internet as Playground and Factory*, Routledge, 2012.

45   인터뷰, 2021년 10월.

아이들(Sky: Children of the Light)〉(thatgamecompany, 2019)의 여성 대리 게이머 머쉬룸(Mushroom)은 이렇게 말했다.

> 웨이보에서 다이간 가격이 높은 이유는 처음부터 순수하게 교환 거래를 목적으로 하는 플랫폼이었기 때문이에요. 의뢰의 단가는 먼저 들이는 시간과 에너지 비용을 고려해 계산한 뒤, 다른 사람들의 가격을 참고하여 가격 구조를 설정합니다. 하지만 샤오홍슈의 경우 모두가 부가 수입을 벌고 싶어하고 통일된 기준이 없기 때문에 가격이 더 낮게 책정된 것으로 보여요. 또한 샤오홍슈에는 높은 다이간 가격을 감당할 수 없는 학생 고객들이 더 많아요. 더 나아가, 〈Sky〉 게임이 처음 출시되었을 때는 이 게임으로 일하는 사람이 적었지만 이후 노동자 공급과 고객의 비율이 점차 높아지면서 가격이 하락하는 추세를 보였어요.[46]

머쉬룸의 관찰은 또 다른 중요한 측면, 즉 다이간 노동의 가치가 시간에 따라 급격히 하락한다는 점을 강조한다. 계절 노동의 성수기와 비수기가 반복되듯, 여름방학은 일반적으로 플랫폼 게임 의뢰의 침체기를 의미한다. 학생 노동자들이 긱 경제에 진입하면서 한정된 고객층을 두고 정규직 노동자들과 경쟁하게 되며, 이는 다이간 서비스의 급격한 가격 인하로 이어진다(〈그림 1〉). 여름방학 연휴가 끝난 후에도 인하된 가격이 이전 수준으로 돌아가는 경우는 거의 없는데, 고객들이 이러한 낮은 가격에 익숙해져 있기

---

46   인터뷰, 2022년 4월.

〈그림 1〉샤오홍슈에서 다이간에 대한 검색 결과는 대부분 〈원신〉 의뢰에 관한 것이었다. 사진은 2021년 11월 저자가 직접 캡처한 스크린샷이다.

때문이다.

〈원신〉의 대리 게이머인 피쉬(Fish)는 실제 사례를 들어 설명해주었다. 그녀가 며칠 동안 온라인에 계속 접속해야만 얻을 수 있는 희귀 무기를 획득하는 다이간 서비스를 처음 시작했을 때, 아이들 피쉬에 등록한 요금은 80위안이었다. 그러나 저가 경쟁업체가 유입되면서 곧 평균 가격은 50위안으로 떨어졌고, 나무 같은 인기 게임 아이템은 가격이 3분의 2 이상 하락하는 등 더 가파른 하락세를 보였다. 내가 2022년 초에 해당 무기의 가격을 확인하기 위해 아이들 피쉬에 접속했을 때, 중간 가격은 고작 40위안 정도로 더 떨어져 있었다.

5. 게임 실력인가, 게임 자본인가? 여성화된 게임 노동의 평가 절하

여성의 역할에 대한 고정관념에 더해, 여성 인력의 소외는 플랫폼 게임에서 종종 오해되는 게임 실력의 개념과도 관련이 있다. 뛰어난 게임 실력이 게임 내 성과로 이어진다는 통념과는 달리, 팀 기반 경쟁 게임의 경우 반드시 그렇지는 않다. 특히 중국 시장에서 인기 있는 게임에서는 플레이어의 승률이 높아지면 게임의 알고리즘이 승부의 균형을 맞추기 위해 더 뛰어난 상대와 맞붙게 하고, 실력이 낮은 팀원과 함께 플레이하게 되는 경우가 빈번하다. 이로 인해 개인의 뛰어난 실력에도 불구하고 실패할 수밖에 없는 상황이 벌어진다.

내가 만난 노동자들과 소셜 미디어에서 이루어지는 토론 양쪽 모두에서 '싱글 랭크'로 플레이하는 플레이어들이 게임의 상위 단계로 나아가는 데 어려움을 겪고 있다는 것이 일관되게 지적되었다. 심지어 몇몇 플레이어들은 로그인하고는 있지만 게임에 적극적으로 참여하지 않는 '유령' 계정과 알 수 없는 이유로 매칭되어 4대 5, 심지어 3대 5의 불공평한 경기를 치른 적이 있다고 전했다. 그 결과, "이미 예정된 패배를 견디면서 MVP 타이틀을 획득하는" 좌절스러운 시나리오는 고독한 게임 서비스업 노동자에게 빈번하게 일어나는 시련이 된다. 따라서 대부분의 기술 대리 게이머와 컴패니언에게는 신뢰할 수 있는 '함대(fleet)', 즉 알고리즘 매칭을 피하고 승률을 높이기 위해 함께 플레이할 수 있는 숙련된 친구나 동료들이 필요해진다.

이러한 함대를 성공적으로 확보하는 능력은 젠더에 따른 게임 자본을 차별화하는 중요한 요소로 부상했다. 경쟁적으로 대리 게임에 참여하는 남성은 다양한 채팅 그룹을 통해 구성한 동료 동업자들로 이루어진 온라인 함대를 쉽게 확보할 수 있다. 의뢰를 얻어낸 후에는 이러한 그룹에서 팀원들을 모으고, 동시에 이미 다른 의뢰를 진행 중인 팀원들과 협력해 임금을 받는다. SC의 말에 따르면, 그는 인감을 찾는 데 어려움을 겪은 적이 없다.

> 팀이 없으면 의뢰를 완수하는 데 효율성이 떨어집니다. 한 사람이 네 명의 고용주와 함께 플레이하는 것은 불가능하죠. 팀원을 찾는 방법을 물어보셨나요? 저는 다양한 그룹 챗과 소프트웨어를 활용합니다. 예를 들어, TT 보이스(TT Voice) 소프트웨어를 사용해 팀원을 찾을 수 있습니다. 소프트웨어에 방을 게시하고, 제가 설정한 조건에 부합하는 사람이라면 누구든 팀원으로 합류할 수 있습니다. 인게임 레벨 스크린샷과 신원 확인을 위한 타임스탬프를 요청하고, 신원 확인이 되지 않으면 그 사람을 쫓아낸 뒤 새로운 사람을 찾습니다.[47]

이와 대조적으로, 여성 노동자들은 신뢰할 수 있는 함대를 확보하는 데 어려움을 겪는다고 자주 토로했다. 게임 자본에 접근하기 어렵게 만드는 이러한 장애물들은 그들이 어떤 게임 서비스 노동을 선택할지에 직접적인 영향을 미친다. 머쉬룸은 〈왕자영요〉에서 자신은 좋은 기록을 보유하고 있지만, 팀원을 괴롭히고 욕하는 많은 남성 게이머들을 목격한 후, 대리 게이머가 되지 않기로 결심했다고 말한다. 대신 게임 내 자원을 수집할 시간이 부족한 학생 고객들의 의뢰를 혼자 처리할 수 있는 다이간 업무에 집중하기로

---

47 인터뷰, 2021년 12월.

선택했다.

개인적으로 〈왕자영요〉와 같은 경쟁 게임에서 상위 스코어보드에 오르는 것은 본인만의 능력으로 되는 것이 아니라 팀원이라는 요소도 중요하다고 생각해요. 당신이 만약 혼자 대리를 뛰고 당신을 도와주는 함대가 없으면 상위 티어에 오르는 것은 매우 어렵습니다. 고객에 대한 책임을 다하기 위해 저는 그런 게임에서는 대리 게임 서비스를 하지 않는 것을 선택하곤 합니다.[48]

게임 커뮤니티 내의 소셜 네트워크는 젠더 격차를 더욱 강조한다. 이는 내가 인터뷰 참여자들을 모집하는 과정에서도 나타났는데, 인터뷰에 참여한 12명의 남성 긱 워커들은 나의 개인적인 게이머 친구들이나 다른 긱 워커들을 통해 소개 받은 것이다. 예를 들어, 내가 처음 장쑤성(Jiangsu) 창저우시(Changzhou)에 사는 대리 게이머 쒜준(Xuejun)을 만났을 때, 그는 곧바로 다른 대리 게이머 준이(Junyi)와 라이브 스트리머이자 길드 사업가인 저스틴(Justin)을 초대했고, 우리는 모두 커피숍에 모여 오후 내내 대화를 나누었다. 세 사람은 종종 시내에서 어울리거나 서로의 직장을 방문한다고 말했다. 반면, 여성 노동자들의 인맥은 매우 드물었다. 지인을 통해 소개받은 경우는 고작 5명뿐이었고, 그들 역시 서로를 잘 알지 못했다.

남성 노동자 간의 온라인 네트워킹은 더 탄탄한 경향이 있어

---

48 인터뷰, 2022년 4월.

좋은 평판을 쌓는 과정을 쉽게 만들었고, 이는 종종 수입 증가로 이어졌다. 예를 들어, 헌터는 자신의 서비스를 무료로 홍보해주는 여러 게임 스트리머와 친분이 있었다. 이런 노출 덕분에 그의 의뢰 예약은 항상 꽉 차 있었다. 마찬가지로, 또 다른 시간제 대리 게이머이자 복싱 코치인 라이언은 오프라인 인맥은 부족했지만, 업계에서 수년간 일하면서 안정적인 수입을 확보할 수 있을 정도로 광범위한 온라인 네트워크를 구축해 놓고 있었다.

오랜 〈도타(Dota)〉(Valve, 2003) 플레이어로서 경험을 바탕으로 한 티엔(Tien)의 관점은 젠더 격차의 또 다른 측면을 조명한다. 그녀는 일상적인 사회적 상호작용에서 여성들이 게임 관련 대화에 그다지 노출되지 않는다는 점이 게임 자본에 영향을 미친다고 말한다. "〈도타〉 하세요?"와 같은 대화는 e스포츠 동아리와 같은 특정 환경에서나 일어나며, 일반적인 여성 사이에서는 드물다. 티엔은 대학에서 e스포츠 동아리에 참여했지만, 그곳에서도 주로 남성회원들과 교류했다. 그리고 이러한 대화는 그녀가 대학을 졸업하면서 사라졌다. 내가 만난 여성 응답자 중 단 세 명만이 가까운 사회적 서클에 열정적인 게이머가 있다고 답했고, 그중 단 한 명만이남성 친구의 도움을 받아 여행 중에도 대리 게임 업무를 진행하는 특권을 누리고 있었다.

내가 경험했던 여러 남초 환경에서 경쟁적인 게임은 종종 주요 화제가 되었고, 이는 플랫폼 게임 노동에 종사하는 많은 노동계급 남성들의 게이머 정체성을 미묘하게 확인시켜 주었다. 예를 들어, 라이언의 복싱장에는 다른 20대 초반의 남성 코치들이 모여 있었고, 온라인 게임은 계속해서 반복되는 대화 주제였다. 나는 라이언이 자주 자신의 게임 일과 동시에 진행 중인 의뢰들에 대해 이 야기하는 것을 목격할 수 있었다. 한 번은 다른 동료 코치가 농담 조로 라이언의 복싱 세션 전에 의뢰를 도와주겠다고 제안한 적도 있었다.

직장에서의 상호작용뿐만 아니라, 인터넷 카페에서 의뢰를 받을 수 있는 자유도 성별에 따라 크게 달라진다. 이 연구에 참여한 7명의 남성 노동자들은 정기적으로 사이버 카페에서 의뢰를 받거나 게임 스트리밍을 했다고 밝혔다. 반면, 여성 연구 참여자들은 모두 게임을 플레이하는 장소를 집이나 기숙사와 같은 사적인 공간으로 제한했다. 몇몇 여성들은 재택근무라는 자신의 노동 환경 때문에 고립감을 느끼고 있다고 표현했다. 예를 들어, 앤(Ann)은 지속적으로 집에서만 일하게 되면서 오프라인 상호작용이 줄어들고 직업적 선택의 폭이 좁아지게 되었다고 말했다. 슌지(Xunzi) 역시 비슷한 경험을 했다. 그녀는 난징(Nanjing)의 번화가 한복판에 살면서도 마지막으로 외식을 하거나 쇼핑을 한 것이 언제인지 기억나지 않는다고 했다. 반면, 마찬가지로 게임 컴패니언으로 일하는 그녀의 남성 동반자 M은 자주 아래층의 인터넷 카페를 찾아 인터넷 서핑을 하고 의뢰를 받았다.

내가 참여 관찰을 진행했던 24시 인터넷 카페에서 내가 만난 여성은 고작 5명뿐이었다. 두 명은 카운터 접수원과 그녀의 미성년자 딸이었고, 다른 두 명은 인쇄를 하러 온 공장 직원이었으며, 단 한 명만이 게임을 위해 그곳에 있었다. 인터넷 카페에서 음식 배달과 결제를 돕게 되면서, 여성 연구자로서 내 존재는 가끔 다른 게이머들의 놀라움과 호기심을 불러일으켰다. 젠더 불균형은

〈그림 2〉 쿤산에 있는 사이버 카페의 메인 룸.
사진은 2021년 9월 저자가 직접 찍은 사진이다.

화장실 사용에도 영향을 주었다. 남녀 공용 화장실은 자주 남자들이 차지했는데, 바닥에 담배꽁초 잔여물이 지저분하게 남아 있는 것을 알 수 있었다. 심지어 사이버 카페에서 할인 혜택을 제공하는 멤버십 그룹의 일원 사이에서도 성차별적인 농담이 만연했다. 카운터 접수원인 여성 직원은 자신을 향한 부적절한 농담에 항의했지만 무시당했다. 카페가 여성 관리자를 고용하기로 한 것도 표면적으로는 남자 멤버십 가입자들을 더 끌어들이기 위한 결정이었다는 점에서, 젠더 간의 권력 역학을 더욱 두드러지게 한다(〈그림 2〉). 이러한 성차별적인 환경은 여성 게이머와 게임 노동자들이 자신의 게임 자본을 강화하기 위해 사이버 카페와 같은 물리적인 공간을 활용하는 것을 불가능하게 만든다.

6. 게임 컴패니언에 대한 젠더화된 단속

2021년 9월, 중국 당국은 지난 5년간의 상황과 비교했을 때 가장 가혹한 게임 컴패니언 단속을 시작했다. 7개의 플랫폼이 주요 앱 스토어에서 삭제되었으며, 2022년 중반이 될 때까지 복구되지 않았다. 컴패니언 부문에 대한 거의 모든 단속에서 중국 당국이 내세운 공식적인 설명은 21세기 전환 이후 대중을 동원하기 위해 사용된 가장 일반적인 범죄 유형에 대한 설명, "음란물과 불법에 맞서 싸우기 위해서"였다.

중국의 성산업은 엄격하게 금지되어 오랫동안 지하에서 운영되어 왔으며, 대부분의 지역에서는 보호비를 지불하고 지방 당국의 보호에 의존해 왔다. 이런 상황에서 플랫폼 경제는 여러 국가에서 성 노동자들이 수입원을 다각화할 기회를 제공했고,[49] 중국도 예외는 아니었다. 게임 서비스 산업은 쉽게 성산업을 은폐하는 역할을 할 수 있는데, 대부분의 게임 플랫폼에는 음성 채팅 기능이 있어 노동자들이 알고리즘 매칭을 통해 비공개로 성적인 방

---

49 Helen M. Rand, "Challenging the Invisibility of Sex Work in Digital Labour Politics", *Feminist Review*, Vol.123, No.1, 2019, pp.40-55; Selena the Stripper, "Sex Workers Unite", Logic Magazine 2021, Available at: https://logicmag.io/beacons/sex-workers-unite/ (accessed 8 May 2022); Jon Swords, Mary Laing & Ian R. Cook, "Platforms, Sex Work and Their Interconnectedness", *Sexualities*, Vol.26, No.3, 2023, pp.277-297.

송에 참여할 수 있기 때문이다. 내가 온라인 컴패니언 채팅 그룹을 관찰한 결과, 캠 노동자를 조직하는 소규모 에이전트들은 "비(非)-녹색 의뢰(non-green order)"와 같은 코드명을 사용해 영업을 유도했다. 비디오 게임이 종종 청소년 중독과 관련되어 있기 때문에 정부의 게임 컴패니언 단속은 일반 대중의 지지를 쉽게 얻을 수 있었다. 게임 산업 협회 멤버를 제외한 거의 모든 인터뷰 참여자는 중국 정부의 게임 컴패니언 단속이 정당하다고 여기고 있었다.

내가 인터뷰한 대부분의 남성은 상당수의 여성 컴패니언이 성매매에 종사하고 있다는 인상을 가지고 있었다. 이는 그들이 컴패니언 산업을 설명하기 위해 "혼란스럽다"라는 뜻의 "루안(亂)"이라는 용어를 자주 사용한다는 점에서 드러난다. 이러한 용어 사용은 성매매 종사자와 오락 컴패니언에 대한 이중적 낙인을 심화시킨다. 게임 컴패니언 서비스가 위장 성노동으로 인식되는 것은 여성성을 내세우는 컴패니언들에 대한 광범위한 성희롱을 심각하게 악화시킨다. 나와 이야기를 나눈 모든 여성 컴패니언들은 남성 고객으로부터 당한 언어적 폭력을 자세히 설명하곤 했다. 플랫폼은 고객을 유치하기 위해 자주 고객의 편을 들었다. 예를 들어, 도리(Dory)가 지속적으로 부적절한 행동을 보이는 고객과 대립하자, 그녀의 계정은 고객의 신고로 정지되었다.[50] 사케는 '오프라인 서비스'를 요청한 남성 고객을 플랫폼에 신고했고, 이는 처음에는 효과가 있는 것처럼 보였다. 그러나 가해자는 곧바로 다시 "50위

---

50 인터뷰, 2020년 9월.

안을 주고 계정 차단을 해제하고 다시 돌아왔다."[51] 이러한 사건들
은 인터뷰에 참여한 한 남성 노동자의 표현처럼, 이러한 일을 하
는 여성은 괴롭힘에 대해 "정신적으로 대비하고 있어야 한다"는
잘못된 믿음을 강화한다. 이러한 이중적 낙인으로 인해 많은 여성
들이 컴패니언 노동을 비밀로 유지하게 되고, 더 나아가 그들의 권
리가 침해당했을 때 어디에도 말하지 못하고 더욱 고립되게 된다.

　게임 컴패니언에 대한 강력한 단속과 그에 따른 플랫폼의 대
응은 젠더에 따라 뚜렷한 결과를 낳고 있다. 주요 플랫폼의 폐쇄
가 컴패니언 산업의 종말을 의미하지는 않지만, 산업을 비공식적
인 방향으로 몰아가고 있는 것은 분명하다. 물론 여성들이 게임
플랫폼 외부에서 수입을 창출할 수 있는 다양한 방법이 있지만,
비공식적인 게임 시장에서는 사회적 자본이 낮고 괴롭힘의 위협
이 끊이지 않기 때문에 더 취약한 위치에 놓이게 된다. 예를 들어,
치치(Chichi)는 비씬(Bixin)의 폐지가 자신의 수입에 큰 영향을 미쳐
다른 수익원을 찾아야 했다고 강조했다.[52] 주요 플랫폼이 폐쇄되
던 날, 나는 사이버 카페에서 한 남성 노동자가 컴패니언 의뢰를
진행하는 것을 지켜보았다. 그는 온라인 플랫폼에서 의뢰를 받은
적이 없었기 때문에, 내가 걱정스럽게 소식을 전해도 무관심한 태
도를 보였다.

　또한, 정부의 단속 이후 비씬이 전략적으로 방향을 전환한 것
은 플랫폼이 여성화된 컴패니언 노동에 대한 낙인을 내면화했다

51　인터뷰, 2020년 5월.
52　인터뷰, 2021년 9월.

는 것을 보여준다. 2020년 무렵, 비씬은 전문 e스포츠 서비스 제공
업체로 자신을 포지셔닝하기 시작했다. 이러한 변화는 플랫폼의
명칭이 "비씬 컴패니언"에서 "비씬 코치"로 바뀌면서 더욱 확실해
졌다. 이러한 이미지를 공고히 하기 위해 비씬은 2021년 8월에 "e
스포츠 낙하산" 계획을 발표했다. 이 프로그램은 현역 및 전직 e스
포츠 선수 모두를 대상으로 은퇴 후 기회를 다양화하기 위한 방
안으로 선포되었다.

2015년 이후 중국에서는 여성 e스포츠 대회가 급증하기 시작
했다. 그러나 이러한 토너먼트는 대부분 금세 사라졌고, 시청자의
낮은 관심과 재정적 지원 부족으로 인해 몇 년만 지속되기 일쑤였
다.[53] 2021년에 이르러 중국에 여자 e스포츠 팀은 단 한 팀만 남았
고, 그마저도 엔터테인먼트 쪽으로 방향을 전환했다. 그 결과, 비
씬에서 볼 수 있는 e스포츠 선수는 오로지 젊은 남성들뿐이다.

게다가 이러한 e스포츠 선수들은 비씬의 다른 노동자들과는
다른 차원의 대우를 받는다. 이들은 알고리즘의 수혜를 입어 더
높은 랭킹 순위에 올라가고, 전반적으로 여성이 많은 오락 컴패니
언 부문을 지배하게 된다. 중국 당국의 단속 이후, 비씬은 오락 컴
패니언 부문의 우선순위를 낮추고 남성 e스포츠 선수를 전면에 내
세우고 있다(〈그림 3〉).

나는 비씬의 대대적인 개편 이후 전직 e스포츠 선수였던 샤오
지아(Xiaojia)를 인터뷰할 기회가 있었다. e스포츠 팀의 전임 코치였

---

53 Z Yang, "China's women gamers take on the haters." Available at: https://www.
protocol.com/china/china-women-esports-misogyny (accessed 16 May 2022).

던 샤오지아는 4년 넘게 플
랫폼에서 의뢰를 받아 왔다.
그는 이번 단속이 자신에게
미치는 영향이 미미했다고
밝혔다. 또한, 비씬이 프로
선수들에게 더 나은 홍보 기
회를 제공하며 그들을 편애
하는 측면이 있다고 솔직하
게 인정했다.

e스포츠 선수 섹션은 꽤
오랫동안 운영되어 왔지
만, 플랫폼이 최근에야 우
리 선수들의 노출을 높이
는 데 중점을 두기 시작했
어요. 그래서 저도 이전 팀
원들에게 플랫폼에 지원하
라고 추천했죠. 저는 비씬
이 규제의 압박에 대응하

〈그림 3〉 2021년 단속 이후 한 달 만에
은퇴한 e스포츠 선수 3명이 비씬 게임
컴패니언 검색 인터페이스에서 여성 컴패니언
프로필보다 높은 순위를 차지하고 있다.
사진은 저자가 직접 캡처한 스크린샷이다.

기 위해 전문성을 활용하고 있다고 생각해요. e스포츠 선수 타이틀
을 달고 나니 의뢰를 받는 게 더 쉬워졌고, 의뢰 수가 늘어나는 게
느껴졌어요.[54]

---

54 인터뷰, 2021년 9월.

샤오지아의 답변은 플랫폼이 긱 게임 노동자들 간의 이해관계 차이를 어떻게 이용하는지를 잘 보여준다. 외부 규제 압력 속에서 플랫폼은 더 많은 게임 자본을 가진 노동자들을 자산으로 간주하고 그들을 내세우며 그들과 연계한다. 반면, 주로 여성으로 구성된 오락 컴패니언들은 소외되어 더 취약하고 눈에 띄지 않는 공간으로 밀려나 소모품처럼 취급되는 집단이 된다.

7. 결론: '레디 플레이어 투'에서 '레디 노동자 투'로

이 연구는 중국의 여성 플랫폼 게임 노동자들이 어떻게 여러 차례 소외되고 주변부로 밀려나는지를 보여준다. 여성의 소외는 게임 노동의 분업에서 여성이 반복적으로 '여성의 일'로 간주되는 역할, 예를 들어 오락 중심의 게임 컴패니언이나 숙련도를 요구하지 않는 반복적인 수집 작업에 밀려나게 되는 현상을 통해 반영된다. 이러한 역할들은 여성을 고숙련 남성 노동자들과 구분 짓는다.

강력한 배제적 담론이 주로 사용되는 대신, 여성 플랫폼 게임 노동자들의 조건은 겉보기에는 중립적인 것처럼 보이지만, 실제로는 사회적 자본의 지원을 받는 '게임 실력'과도 연관되어 있다. 훈련 기회가 제한되어 있다는 점과 이들을 뒷받침해주는 게임 네트워크의 부족은 여성들이 경쟁의 사다리에서 더 높은 자리로 올라가는 데에 걸림돌로 작용한다. 오프라인에서 이루어지는 우정이라는 완충 장치가 없는 여성 게이머들은 종종 여성 혐오와 괴롭힘이 만연한 온라인 공간을 맞닥뜨리게 된다. 그 결과, 아무리 실력이 뛰어난 여성 게이머라도 주로 1인 플레이를 고수하게 되어 수익이 줄어들며, 이는 게임 업계의 젠더 격차를 공고히 하는 결과로 이어진다.

겉보기에 중립적인 정책 조치도 젠더화된 결과를 낳을 수 있다. 2021년 가을 중국 정부가 컴패니언 플랫폼에 대한 단속을 강화하자, 게임 플랫폼들은 위장된 성산업으로 보일 위험을 피하기 위해 e스포츠 선수들을 위한 맞춤형 전문기술 공유 서비스를 강조하기 시작했다. 이러한 변화는 플랫폼 내 여성 컴패니언들의 가시성을 크게 줄이고, 여성 게이밍 서비스 제공자에 대한 낙인을 더욱 심화시킨다. 또한, 남성 노동자는 디지털 플랫폼에 덜 의존하는 경향이 있어 여성들은 국가 단속으로 인해 더 큰 재정적 부담을 지게 된다.

중국 페미니즘 운동의 새로운 물결에서 영감을 받아, 여성과 전통적인 젠더 규범을 따르지 않는 게이머들은 디지털 공간에서 자신들만의 영역을 개척하기 시작했다. 2020년에 설립되어 빠르게 성장하고 있는 이러한 온라인 커뮤니티들은 시스헤테로 남성이 지배하는 게임 세계에서 벗어날 수 있는 안식처를 제공한다. 일부 젠더 포용적인 환경에서는 여성이 주도적으로 자신이 좋아하는 게임을 토론하고, 온라인 배틀 팀을 꾸리거나 비디오 게임 가이드를 작성하기도 한다. 그러나 여성이 게임 플레이로 수익을 창출하는 데에는 여전히 거대한 사회적 압박이 존재한다. 이 문제의 근본 원인 중 하나는 여성 게이머가 '게임 실력'만으로 돈을 벌 수 있다고 보지 않는 인식이다. 만약 그녀가 게임을 통해 상당한 수입을 얻는다면, 그 이유는 실력 외의 다른 것이라는 인식이 객관성의 외피 아래 숨겨져 있기 때문이다. 쉬라 체스(Shira Chess)는 "플레이어 투"라는 표현을 사용하여 여성 플레이어 커뮤니티의 설계된 정체성, 즉 캐주얼한 오락 플레이를 본질적으로 여성적인 행동으로 규정하는 규율 과정을 언급한다.[55] 플랫폼 게임 서비스업에서도 비슷한 메커니즘이 발견되는데, 남성 긱 워커는 전형적인 숙련 노동자로 여겨지는 것이다. 그들은 게임 플랫폼과 스튜디오에 대한 정보를 더 쉽게 얻고, 더 넓은 동료 및 지원 네트워크를 가지고 있으며, 사회적 자본을 확장하는 데 필수적인 오프라인 공간에도 더 잘 자리 잡고 있다.

반면 여성은 단순히 '노동자 투'로, 부산한 게임 현장에 비게임적 기술을 가지고 들어오는 외로운 침입자일 뿐이다. 이들의 노동은 남성 고객에게 쉽게 평가절하되거나 공짜로 제공되어야 하는 것으로 여겨지기 쉽다. 여성 플랫폼 게임 노동자는 공장 기반 생산 노동자를 보충하는 2차 노동력, 집에서 잡일을 하며 품삯을 버는 디지털 재봉사나 방직공으로 여겨진다. 온라인 상점 주인, 농촌 지역에서 이루어지는 전자 상거래 기반의 수공예 작업, 패션 블로거, 크라우드 노동자들과 마찬가지로, 이러한 디지털 노동자들은 19세기 이후 여성들이 담당해 왔던 수공예 작업을 집단적으

---

55 Chess, op.cit.

로 부활시켰다.[56]

이 연구에서 언급한 젠더 규율은 중국에만 국한된 것이 아니다. 2019년부터 북미와 다른 아시아 지역의 10여 개 이상의 게임 플랫폼을 관찰한 결과, 이러한 현상은 이미 널리 퍼져 있는 것으로 보인다. 예를 들어, 대만에서는 게임 컴패니언이 아예 노골적으로 "예쁜 여자 컴패니언"으로 마케팅되고 있었다. 마찬가지로, 대만과 말레이시아의 플레이원(PlayOne), 나이스(Nicee), 씨크(Seek) 같은 플랫폼들은 중국 플랫폼의 주요 기능과 인터페이스를 따라할 뿐만 아니라 노래와 채팅 등 부가적인 오락 서비스를 제공하는 젊은 여자를 주로 고용하고 있었다. 말레이시아의 선도적인 컴패니언 플랫폼인 씨크는 페이스북에서 여성 컴패니언을 공개적으로 모집하며 '매력'을 주요 기준으로 내세웠다. 실리콘밸리의 지원을 받는 플랫폼인 E-펠(E-pal)에서는 2021년부터 기술 컴패니언과 오락 컴패니언을 명확하게 구분하고 있다(⟨그림 4⟩). 예상 가능하게도, 코칭 기술이 확인된 사람들은 주로 남성이며, 이들의 가격은 일반 오락 컴패니언의 약 3배에 달한다.

이러한 젠더 노동 체제의 전 세계적 확산은 플랫폼 경제에 이

---

56 Brooke Erin Duffy, *(Not) Getting Paid to Do What You Love: Gender, Social Media, and Aspirational Work*, Yale University Press, 2017; Gray & Suri, op. cit.; Zexu Guan, "Chinese Beauty Bloggers: Amateurs, Entrepreneurs, and Platform Labour", *Celebrity Studies*, Vol.12, No.5, 2020, pp.1-7; Kneese, Palm & Ayres, op. cit.; Gabriella Lukács, *Invisibility by Design: Women and Labor in Japan's Digital Economy*, Duke University Press, 2020; Lin Zhang, "Platformizing Family Production: The Contradictions of Rural Digital Labor in China", *The Economic and Labour Relations Review*, Vol.32, No.3, 2021, pp.341-359.

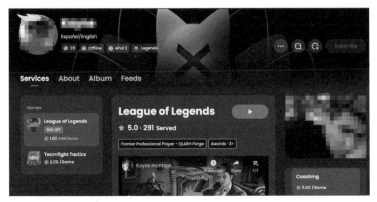

〈그림 4〉 E-팔에 게시된 남성적인 느낌의 게임 코치 프로필 페이지.
사진은 저자가 직접 캡처한 스크린샷이다.

미 뿌리내린 젠더 분업을 반영하고 심화시킨다. 한편, 여성 노동
자들이 전 세계적으로 특정 유형의 플랫폼 게임 노동에 지속적으
로 유입되는 것은 단순히 생산적인 게임 플레이를 넘어서는 더 광
범위한 노동 패턴을 시사한다. 이러한 상황은 게임 노동의 변화를
파악하기 위해 더 넓은 학제 간 및 국경을 초월한 접근이 시급하
다는 점을 강조한다.

번역: 김지윤 (시카고대학 박사과정)

3부

정보와 '감염'을
둘러싼 배제와
저항의 실천들
: 전파매개적 신체성과
기술사의 재구성

위치지어진 개발자
: 인공지능 젠더 편향에서 페미니스트 인공지능으로[1]

이 지 은 · 임 소 연

1. 들어가며

최근 인공지능 기술 발전이 가속화되고 다양한 영역에서 상용화됨에 따라, 인공지능 알고리즘과 빅데이터의 결합이 구조적 불평등과 사회적 갈등을 야기하고, 혐오와 차별을 증폭하며 재생산하는 문제가 중요하게 대두되고 있다. 특히 2021년의 챗봇 '이루다' 사건은 인공지능과 빅데이터 활용에 관련된 다양한 쟁점들을 제기하면서, '인공지능 윤리'에 대한 논의에 박차를 가할 것을 촉구했다. 한편 치안, 안보, 산업 등의 영역에서 인공지능을 통한 자동화된 의사결정 시스템을 도입하면서 생겼던 문제들이 알려지면

---

1   이 글은 「인공지능 윤리를 넘어: 위치지어진 주체로서의 개발자들과 페미니스트 인공지능의 가능성」, 『한국여성학』 제38권 3호, 한국여성학회, 2022를 수정·보완하여 재수록한 것이다.

서 인공지능의 신뢰성에 대한 의문 역시 제기되고 있다.[2] 이에 한국 정부는 '사람이 중심이 되는 인공지능(AI) 윤리기준'을 마련하고,[3] 이를 실현하기 위한 기술적 전략의 하나로 신뢰성 문제를 중요하게 다루고 있다.[4] 기술적 합리성이 아니라 가치의 문제가 과학기술 관련 정책 및 대중 담론에서 중요하게 다루어지고 있다는 점은 고무적인 변화이다. 하지만 이러한 논의들이 선언적인 원칙을 넘어 현장에서 어떤 구체적인 변화를 만들어 낼 수 있을 것인지, 그리고 그것이 어떻게 가능해질 수 있을지, 앞으로 발생할 수 있는 다양한 상황에 어떻게 대응해야 할지에 대한 구체적인 논의는 아직 요원한 실정이다.[5]

이 글은 인공지능 윤리에 대한 선언적인 논의나 공정한 인공지능에 대한 논의 대신, 어떤 인공지능을 요구하고 개발할 것인지, 다양성 존중, 공공성, 연대성 등의 추상적인 원칙을 인공지능 기술을 이용한 서비스들에서 어떤 방식으로 구현할 것인지, 그러한 기술 및 서비스 개발에 참여하는 개발자[6]들이 어떤 역할을 수행해야

---

2 자동화된 의사결정의 문제에 관한 논의는 오요한·홍성욱, 「인공지능 알고리즘은 사람을 차별하는가?」, 『과학기술학연구』 제37호, 한국과학기술학회, 2018 참조.

3 관계부처합동, 「사람이 중심이 되는 인공지능(AI) 윤리기준」, 제19차 4차산업혁명위원회 심의안건 제2호, 2020. 12. 23.

4 관계부처합동, 「사람이 중심이 되는 인공지능을 위한 신뢰할 수 있는 인공지능 실현 전략(안)」, 2021. 5. 13.

5 정도범·유화선, 「정부 지원이 ICT 벤처기업의 경영 성과에 미치는 영향: 자금 및 연구개발 지원 효과를 중심으로」, 『기술혁신연구』 제29권 3호, 기술경영경제학회, 2021.

6 이 글에서 '개발자'라는 말은 프로그래머뿐 아니라, 학습 데이터를 다루는 데이

할지에 대한 구체적인 논의가 필요하다는 문제의식에서 출발한다. 인간을 이롭게 하는, 혹은 인간에게 해를 끼치지 않는 윤리적 인공지능과 같은 추상적 언설은 기술이 각기 다른 집단의 사람들에게 불균등한 영향을 미치게 될 것이라는 점을 고려하기 어렵게 한다. 페미니스트들을 포함한 비판적 인공지능 연구자들과 활동가들은 인공지능이 성, 계급, 인종에 따른 차별을 재생산하는 데 어떤 역할을 하는지 지적함으로써, 인공지능 윤리에 대한 추상적이고 선언적인 논의에서 드러나지 않는 다양한 주체들의 문제와 인공지능을 특정한 방식으로 작동하게 하는 권력구조의 문제를 드러내는 데 큰 역할을 해 왔다. 그러나 이러한 논의들이 '다른' 미래를 만들기 위한 논의와 실천들로 이어지지 않는다면 비판적 담론과 기술적 실행 사이의 간극은 더욱 좁히기 어려운 것이 될 수 있다. 과학기술을 주된 현장으로 삼는 페미니스트 연구자로서 우리는 인공지능 기술에 대한 비판적 젠더 분석을 지속적으로 수행하는 한편,[7] 이 기술과 관련해 발생하는 문제와 이를 둘러싼 구체적인 쟁점들에 보다 적극적으로 개입함으로써 다른 미래를 어떻게 함께 만들어 갈지 모색할 것을 제안하고자 한다. 이를 위해서는 사회과학과 공학, 혹은 비판적 담론과 기술개발 사이의 분업을 문제 삼고 지속적인 협업과 논쟁, 그리고 대화를 함께 해나갈 필요가 있다.

터 과학자나 인공지능을 이용한 서비스를 기획하는 기획자 등, 인공지능 관련 서비스 개발 전 과정에 관여하는 사람들을 포괄적으로 지칭한다.

7　정연보, 「'4차 산업혁명' 담론에 대한 비판적 젠더 분석-젠더본질론과 기술결정론을 넘어」, 『페미니즘연구』 제18권 2호, 한국여성연구소, 2018, 3-45쪽.

이 글은 특히 여성을 포함한 주변적 위치의 개발자들이 가지고 있는 위치성과 이로부터 비롯되는 잠재력에 주목한다. 과학기술 윤리에 대한 논의들에서 공학자나 기술 인력들은 종종 비판적 사고의 능력이나 관점을 결여한 것으로 상정되곤 한다. 이때 공학자들은 '윤리적' 관점, 혹은 '비판적' 관점을 습득해야 할 교육과 계몽의 대상으로, 인문사회과학자들은 교육의 내용을 만들고 교육을 수행하는 주체로 상상되기 쉽다. 명시적으로 말해지지 않으나 교육과정 개발 등에서 암묵적으로 공유되는 이러한 관점을 통해서는 이 과정에 참여하는 주체들 사이의 협업, 논쟁, 대화를 상상하기 어렵다. 이 글은 비판적 관점을 결여한, 공학 이외의 사회적 문제에 무관심한 (혹은 이러한 논의에 적대적인) 정형화된 개발자를 상정하는 대신, 자신이 현장에서 수행하고 있는 기술 개발에 대해 의문을 제기하고 지금과는 다른 기술 실행의 가능성에 대해 관심을 가지는, '위치지어진(situated) 주체'로서의 개발자들에 주목하고 이 위치성을 다른 기술을 상상하고 만들어 갈 수 있는 가능성으로 볼 필요성을 주장하고자 한다. 개발자 '일반'과 그들이 가지지 않은 것에 주목하는 대신, 다양한 방식으로 위치지어진 주체들이 기술개발 영역에서 만들어 낼 수 있는 잠재성과 가능성에 주목할 때, 인공지능 기술에 대한 페미니즘적 개입의 전략 역시 새롭게 상상될 수 있을 것이다. 이 글은 인공지능 기술에 대한 비판적 논의에 개입하는 데 있어 기술과학에서 젠더의 문제에 대한 페미니스트 논의의 통찰을 주요하게 도입하는 동시에, 인공지능기술에 대한 페미니스트 개입과 연구의 방향을 새롭게 제시하고자 하는 시도이다.

2. 페미니스트 인공지능의 가능성

이 글은 페미니즘이 과학기술에 대한 비판적 분석뿐 아니라 '다른' 과학기술을 가능하게 할 수 있다는 페미니스트 과학기술학의 논의들을 토대로 인공지능 관련 제품과 서비스의 생산자들에 주목할 것을 제안한다. 과학기술이 표방하는 객관성과 보편성, 가치중립성 등은 페미니즘과 과학기술학이 공통적으로 해체하고자 하는 신화였다. 페미니스트 과학기술학은 여기서 더 나아가 대안적인 과학기술, 즉 페미니스트 과학기술의 가능성을 제시해 왔다.[8]

이 글에서는 과학의 객관성에 대한 비판적 질문을 제기하면서도 과학기술의 대안적 가능성에 주목하고 과학기술 '하기'에 대한 관심을 놓치지 않았던 페미니스트 과학기술학의 통찰을 이어받고자 한다. 인공지능의 가능성에 대한 이 글의 관심사는 상상이나 개념의 차원이 아니라 현실에 관한 것이다. 오늘날 전 사회적

---

[8] 대표적인 페미니스트 과학기술학자로는 이블린 폭스 켈러(Evelyn Fox Keller), 샌드라 하딩(Sandra Harding), 도나 해러웨이(Donna Haraway) 등이 있으며 이들의 이론과 개념을 분석한 국내 학자들의 주요 연구로는 하정옥, 「페미니스트 과학기술학의 과학과 젠더 개념: 켈러, 하딩, 하러웨이의 논의를 중심으로」, 『한국여성학』 제24권 1호, 한국여성학회, 2008; 황희숙, 「페미니스트 과학론의 의의-하딩의 주장을 중심으로」, 『한국여성철학』 제18권, 한국여성철학회, 2012; 조주현, 「실천이론에서 본 해러웨이의 사이보그 페미니즘: 물적-기호적 실천 개념을 중심으로」, 『사회사상과 문화』 제30권, 동양사회사상학회, 2014; 정연보, 「상대주의를 넘어서는 '상황적 지식들'의 재구성을 위하여: 파편화된 부분성에서 연대의 부분성으로」, 『한국여성철학』 제19권, 한국여성철학회, 2012 등이 있다.

인 관심을 받고 있는 인공지능 기술에 어떻게 개입할 것인지, 어떠한 변화를 만들 수 있을지 페미니즘의 가능성을 타진하는 것이 이 글의 목표이다. 이러한 연구의 문제의식은 20여 년 전 페미니스드 과학기술학자 론다 쉬빈저(Londa Schiebinger)가 쓴 책의 제목이기도 한 "페미니즘은 과학을 바꾸었는가?(Has Feminism Changed Science?)" 라는 질문과도 연결된다.[9] 이 질문에 답하는 과정에서 쉬빈저는 페미니즘이 과학기술을 바꾸기 위해서는 급진적인 비판을 제기하는 것에 그치지 않고, 나아가 과학 실천의 일부가 되어야 함을 깨닫는다.[10] 비슷한 시기 테크노페미니즘을 제안한 주디 와이즈먼(Judy Wajcman) 역시 구체적인 기술사회적 실천을 중요시하며 기술과 젠더가 쌍방향으로 서로 구성하는 관계임을 강조했다.[11]

이 글 역시 론다 쉬빈저의 문제의식이나 주디 와이즈먼의 기술-젠더 상호구성론에서처럼 과학기술이 만들어지는 '과정'과 '실천'에 주목한다. 이 글에서는 페미니스트 인공지능을 페미니즘의 문제의식과 관점, 지향을 공유하는 과학자 및 공학자의 '인공지능 하기'로 제안한다. 여기서 '하기'는 헬렌 론지뇨(Helen E. Longino)의 논문에 등장한 "페미니스트로서 과학하기(to do science as a feminist)"[12]라는 말에서 빌려온 것으로, 과학자 사회에서의 정치

---

9 Londa Schiebinger, *Has Feminism Changed Science?*, Harvard University Press, 1999.

10 Londa Schiebinger, "Introduction: Feminism Inside the Sciences", *Signs*, Vol.28, No.3, 2003, pp.859-866; Patricia Adair Gowaty, "Sexual Natures: How Feminism Changed Evolutionary Biology", *Signs*, Vol.28, No.3, 2003, pp.901-921.

11 Judy Wajcman, *Technofeminism*, Polity, 2004.

12 Helen E. Longino, "Can There Be a Feminist Science?", *Hypatia*, Vol.2, No.3, 1987,

적 투쟁이라는 구조적 실천과 과학적 탐구에서의 객관성에 대한 질문 등 지적 실천 어떤 쪽에서든 기존 과학기술에 배태된 편향과 편견을 제거하며 더 나은 과학기술을 만들고자 노력하는 행위를 말한다.[13]

페미니스트 인공지능은 특정하게 규정된 기술적 인공물이나 최종 산물로서의 인공지능이 아니라, 인공지능 개발에 관여하는 종사자들이 페미니즘의 관점 및 지향을 가지고 기술적·사회적 측면에서 인공지능의 편향을 문제시하고 인공지능 정의를 실현하기 위해 노력하는 행위 자체를 의미한다. 따라서 '페미니스트로서 인공지능 하기'로서의 '페미니스트 인공지능'에서, 인공지능에 개입하는 페미니즘은 선험적으로 규정된 개념이나 이론 혹은 방법론이 아니라 현장에서 인공지능을 만드는 개발자의 사유와 실천 그 자체이다. 개발자는 페미니즘의 비판이나 계몽, 교화의 대상이 아니라 페미니즘을 실천하여 더 정의로운 기술을 생산하는 주체가 된다. 정연보가 주장했던 것처럼 "기존에 기술개발에서 배제된 이들 여성들과 소수자들의 경험에 뿌리를 둔 젠더에 대한 편견에 도전할 수 있는 기술의 실행에 대한 고민"이 필요하다고 한다면,[14] 사용자와 소비자로서의 여성뿐 아니라 다양한 방식으로 이 기술

---

p.62.

13 페미니스트 과학기술 하기를 '페미니스트로서 과학기술 하기'로 개념화하는 더욱 상세한 논의는 임소연·김도연, 「페미니즘은 과학을 바꾸는가? 페미니스트 과학, 젠더혁신, 페미니스트 과학학」, 『과학기술학연구』 제43호, 한국과학기술학회, 2020 참조.

14 정연보(2018), 앞의 글, 36쪽.

의 생산에 개입하고 있는 이들에 대한 그리고 이들과 함께 하는 논의들이 적극적으로 이루어질 필요가 있다.

국내에 인공지능에 대한 페미니즘 연구는 아직 많지 않다. 인공지능에 대한 젠더 관점의 비판적 분석을 시도한 연구들이 없는 것은 아니나 '페미니즘으로 인공지능을 어떻게 바꿀 것인가'에 대한 논의는 찾아보기 어렵다. 인공지능 스피커의 여성 목소리,[15] 인공지능의 젠더 편향,[16] 인공지능의 성별화[17] 등 인공지능과 관련한 주요 젠더 이슈들을 개괄하는 선행 연구들이 있으나 기술의 개발 과정에 주목하는 현장 연구는 찾아보기 힘들다. 이와 관련해 '4차 산업혁명' 담론에서 젠더의 문제에 관한 정연보의 연구가 주목할 만하다.[18] 정연보는 기술결정론을 벗어나 4차 산업혁명을 구성 중인 담론으로 바라보며 이 새로운 기술혁명이 여성에게 위기이거나 기회라는 주장에 공통적으로 전제된 젠더본질론을 비판한다. 강이수 역시 여성이 기술을 두려워한다는 본질론적인 가정을 깨고 여성의 "하이브리드적" 가능성을 드러내며 여성차별적인 사회적 환경과 제도를 문제 삼은 바 있다.[19]

---

15 이희은, 「AI는 왜 여성의 목소리인가?: 음성인식장치 테크놀로지와 젠더화된 목소리」, 『한국언론정보학보』 제90호, 한국언론정보학회, 2018.

16 한애라, 「인공지능과 젠더차별」, 『이화젠더법학』 제27호, 이화여자대학교 젠더법학연구소, 2019.

17 이시연, 「"(인공)지능은 성별이 없다고?"」, 『인공지능인문학연구』 제1권, 인문콘텐츠연구소, 2018.

18 정연보(2018), 앞의 글.

19 강이수, 「4차산업혁명과 디지털 성별 격차-여성노동의 쟁점과 현실」, 『페미니즘연구』 제18권 1호, 한국여성연구소, 2018, 170쪽.

한편, 디지털 전환이 젠더 관계에 미치는 영향에 대해서는 상대적으로 많은 논의들이 이루어져 왔다. 특히 4차 산업혁명과 페미니즘 대중화 담론이 시작된 2016년 이후 여성 노동과 페미니즘 운동 관련 논문들이 대폭 증가한 점을 눈여겨볼 필요가 있다.[20] 여성 노동의 경우 디지털 전환이 돌봄 노동에 미치는 영향에 대한 이다혜의 연구[21]와 소셜마케팅 산업에서의 젠더화된 디지털 노동을 분석한 김애라의 연구,[22] 그리고 여성 개발자의 디지털 창의노동의 특성을 잘 보여준 윤명희의 연구[23] 등이 있다. 디지털 기술과 페미니즘 운동의 결합은 가장 활발하게 연구된 영역이다. 디지털 공간을 주축으로 등장한 새로운 페미니즘은 디지털 페미니즘, 온라인 페미니즘, 혹은 SNS 페미니즘 등으로 명명되어 분석의 대상

---

20 디지털 성폭력에 대한 논의는 이 글이 논기에서 상대적으로 벗어나는 주제라서 제외하였으나 페미니즘의 관점에서 디지털 기술을 연구할 때 빠뜨려서는 안 될 주제임은 분명하다. 선행연구로는 다음의 논문들을 참조할 만하다. 홍남희, 「디지털 성폭력의 '불법화' 과정에 대한 연구」, 『미디어, 젠더 & 문화』 제33권 2호, 한국여성커뮤니케이션학회, 2018; 김소라, 「디지털 성폭력의 변화 양상과 '음란성'(obscenity)을 근거로 한 규제의 한계」, 『아시아여성연구』 제57권 1호, 아시아여성연구원, 2018; 윤보라, 「디지털 거주지(digital dwelling)와 성폭력: '카카오톡 단체 채팅방 성희롱 사건'을 다시 보기」, 『페미니즘연구』 제20권 1호, 한국여성연구소, 2020.

21 이다혜, 「4차 산업혁명과 여성의 노동: 디지털 전환이 돌봄노동에 미치는 영향을 중심으로」, 『법과 사회』 제60호, 법과사회이론학회, 2019, 365-397쪽.

22 김애라, 「디지털 노동의 성별성에 관한 비판적 고찰: 여성 '페북스타'의 디지털 노동을 중심으로」, 『언론과 사회』 제24권 4호, 사단법인 언론과 사회, 2016, 98-145쪽.

23 윤명희, 「디지털 창의노동: 여성 게임개발자 사례」, 『문화와 사회』 제29권 1호, 한국문화사회학회, 2021, 91-148쪽.

이 되어 왔다.[24] 이러한 연구들은 디지털 기술이 젠더 관계를 재구성할 수 있는 가능성과 디지털 전환의 문제들을 다양한 관점에서 조망하고 있다. 윤명희, 원유빈의 여성 개발자 연구를 제외하면,[25] 대부분의 연구에서 여성이 디지털 기술의 사용자나 소비자로 등장하는 경향이 있다는 점은 특기할 만하다. 인공지능의 젠더 편향 문제를 해결하기 위해 여성인력의 중요성이 강조됨에도 불구하고,[26] 주변화된 위치성을 가진 개발자들의 가능성에 대한 주목이 이루어지지 않고 있다.

해외에서도 인공지능에 대한 비판적 연구는 지속적으로 확장되고 있지만, 페미니스트 인공지능을 어떻게 만들 것인가에 대한 본격적인 논의는 이제 막 시작되는 단계이다. 최근 북미 인공지능

---

24 장민지, 「디지털 네이티브 여/성주체(Digital Native Fe/male Subject)의 운동 전략: 메갈리아를 중심으로」, 『미디어, 젠더 & 문화』 제31권 3호, 한국여성커뮤니케이션학회, 2016, 219-255쪽; 박채복, 「디지털 공간에서 젠더의 주체화와 저항의 정치: 온라인 페미니즘을 중심으로」, 『동서연구』 제32권 4호, 동서문제연구원, 2020, 123-143쪽; 김애라, 「'탈코르셋', 겟레디위드미(#getreadywithme): 디지털경제의 대중화된 페미니즘」, 『한국여성학』 제35권 3호, 한국여성학회, 2019, 43-78쪽; 김보명, 「페미니즘의 재부상, 그 경로와 특징들」, 『경제와사회』 제118호, 비판사회학회, 2018, 100-138쪽; 김지효, 「페미니스트'들'의 인스타그램: 디지털 평판과 SNS 페미니즘」, 『한국여성학』 제37권 4호, 한국여성학회, 2021, 119-154쪽; 김예란, 「섹스의 윤리화를 위한 페미니즘 제안: 여성의 몸과 디지털 페미니즘의 연합과 연동」, 『한국언론정보학보』 제94호, 한국언론정보학회, 2019, 34-64쪽; 김은주, 「제4물결로서 온라인-페미니즘: 동시대 페미니즘의 정치와 기술」, 『한국여성철학』 제31호, 한국여성철학회, 2019, 1-32쪽.

25 윤명희, 앞의 글; 원유빈, 『남성 중심적 IT 산업에서 여성 개발자의 적응과 대응』, 연세대학교 문화인류학과 석사논문, 2021. 이 두 연구는 디지털 창의노동자로서의 여성개발자에 주목하면서, IT산업 내의 젠더화된 착취의 체계를 비판적으로 분석하고 있다.

26 한애라, 앞의 글.

분야에서 큰 화제가 되었던 케이트 크로포드(Kate Crawford)의 저서 『인공지능 지도책(The Altas of AI)』은 인공지능 윤리를 단순히 코드나 알고리즘의 문제가 아니라 더 큰 물질적, 정치적 차원에서 바라봄으로써 인공지능 비판의 지평을 확장하는 데에는 기여했으나, 비판을 넘어 인공지능 정의를 실현하기 위해 무엇을 만들어나 갈 수 있을지에 대한 논의에는 이르지 못했다.[27] 인공지능과 젠더 관련 연구들의 대부분은 데이터와 알고리즘의 젠더 편향의 문제를 지적하고 이와 관련한 해법을 촉구하는 데 집중해 왔다.[28] 알고리즘의 젠더 편향을 제거하고자 할 때, 축적된 젠더 연구를 보다 적극적으로 참조해야 하며, 이러한 편향에 취약할 수 있는 여성이 이 문제를 더 잘 이해하고 해결할 수 있다는 제안이 있기는 했으나,[29] 페미니스트 기술의 미래가 어떤 것이 돼야 할지 충분히 논의

---

27 Kate Crawford, *The Atlas of AI: Power, Politics, and the Planetary Costs of Artificial Intelligence*, Yale University Press, 2021.

28 Davide Cirillo et al., "Sex and Gender Differences and Biases in Artificial Intelligence for Biomedicine and Healthcare", *NPJ Digital Medicine*, Vol.3, No.1, 2020, pp.1-11; Marta R. Costa-jussà, "An Analysis of Gender Bias Studies in Natural Language Processing", *Nature Machine Intelligence*, Vol.1, No.11, 2019, pp.495-496; Ravi B. Parikh, Stephanie Teeple & Amol S. Navathe, "Addressing Bias in Artificial Intelligence in Health Care", *Journal of American Medical Association*, Vol.322, No.24, 2019, pp.2377-2378; Jieyu Zhao et al., "Men Also Like Shopping: Reducing Gender Bias Amplification Using Corpus-level Constraints", *Proceedings of the 2017 Conference on Empirical Methods in Natural Language Processing*, 2017.

29 Susan Leavy, "Gender Bias in Artificial Intelligence: The Need for Diversity and Gender Theory in Machine Learning", *Proceedings of the 1st International Workshop on Gender Equality in Software Engineering*, Association for Computing Machinery, 2018.

되어왔다고 보기는 어렵다. 일례로 유럽연합에서 2018년과 2020
년 사이에 발행한 19건의 인공지능 관련 문건 대부분에서 젠더 편
향을 직간접적으로 포함하는 데이터 편향 문제는 주요하게 다루
어졌으나 '페미니스트 인공지능' 혹은 '페미니즘'이라는 단어가 포
함된 문건은 한 건도 없었다는 연구 결과가 있다.[30]

젠더 편향에 집중된 연구 경향은 다양한 편향으로부터 자유
로운 인공지능 알고리즘을 만드는 것이 인공지능 윤리를 염두에
둔 인공지능 기술개발의 중요한 목표라는 점에 기인한다. 그러나
젠더 편향을 제거하는 것과 페미니즘을 인공지능에 개입시키는
것은 다른 문제이다. 이런 맥락에서 '페미니스트 인공지능(Feminist
AI)', '〈A+〉 동맹(〈A+〉 Alliance)' 등과 같이 최근 페미니스트 연구자
및 활동가를 중심으로 기존 기술에 대한 비판을 넘어 페미니스트
인공지능 하기를 위한 새로운 실천의 모델들이 모색되고 있는 것
은 주목할 만한 흐름이다. 거대기업이나 권위적 정부 등에 의해 이
미 만들어진 인공지능이 가지는 문제를 지적하는 것을 넘어 유토
피아적 미래를 만들어가기 위한 실행들이 필요하다는 것이다.[31]

이 글은 이러한 '다른' 과학기술의 가능성이라는 전망의 실현
에 있어 현장 개발자들의 가능성과 잠재성에 주목한다. 이어지는
절들에서는 인공지능 윤리에 대한 논쟁의 탈정치성을 중심으로,

---

30   Ariana Guevara-Gómez, Lucía Ortiz de Zárate Alcarazo & J. Ignacio Criado,
     "Feminist Perspectives to Artificial Intelligence: Comparing the Policy Frames of the
     European Union and Spain", *Information Polity*, Vol.26, No.2, 2021, pp.173-192.

31   Renata Avila, "Deploying Feminist AI", *From Bias to Feminist AI*, 〈A+〉 Alliance,
     2021. (https://feministai.pubpub.org/pub/deploying-feminist-ai)

주변적 위치에 있는 개발자들의 역할이 왜 특히 중요해지는지를 논의한 후, 개발자들이 현장에서 마주하는 질문들을 구체적으로 살펴보면서 위치지어진 주체로서의 개발자들의 잠재성에 대해 고찰하고자 한다.

3. 인공지능 윤리를 넘어: 인식론적 '편향'에서 정치적 '차별'로

현재까지의 인공지능과 관련한 정책 및 기술적 논의에서 가장 중요한 화두는 '편향'의 문제이다. 알고리즘에 의해 자동화된 의사결정이 이루어질 때, 이미 사회 안에 존재하는 차별을 재생산하는 결과들을 도출되는 일이 빈번하게 일어남에 따라, 학습 데이터의 결함, 혹은 편향이 문제의 주요 원인으로 지적되어 왔다. 이러한 편향을 시정할 수 있는 방법으로 '알고리즘적 공정성(algorithmic fairness)'에 관한 논의가 국내외에서 활발하게 이루어지고 있는데, 이는 인공지능에 의한 차별을 방지한다는 목적뿐 아니라, 신뢰할 만한(trustworthy) 인공지능을 만드는 데 있어서도 중요한 요소라고 이야기되고 있다.[32]

데이터의 편향을 제거한다는 문제틀은 그 편향을 만들어낸 구조적 차별과 부정의의 문제를 간과하게 만들 수 있다는 점에서 문

---

32 관계부처합동, 「사람이 중심이 되는 인공지능을 위한 신뢰할 수 있는 인공지능 실현 전략(안)」, 2021. 5. 13.

제적이다. 데이터셋의 편향을 연구하는 학자들은 편향을 데이터의 대표성 결여에서 비롯되는 통계적 편향(statistical bias)과 데이터 자체에 사회적 차별의 결과가 이미 반영되어 있는 데서 비롯되는 사회적 편향(societal bias)으로 구별한다.[33] 상용화된 인공지능 안면인식 모델에서 발생하는 오류의 비율이 피부색과 젠더에 따라 다르다는 문제는 통계적 편향의 대표적인 사례이다.[34] 한편 도시 내의 인종 간 분리 분리와 유색 인종 커뮤니티의 빈곤, 인종주의적인 경찰 활동 등의 맥락 속에서 유색 인종의 범죄 건수가 실제보다 과대 평가된 데이터를 활용해 만들어진 COMPAS 시스템이 유색 인종의 재범확률을 높게 평가한 사례나, 아마존의 입사지원서 스크리닝 알고리즘이 여성 지원자의 것이라고 짐작되는 지원서를 저평가한 사례 등은 사회적 편향을 보여주는 대표적인 사례라고 할 수 있다.[35]

'통계적 편향'이 현재 존재하는 세계의 상태를 그 참조지점으로 하는 대표성의 문제를 다룬다면, '사회적 편향'은 그 세계가 어떻게 되어야만 하는가, 즉 역사적으로 이루어졌던 차별과 억압 등으로 왜곡되지 않은 세계는 어떤 모습이어야 할 것인가를 참조지

---

33 Shira Mitchell et al., "Algorithmic Fairness: Choices, Assumptions, and Definitions", *Annual Review of Statistics and Its Application*, Vol.8, 2021, pp.141-163.

34 Joy Buolamwini & Timnit Gebru, "Gender Shades: Intersectional Accuracy Disparities in Commercial Gender Classification", *Proceedings of Machine Learning Research, Conference on Fairness, Accountability and Transparency*, 2018, pp.77-91.

35 오요한·홍성욱, 앞의 글: 한애라, 앞의 글.

점으로 삼는 것이라고 볼 수 있기 때문이다.[36] 이러한 구별은 알고리즘을 학습하고 평가하는 데이터셋이 사회적 구성물임을 명백하게 하는 동시에, 편향을 알고리즘적으로 제거한다는 목표가 실현 가능한 것인지 질문하게 한다. 사회적 편향이 데이터가 이미 반영하고 있는 현실의 부정의에 관한 것이라면, 통계적 편향은 시스템 개발 과정에 참여하고 있는 이들의 의식적, 무의식적 편견과 '코드화된 시선(coded gaze)'의 문제, 그리고 그런 시선이 도전받지 않을 수 있는 업계를 만들어낸 구조적 차별에서 비롯되는 것이기 때문이다.[37] 이처럼 자동화된 예측적 의사결정에서 발생할 수 있는 차별의 문제와 데이터셋 내 편향 문제의 연결은 인식론적인 문제와 정치적 문제가 인공지능 기술에서 어떤 방식으로 얽혀있는지를 잘 보여준다.

한편, 챗봇 '이루다'의 혐오 발언 논란은 최근 다양한 영역에 도입되고 있는 자연어처리(NLP: Natural Language Processing) 알고리즘에 있어 데이터의 문제를 극명하게 드러내는 사건이었다. 기존의 데이터 패턴을 학습함으로써 인간 사회에서 발견되는 차별적 문화와 관습의 패턴을 가지게 된 인공지능이 사용자와 상호작용하면서 사용자들을 취약한 위치에 처하게 할 수도 있다는 문제가 드러난 것이다. 일상적 발화 데이터로 인공지능을 학습시킨 데서 비롯된 이 문제는 데이터의 처리, 알고리즘 개발과 수정 등의 전 과정에서 여기에 관여하고 있는 사람들의 감수성과 가치판단

---

36 Mitchell et al., op.cit.

37 Joy Buolamwini, "When the Robot Doesn't See Dark Skin", *The New York Times*, 2018. 6. 21.

을 더욱 중요하게 강조한다.[38] 일상 언어에서 혐오적 표현이나 차별적 발화가 무엇이며 어떤 문제를 가지는 것인지가 명확하지 않은 상황에서[39] 무엇이 차별적이거나 혐오적인지를 판단하는 작업은 개발 과정에서 이루어지는 크고 작은 정치적 행위로 볼 수 있다. 요컨대 인공지능 기술을 둘러싼 현재의 쟁점들은 편향이라는 인식론적 문제라기보다 그 편향을 만들어내고 이에 의해 증폭될 수 있는 차별이라는 정치적인 문제로 이해되어야 한다.[40]

인공지능 기술의 문제를 '편향'이 아닌 '차별'의 문제로 보는 것은 인공지능 기술의 활용에 의해 사람들이 받을 수 있는 영향이 그들의 사회적 위치에 따라 불균등하게 분배될 수 있다는 사실을 직시하게 하고, 인공지능이 도출하는 예측이나 인공지능에 의한 의사결정이 '객관적'인 것처럼 보일 때도 그것이 만들어내는 효과가 차별적인 것이 명백한 상황이라면 심문의 대상이 될 수 있음을 의미한다. 다시 말해, 페미니스트 인공지능에 대한 논의는 인공지능 정의(AI justice)를 구현하기 위한 것으로, 단순히 편향을 탐지하고 제거하는 기술을 개발할 것이 아니라, 인공지능에 의해 영향을 받는 '사람들' 사이의 차이와 이와 관련된 구조적 차별의 문제

---

38 한애라, 앞의 글.

39 혐오 발화를 포함해 공격적인 언어(abusive language)를 어떤 방식으로 탐지할 것인지에 대한 문제는 자연어처리 분야에서 가장 중요하게 떠오르고 있는 문제 중 하나이다. 공격적 언어를 어떤 방식으로 범주화하고 처리해야 할 것인지와 관련한 난점들에 대해서는 다음의 글을 참조. Bertie Vidgen et al., "Challenges and Frontiers in Abusive Content Detection", *Proceedings of the Third Workshop on Abusive Language Online*, Association for Computational Linguistics, 2019.

40 Catherine D'Ignazio & Lauren F. Klein, *Data Feminism*, MIT Press, 2020.

를 인공지능에 대한 평가에 주요하게 도입하고, 동시에 인공지능의 객관성과 신뢰성에 대한 믿음을 재고할 것을 요구한다.

4. 페미니스트 인공지능 하기의 도구로서의 위치성(situatedness)

차별을 정치적인 문제로 보는 것은 공공성이라는 모호한 윤리적 가치의 추구를 넘어, 차별과 부정의에 대해 적극적으로 질문하고 다른 방식으로 위치지어진 주체들이 어떤 방식으로 영향을 받을 수 있는지에 대해 민감한 감각을 키울 것을 요구하는 것이기도 하다. 이러한 민감한 감각은 보편적 선을 추구하는 보편적 인간 주체가 아닌, 위치지어진 주체의 부분적 시각에서 비롯되는 것이다.[41] 여기서 보편적 진리와 완벽한 객관성을 추구하는, 표지되지 않은 인간 주체의 탈체현된(disembodied) 시각 대신, 특정한 상황 속에 있고 구체적인 몸을 가진 주체들의 부분적 시각들을 새로운 형태의 지식 생산, 페미니스트 객관성의 가능성으로 제안했던 페미니스트 과학기술학의 주장은 중요한 통찰을 제공한다.

도나 해러웨이(Donna Haraway)는 1988년 발표한 「위치지어진 지식들: 페미니즘에서 과학의 문제와 부분적 관점의 특권(Situated Knowledges: The Science Question in Feminism and the Privilege of Partial

---

41   Donna Haraway, "Situated Knowledges: The Science Question in Feminism and the Privilege of Partial Perspective", *Feminist Studies*, Vol.14, No.3, 1988, pp.575-599.

Perspective)」이라는 논문에서 과학의 객관성에 대한 페미니스트 논쟁의 난관을 타개하기 위해 '시각(vision)'의 은유를 새롭게 사유한다.[42] 서구 과학에서 '시각'이 특정한 표식을 가진 몸을 초월한, 그 위치를 특정할 수 없는 지배하는 시선으로 간주되어 온 것과 달리, 해러웨이는 감각 시스템으로서의 시각이 근본적으로 체현된(embodied) 것이라는 점에 주목하고 페미니스트 객관성의 조건으로 특정한 위치성, 보기의 방식, 혹은 삶의 방식과 결부된 것으로서의 부분적 관점(partial perspective)을 제안한다. 서구 과학이 존재하지 않는 위치로부터 모든 것을 보는, 위치를 특정할 수 없는, 그렇기 때문에 해명 책임을 지지 않는 지적 주장들을 특권화해 왔다면, 해러웨이의 「위치지어진 지식들」에서는 서구 과학에서 부정되었던 관점의 부분성과 지식 생산 주체의 위치성이 모든 지식의 비판적, 해석적 핵심 요소로서 중요하게 강조된다. 이는 종속된 자들(the subjugated)의 입장 자체를 순수한 진리 생산자의 위치로 특권화하기 위한 것이 아니다. 주변화된 주체들의 관점이 선호할 만한 것이 되는 것은 그들의 삶, 특정한 방식으로 표지된 몸으로서의 위치성이 서구 과학이 '객관성'을 성립시키는 전략이었던, 억압, 망각, 스스로의 흔적을 지우는 등의 행동을 통해 "아무 곳에도 있지 않으면서 광범위하게 볼 수 있다고 주장하는 방식"[43]을 허용하지 않을 가능성이 가장 높기 때문이다.

---

42 'situated knowledges'는 흔히 '상황적 지식들'로 번역되지만, 이 글에서는 그 지식들을 생산하는 주체의 위치성, 관점의 부분성과 한계성을 강조하기 위해 '위치지어진 지식들'이라고 번역했다.

43 Haraway, op.cit., p.584.

시각, 관점, 지식의 부분성과 위치성, 그리고 해명 책임에 대한 해러웨이의 강조는 과학적 지식생산에 대한 논쟁의 맥락에서 제기된 것이지만, 빅데이터와 인공지능 기술이 결합하면서 생기는 다양한 문제들에 대응해야 하는 현재의 맥락에서 흥미로운 시사점을 가진다. 인공지능 알고리즘이 구조적 차별에 의해 생산된 데이터를 바탕으로 의사결정을 함에 따라 차별을 증폭하고 재생산하는 사례나 알고리즘에 의해 개인화된 형태로 제공되는 콘텐츠들이 사회적 갈등과 대립을 더욱 강화하는 현상 등이 보고됨에 따라 알고리즘의 중립성에 대한 비판이 강하게 제기되고 있기는 하지만, 이에 대한 기술적 대안으로 제시되는 알고리즘의 공정성, 투명성, 설명가능성(fairness, transparency, explainability) 등에 관한 논의는 아무 곳에도 있지 않으면서 광범위하게 볼 수 있다는 '객관성'의 신화를 반복, 재생산할 우려가 있다. 물론 이러한 기술적 논의들 속에서 인공지능이 무엇을 해야 하는지, 인공지능이 '공정하다'는 것이 무슨 의미인지, 어떤 것을 '차별'로 보고 어떤 것을 '편향'이라고 볼 것인지 등의 문제를 둘러싼 논쟁들은 다양하게 이루어질 수 있고, 또 이루어져야만 한다. 그러나 이러한 논쟁들은 어떤 '객관성'을 추구할 것인가에 대한 문제와 연관되며, 다른 위치에서 가능해지는 부분적 관점, 세계에 대한 특정한 형태의 앎의 방식들, 그 앎과 결부되는 삶의 방식들이 경합할 때만 유의미한 것이 될 수 있다.

페미니스트 데이터 과학의 가능성을 제시하고 이를 가능하게 하기 위한 전략들을 모색한 『데이터 페미니즘(Data Feminism)』의 저자인 캐서린 디냐지오(Catherine D'Ignazio)와 로렌 F. 클라인(Lauren

F. Klein) 역시 '위치지어진 지식'과 부분적 관점에 대한 논의를 따라, 주체의 위치성에 대한 강조를 더 나은 데이터 과학을 만들기 위한 전략으로 제시한다. 젠더, 인종, 계급, 능력, 교육적 배경 등 각각의 사유와 실천에 스며들어 있는 위치성의 문제를 "우리의 작업에 편향을 만들어낼 수도 있는(that might have biased our work) 위협이나 영향으로 보는 대신, 그 위치성들을 우리의 작업의 틀을 만들 수 있는 가치 있는 관점들을 제공하는 것"으로 기꺼이 받아들일 때, 창의적이면서도 새로운 질문들이 생성될 수 있다는 것이다.[44]

이러한 관점에서 볼 때 '인공지능 윤리'라는 이름으로 이루어지고 있는 일련의 논의들 역시 문제적이라고 할 수 있다. 특히 인공지능의 사회적 영향과 관련한 문제들이 '윤리'와 '신뢰성'으로 수렴되는 경향은 명확하게 문제적이다. 상황적 지식과 부분적 시각에 대한 논의는 인공지능의 편향을 제거할 수 있는 기술적 해결책에 초점을 맞추기보다, 다른 위치성을 가진 주체들이 가진 지식과 이들이 제기하는 문제를 기술의 개발과 개선을 위한 동력으로 새롭게 위치시킬 필요성과 전망을 제시한다. 이렇게 볼 때 인공지능 기술에 관한 논쟁은 이 기술과 관련한 추상적 '윤리원칙'을 수립하는 것으로 종결될 수 없다. 인공지능 기술과 관련된 문제가 알고리즘 설계뿐 아니라, 특정한 사회적 맥락 안에서 생성된 데이터들이 다양한 방식으로 처리되어 인공지능을 학습시키고, 그렇게 개발된 서비스와 사용자들의 상호작용 속에서 특정한 사회적

---

44 D'Ignazio & Klein, op.cit., p.83.

효과들을 만들어낸다면, 기술개발의 전 과정이 논쟁에 열려 있어야 할 것이다. 서비스를 기획하고 기술을 개발하는 관련 산업 노동자 개개인의 부분적 관점들 역시 이러한 논쟁의 과정에서 의미 있는 것으로 간주되어야 한다.

개발 과정은 데이터를 어떻게 분석할 것인지, 알고리즘을 어떻게 평가하고 수정할 것인지에 관한 크고 작은 의사결정과 가치판단을 수반한다. 이 과정에 관여하는 개발자들이 각 기업의 이윤 추구 지향이나 기술적 합리성에 대한 추구라는 경향으로부터 자유로울 수는 없겠지만, 이들이 개발 과정에서 내리는 크고 작은 결정들이 단지 그러한 기술적, 경제적 합리성에만 근거한다고 보기는 어렵다.[45] 이들이 특정한 방식으로 위치지어진 한국 사회의 구성원으로 '우리'와 담론적 장을 공유하고 있는 사람들이라는 점에 주목한다면, 이들이 개발 과정에서 마주하게 되는 질문이나 고민은 인공지능 윤리의 추상적이고 탈정치화된 원칙을 넘어, 문화와 기술이 얽혀 있는 지점에서 새로운 실천을 만들어낼 가능성으로 이어질 수 있을 것이다.

이러한 관점은 과학기술 분야에서 성평등을 위한 논의들 역시 적극적으로 재구성될 필요성을 제기한다. 과학기술 분야의 여성을 포함한 소수자의 참여를 지원하는 것은 단순한 인적 다양성의 문제가 아니라, 부분적 시각을 가진 위치지어진 주체들이 새로운 논쟁을 만들어내고 다른 방식으로 과학기술을 '할' 수 있는 조

---

45 Nick Seaver, "What Should an Anthropology of Algorithms Do?", *Cultural Anthropology*, Vol.33, No.3, 2018, pp.375-385.

건으로 이해되어야 한다. 이를 위해서는 엔지니어로서의 사회적
책임이나 윤리 등 추상적 원칙을 강조하면서 기술과 사회의 분리
를 상정하는 기존의 공학윤리 교육을 넘어, 위치지어진 주체로서
가지게 되는 부분적 시각들의 한계와 가능성을 받아들이고 기술
에 대한 논쟁과 다른 실천의 가능성을 강조하는 형태의 교육방식
역시 적극적으로 모색되어야 한다.[46] 이러한 모색의 과정에서 우리
는 인공지능 및 빅데이터 분야에서 일하고 있는 청년 노동자들과
관련 업계 진출을 모색 중인 이들이 가지고 있는 역량과 가능성에
주목할 것을 제안하고자 한다.

5. 현장의 목소리 속 페미니스트 인공지능의 가능성[47]

개발 업무를 수행하는 실무자들을 교육의 대상으로 보는 대
신, 변화를 만들어낼 수 있는 잠재성과 역량을 가진 이들로 보아
야 한다는 문제의식은 이 글의 저자들이 2021년 IT 분야 성평등
관련 정책과제를 수행하는 과정에서 생겨났다.[48] 저자들은 IT 산

---

46 D'Ignazio & Klein, op.cit.

47 이하의 내용은 여성가족부 연구용역으로 한유진, 이지은, 고은정, 임소연이 공
동으로 수행한 『글로벌 성평등 의제 및 정책사례 연구』(보고서 발간등록번호:
11-1383000-001109-01), 여성가족부, 2021에서 수집된 자료를 활용해 분석
했다. 주로 연구보고서의 인터뷰 자료를 활용하되, 이에 대한 분석은 새롭게 수
행했다.

48 한유진 · 이지은 · 고은정 · 임소연, 『글로벌 성평등 의제 및 정책사례 연구』, 여

업의 최근 동향 및 미래 전망, 업계 내의 젠더 문제와 인공지능 및 빅데이터 등 새로운 기술들을 둘러싼 젠더 이슈들에 대한 현장 인력들의 관점을 파악하기 위해 경력 10년 미만의 IT업계 종사자 4인, 경력 10년 이상의 중간관리자급 현장인력 5인, 국내 유수의 IT 기업 임원 3인을 섭외하여 초점집단 인터뷰(FGI)를 수행하였다. 이 과정에서 흥미로웠던 것은 경력 10년 미만의 종사자들과 2000년을 전후로 업계에 진입한 이전 세대 개발자들 사이의 차이였다. 이전 세대 개발자들과의 FGI에서는 컴퓨터공학 등 공학적 백그라운드에서 기술적 문제를 해결하는 여성 기술 인력으로서의 위치가 보다 중요하게 부각되었다면, 청년세대 개발자 그룹과의 FGI에서는 사회문화적 맥락 안에서 만들어지고 수집되는 데이터와 이를 통해 학습된 알고리즘이 사회에 미치는 영향 등의 문제와 이 과정에 여러 방식으로 참여하는 개발자로서의 고민이 주요하게 논의되었다. 이러한 차이는 인공지능 기술이 일상적으로 활용되는 서비스에 널리 활용되는 상황 등 업계 내부의 변화, 기술과 사회의 관계에 대한 담론 지형의 변화 등과 무관하지 않은 것으로 보인다. 이러한 현장에서 데이터를 어떻게 다룰 것인지, 알고리즘을 어떻게 개발할 것인지는 기술과 문화가 얽혀있는 지점에서 어떤 실행을 할 것인가의 문제와 직결되며, 여기 참여하고 있는 개발자들의 문제의식은 추상적인 원칙 수준에 머물러 있는 인공지능 윤리에 대한 논의를 넘어서는 구체적인 실행상의 질문 역시 중요하게 부각한다. 이 절에서는 먼저 FGI 방법과

성가족부, 2021.

참여자들에 대해 소개한 후, FGI에서 특히 중요하게 등장했던 자연어처리에서 혐오 발화의 문제와 인공지능 알고리즘의 편향이라는 두 인공지능 윤리 사례에 대한 토론을 중심으로 인공지능 기술에 대한 페미니즘적 비판과 새로운 전망을 구상할 필요성에 대해 논의하고자 한다.

5.1. FGI 방법 및 참여자의 특성

이 글의 분석 대상은 경력 10년 미만의 젊은 종사자 그룹이 참여한 FGI 자료이다. FGI는, 2021년 10월 22일, 연구자 2인과 연구 참여자 4인이 모두 참석한 가운데 온라인 화상회의 줌(zoom)을 이용한 비대면 방식으로 2시간 30분 동안 진행되었다. 인터뷰 내용은 참여자의 동의를 얻어 녹음하였으며, 녹음된 내용을 전사하여 자료화하였다. FGI 진행을 위해 업계 동향, IT 분야의 기술적 변화들이 성평등에 미칠 영향, 업계 내 인적 다양성, 그리고 디지털 기술과 젠더 갈등 사이의 관계 등의 항목을 중심으로 질문지를 구성해 미리 배포했으나, 실제 FGI는 연구 참여자들 사이에서 자유로운 대화와 토론이 이루어지는 가운데 대화의 흐름에서 특히 중요하게 등장한 주제들에 집중하여 보다 심도 있는 의견 교환이 이루어질 수 있도록 했다. 연구 참여자는 연구진이 기존에 가지고 있던 인적 네트워크를 활용해 모집했는데, 이 과정에서는 젠더 문제에 개인적 관심을 가지고 활동해 왔거나 이 문제가 중요하게 고려되는 영역에서 개발 및 기획업무를 수행하고 있는 참여자들을 섭외하고자 했으며, 흔히 '코딩'이라고 일컬어지는 개발 업무 외에도 데이터 관리, 서비스 기획 등 개발 과정의 다양한 단계를 담당하는 종사자들을 포함시키고자 노력했다. 알고리즘 등 기술개발과 각 기업에서 상용화고자 하는 서비스의 기획, 그리고 이 알고리즘을 학습시키는 데 쓰이는 데이터의 문제가 긴밀하게 연결되어 있음을 고려한 것이다.

연구 참여자의 연령은 특별히 고려하지 않았으나, 10년 미만의 경력을 가진 개발자들이라는 점 때문에 결과적으로는 20대와 30대의 청년 세대 개발자들을 섭외할 수 있었다. 다양한 형태의 사회 운동에 적극적으로 참여해 왔고 성평등 문제에도 큰 관심을 가지고 있다고 추천을 받았던 한 명의 참여자(구정석)의 경우를 제외하고, FGI 참여자들이 페미니즘이나 성평등 관련 쟁점들에 대해 어떤 입장을 가지고 있는지는 섭외 과정에서 중요하게 고려하지 않았다. 이들은 스스로를 페미니스트라고 밝히지는 않았지만, 대화 과정에서 이들이 성평등의 가치에 대해 어느 정도 공감대를 가지고 있으며, 젠더 갈등이나 혐오, 차별 등의 문제와 기술의 관계에 대해 상당한 관심을 가지고 있음을 확인할 수 있었다. 페미니즘 대중화와 '젠더 갈등', 챗봇 '이루다'를 둘러싼 혐오 발화나 인공지능 관련 서비스에서 여성의 재현 등 논란을 업계 종사자로 경험했던 점은 이들이 기술과 사회의 관계에 대해 고민하게 만들수 있는 맥락을 제공하는 것으로 보였다.

FGI 과정에서 참여자들이 보다 열정적으로 토론했던 내용은 그간 국내 과학기술 분야 성평등 정책 논의에서 중심이 되어왔던 교육과정 및 경력개발 과정에서의 성차별 문제보다, 빅데이터와 알고리즘 기술이 결합되는 서비스들에서 차별이나 혐오가

증폭되고 재생산되는 문제나, 추천 알고리즘 등이 에코챔버를 만들어내고 갈등을 심화시키는 등의 문제였다. 이러한 주제들은 이미 대중적으로도 널리 논의되고 있지만, 개발자들의 경우에는 이런 문제들을 어떻게 기술적으로 해결할 수 있을 것인지, 이를 위해 어떤 질문들이 던져져야 할지, 이 과정에서 어떤 협업들이 필요한지 등을 보다 구체적으로 고민하고 있다는 점에 주목할 필요가 있다. 이 FGI에서 인공지능과 성평등에 관한 다양한 쟁점들 중 혐오 발화나 추천 알고리즘의 문제가 중점적으로 논의된 것 역시 이들의 직무와 밀접한 관련이 있다. 모집과정에서 의도한 것은 아니지만 대부분의 참여자가 자연어처리와 개인화 추천 알고리즘 등 '문화'와 밀접하게 관련된 업무를 수행하고 있었다. FGI 참여자의 업무영역 등은 아래의 표로 제시했으며 각 참여자의 이름은 익명으로 처리했다.

〈표 1〉 FGI 참여자의 업무영역

이름	성별	나이	담당 업무
구정석	남	30대 중반	자연어 처리 인공지능 관련 스타트업 개발자
김영미	여	20대 중반	IT 대기업 개발업무(개인화 추천 알고리즘 개발)
정수민	여	30대 초반	인공지능 및 빅데이터 관련 스타트업 언어 데이터 관련 업무
차민서	여	30대 중반	인공지능 챗봇 스타트업 서비스 기획 업무

5.2. 현장에서 마주하는 문제들

5.2.1. '편향'이라는 문제: 편향 없는 알고리즘은 가능한가

FGI 과정에서 주목할 만한 부분은 '편향(bias)'이라는 용어가 빈번하게 언급되었다는 점이다. 앞서 언급했듯, 편향은 종종 알고리즘이 '공정'하게 작동하기 위해, 그리고 알고리즘의 신뢰성을 높이기 위해 제거되어야 하는 문제로 논의되곤 한다. 하지만 자동화된 의사결정 등의 영역이 아닌, 개인화 추천 알고리즘이나 챗봇 등 사용자와 알고리즘 사이의 상호작용이 부각되는 영역에서 일하고 있는 개발자들은 편향의 문제에 대해 다른 관점을 제시했다.

최근 디지털 공간을 중심으로 증폭되고 있는 젠더 갈등에 관한 주제가 언급되었을 때, 개인화 추천 알고리즘을 개발하고 있는 개발자 김영미는 알고리즘이 그런 갈등에 기여하고 있다는 점에 대한 고민을 밝혔다. 개인화 추천 알고리즘이 특정한 콘텐츠들을 추천하는 것이 단순한 '개인화'가 아니라, 각각의 사람들의 선택에서 특정한 경향성을 강화하고 서로 다른 사람들 사이의 간극을 더 크게 하는, 에코챔버를 만드는 역할을 하는 것에 대한 생각이었다.

> SNS에 개인화가 많이 적용이 되고 있잖아요. 그러다 보니 내가 A에 관심이 있어서 A를 한 번 보면 A를 계속해서 띄워주는 거예요. 그렇게 하다가 더 극단으로 모일 수도 있다고 저는 생각해요. … 선택을 하는데 알고리즘이 계속 개입을 하고 있는 거죠. 그러니까 그런 것들이 좀 극단적으로 가지 않도록 '중화' 작용을 하는 데 알고리즘이 쓰일 수 있겠다고 생각해요. … 여기는 당연히 트레이드오프 관계가 있어요. 맞춤추천을 해주는데 계속해서 똑같이 한 방향에 대해서만 추천을 해주면 더 극단적으로 갈 수도 있는 거고, 이런 문제에 대해 고민을 많이 해야 하는 어려움이 있지요. (김영미)

개인화 알고리즘이 유사한 관심을 가졌다고 기대되는 사람들 사이의 연결을 강화하고 특정한 정보의 유통을 가속화시키면서 사람들을 '극단으로 모으는' 역할을 할 수 있음은 여러 학자들에 의해 지적되어 왔다.[49] 여기서 문제가 되는 것은 알고리즘의 편향이라기보다 사람들이 알고리즘과의 상호작용에 의해 가지게 되는 편향이라고 할 수 있다. 김영미는 사용자가 접할 수 있는 정보들 사이의 산술적 균형을 맞추고 이들이 접하는 정보나 의견들을 '중화'할 수 있도록 알고리즘을 설계할 수 있는 방안을 고민해야 할 것이라고 생각하지만, 이것이 기업에서 추구하는 '성능'과 모순된다는 점 역시 인지하고 있다. 기술적, 경제적 합리성을 추구하는 기업 안에서 개별 개발자가 이 딜레마를 해결할 수는 없겠지만, 김영미의 고민은 개발자 역시 젠더 갈등을 포함한 수많은 사회적 갈등을 겪고 있고, 그것이 여성을 포함한 소수자들에게 불필요한 고통을 유발하고 있다는 것이다. 이는 한국 사회를 살아가는 사람으로서, 다른 가치를 추구하고자 하는 개발자들이 존재하고 있음을 드러낸다. 기술과 삶, 사회적 관계들이 분리불가능하게 얽혀 있는 상황에서 이러한 개발자들의 존재는 새로운 방식의 논의와 실행, 협업의 필요성을 제시하는 동시에 그 가능성을 열어놓는 것이기도 하다.

한편, 차민서는 편향을 제거할 수 있다는 관점에 대해 회의적이다. 결국 알고리즘은 항상 특정한 목적을 가지고 개발되고, 여

---

49 Matteo Cinelli et al., "The Echo Chamber Effect on Social Media", *PNAS*, Vol.118, No.9, 2021.

기에는 가치판단이 개입할 수밖에 없다는 것이다. 알고리즘의 편향 제거에 대한 기존 논의에서 객관성과 중립성이라는 환상이 유지되고 있다면, 차민서는 객관성과 중립성이 아닌 부분적 시각과 가치판단의 문제를 강조한다.

> 저는 어떤 것이 좋은 바이어스고 어떤 것이 아닌 바이어스인지 골라내는 것도 되게 중요하다고 생각을 해요. … 서비스라는 것도 개발을 하는 목적이 있으면 그 목적 외의 것들은 조금 우선순위를 낮춘다는 거고, 그게 결국 전 편향과 관련이 있다고 생각하거든요. 그래서 저는 아까 말한 것처럼 의도는 해치지 않으면서 비합리적인 차별이나 좋지 않은 편향이 일어나는 것을 막을 수 있게 될 수 있지 않을까 생각해요. (차민서)

편향의 불가피성을 강조하는 것은 알고리즘의 시각 역시 위치를 특정할 수 없는 근대적 의미에서의 객관성을 담보하는 것이 아니라 그 개발의 목적과 관련한 부분적 시각임을 인정하는 것이다. 개발 과정에서 무엇을 우선순위로 두고, 어떤 문제들을 방지하고자 할 것인지는 여기 참여하는 이들의 위치성, 그들의 경험 및 관점과 무관할 수 없다. 차민서는 좋은 서비스를 개발하는 데 있어 '경험의 총합'이 중요하다고 말하기도 했다. 단순히 '여성 개발자'를 추가하는 것이나 '전문인력'이 만들어낸 가이드라인에 따라가는 것이 아니라, 다양한 위치성에서 비롯된 경험을 가진 사람들이 함께 작업을 하면서 예상하지 못했던 문제들을 발견하고 해결방안을 모색할 수 있다는 것이다. 결국 어떤 "사람의 경험은 제한되어 있기" 때문에 개발 과정에 참여하는 사람들의 다양성은 중요한 문제가 된다. 경험의 '제한'은 달리 말하면 개발자 각각의 위치성에서 비롯되는 부분적 시각이며, '경험의 총합'이 좋은 기술을 만들어낼 수 있을 것이라는 믿음은 그 부분적 시각들이 만들어낼 수 있는 더 나은 기술의 가능성에 대한 낙관이기도 하다.

5.2.2. '혐오 발화' 대응 문제: 원칙들을 어떻게 실행할 수 있는가

기획 및 개발 업무에 종사하는 개발자들에게 중요한 것은 어떤 가치를 지향할 것인가의 문제뿐 아니라, 이 가치를 어떻게 실제 제품이나 서비스에서 구현할 것인가에 관한 것이다. 사용자와 제품의 상호작용이 이루어지는 상황에서 구체적인 실행의 문제는 더욱 중요해진다. FGI에서 이러한 문제는 특히 챗봇 '이루다'의 혐오 발화 사례를 통해 논의되었는데, 이는 당시 참여자 대부분이 NLP 관련 개발 업무를 하고 있고, 언어에 있어 맥락의 문제를 중요하게 고려하고 있었기 때문으로 보인다. '이루다 사건' 당시 언론과 관련 전문가들은 데이터의 '편향'에서 비롯된 혐오 발화의 문제를 지적했지만, 현장에서 보기에 이런 논의들은 지나치게 추상적이고 모호한 것이었다.

딥러닝 기술의 발전으로 인해 대화의 '콘텍스트'를 이해하는 것처럼 '행동'할 수 있는 알고리즘이 개발되고 있지만, 그 거대한 데이터가 학습한 언어들은 정제된 언어가 아니며, 발화자들이 가진 편견이나 차별적 사고, 혐오 역시 이 데이터셋에 이미 '깃들어' 있다는 것은 이미 널리 알려진 사실이기 때문이다. 혐오 발화 등 비윤리적인 발화의 문제가 중요한 화두가 되면서, 개별 개발자나 연구자, 정부 기관 등이 관련 데이터셋을 구축하고 이를 감지하기 위한 알고리즘을 개발하기 위해 노력하고 있는 상황이지만, '혐오'를 어떻게 정의할지는 여전히 논쟁적이다.[50]

이에 더해, 서비스 개발과 관련해서는 보다 구체적인 쟁점이 제기된다. 예를 들어 인공지능 챗봇 서비스를 기획하면서 챗봇의 혐오 발화를 비롯한 '편향'적인 발화라는 문제를 해결하고자 애쓰고 있는 차민서와 구정석은 이 문제가 단순히 혐오 발화를 감지하는 수준의 문제를 넘어, 사용자와 챗봇의 상호작용이라는 특수한 상황을 고려해야 하는 문제임을 지적한다.

> 편향적인 발언이냐 아니냐 그런 것들은 다 완벽하게 걸러낼 수 없어도 … 일반적으로 사회적으로 합의된 것에 대해서는 (필터링을) 할 수도 있거든요. 사람들이 평가할 수 있는 것들은 걸러낼 수가 있거든요. 근데 서비스에서 (챗봇이 혐오발언에 대한) 대응은 어떻게 하지? (예를 들어) 성소수자에 대한 뭔가를 얘기했을 때 내가 성소수자에 대해서 어떻게 말하는 것이 올바른가. 그런 것에서는 진짜 갈피를 잡기 어려운 것 같아요. … 그 사람(대화상대)은 어쨌든 성소수자이기 전에 그 사람이기 때문에 그거에 대해서 특정한 방식으로 얘기하는 것이 저는 또 뭔가 부자연스럽게 느껴질 때도 있거든요. (차민서)

---

50 TaeYoung Kang et al., "Korean Online Hate Speech Dataset for Multilable Classification: How Can Social Science Improve Dataset on Hate Speech?", *arXiv e-prints*, 2022.

모 회사에서 만든 챗봇에 여러 질문을 던져 보니까, 성소수자와 관련된 단어가 들어가기만 하면 무조건 "우리는 모두 소중해"라는 답변을 하는 거예요, 어떤 대화 맥락이든. 다른 대화에는 맥락을 따라가다가 뭔가 하는데 그 성소수자와 관련된 단어가 문장 속에 포함되어 있기만 하면 갑자기 말 끊고 "우리는 모두 소중해" 이러면서 앞에 했던 내용을 다 잊어버리는 그런 행동 패턴을 보이더라고요. (구정석)

이 이상한 '행동패턴'은 딥러닝에 기반해 사용자의 발화의 콘텍스트를 파악하고 그에 걸맞은 응답을 하도록 설계된 챗봇에서, 민감한 주제라고 생각되는 것들을 예외적인 것으로 분류해 특정한 응답을 제출하도록 했기 때문에 생겨나는 문제이다. 대중들 사이에 널리 퍼져 있는 혐오나 차별이 응답으로 제출되는 것이 문제적이라는 점은 명확하지만, 거기에 어떤 '응답'이 적절한 것인지는 분명하지 않다. 예컨대 안전할 것이라고 기대하고 삽입한 '우리는 모두 소중해'라는 응답이 실은 성소수자를 '예외적'인 존재, 통상적인 혐오의 대상이라고 전제하는 것으로 읽힐 가능성은 없을까? 이런 면에서 무엇을 하지 말아야 할 것인지를 넘어, 무엇을 어떻게 '만들어' 내야 할지에 대한 논의들이 더 많이 이루어져야 한다는 개발자들의 지적은 중요한 의미를 가진다.

(이러한 문제들은) 결국 현재 한국 사회 상황에서 (문제 해결이) 각각의 회사들에게 좀 내맡겨져 있기 때문이 아닐까 합니다. 이렇게 하면 좋을 것 같아요, 저렇게 하면 좋을 것 같아요 같은 제안보다

는, "이렇게 하지 마, 저렇게 하지 마" 하는 식의 발화만 많은 것 같구나 하는 생각이 들어요. 어떤 학자들은 혐오 표현에 맞서서 공론장에서는 대항 표현을 하는 주체들이, 행위자들이 있어야 한다 그런 논의도 하잖아요. … 그렇다면 AI의 경우에는 어떻게 해야 될 것인가에 대해서도 그런 분들이 조금 더 관심을 가지고 먼저 화두를 좀 던져주시면 좀 더 재미있어지지 않을까 하는 생각을 하고 있습니다. (구정석)

구정석은 일상 언어 데이터의 복잡성에 대한 고려 없이 이루어지는 비판들이 실제로 인공지능 업계 안에서 문제를 해결하는데 큰 도움이 되지 않음을 지적한다. 어떤 말이 발화될 수 있는 말이고, 어떤 말이 그렇지 않은 것인지를 어떻게 판단할 것인가 하는 문제의 복잡성은 무시하고, '편향을 없애자'고 하는 것은 공허한 선언에 지나지 않을 수 있다. 혐오 발화와 '대항 표현'에 관한 언급은 퀴어 이론, 사회과학 등에서 혐오 발화에 대한 논쟁들[51]에 대한 그의 관심을 반영하는 동시에, 금지가 아닌 다른 돌파구를 찾아내고자 하는 욕구의 표현이기도 하다. 동시에 이 언급은 챗봇과의 대화에서 혐오 발화가 인간들 사이의 대화에서 혐오 발화와 대등한 것이 아니라는 점을 일깨우기도 한다. 왜, 어떻게 특정한 발화가 문제가 되며, 그에 대한 응답은 어떠한 효과를 가지는가의 문제 역시 새롭게 질문되어야 할 필요가 있다. 이는 여기서 문제가 되는 것이 단순히 나쁜 것을 피하는 것이 아니라, 더 좋은 것을

---

51 주디스 버틀러, 유민석 역, 『혐오 발언』, 알렙, 2016.

만들어내는 것이기 때문이다. 그리고 '하기'는 비판 이외에 무엇을 지향할 것인지, 어떻게 그것이 가능할 것인지에 대한 논의를 필요로 한다.

6. 위치지어진 개발자의 페미니스트 인공지능 하기

인공지능을 둘러싸고 벌어지는 다양한 문제적 상황들은 개발자들로 하여금 편향의 불가피성과 가치의 문제에 대해 성찰할 것을 요구한다. FGI에 참여했던 개발자들의 문제의식은 실제 데이터를 다루고, 알고리즘을 만들고 평가하는 일을 하면서, 그 알고리즘이 결국 대중과 만나는 '서비스'가 될 때 어떤 일들이 벌어지는지에 대한 관심에서 비롯된다. 이러한 관심은 개발자들 역시 다른 사회 구성원들과 담론장을 공유하는 사람들이며, 그들 역시 각각의 경험으로부터 비롯되는 부분적 시각을 가진, 그리고 더 나은 '가치'를 추구하기 때문에 가능해진다. 우리는 개발자들이 무엇을 결여하고 있는지가 아니라, 그들이 개발 과정에서 더 '좋은' 방향이 무엇일지 질문하고 있다는 사실에 주목하고자 한다. 비록 이런 질문을 던지는 개발자들이 소수에 불과하더라도, 이들의 질문은 다른 인공지능의 미래를 상상할 수 있는 잠재성을 내포한다는 점에서 중요하다.

더 나은 인공지능을 만들기 위해 필요한 것은 외부의 전문가들이 인공지능에게 (그들이 결여하고 있다고 생각되는) 윤리를 '가르

치거나' 추상적인 가이드라인을 제시하는 것이 아니라, 잠재력을 가진 개발자들이 더 좋은 실천을 할 수 있도록 그 방법을 '함께' 찾아가고, 그 과정에서 생길 수 있는 크고 작은 오류들을 함께 고민하는 방식이다. '하지 말아야 할 것'과 '해야 할 것'을 규정하는 것도, 각각의 판단들을 개별 업체에 맡기는 것도 대안이 되기 어렵다. 오히려 문제는 무엇이 좋은 것인지에 대한 논의를 구체화하고 다양한 실천의 방식들을 공유하면서, '하기'를 위한 실험을 함께 하는 것이다.[52]

개발자들이 현장에서 마주하는 고민들은 사소해 보일 수 있지만, 구체적인 사용자들과 사용 상황들에 대한 이야기들은 그간 일반적 원칙에 초점을 맞추었던 논의들로부터 벗어날 수 있는 단서를 제공한다. 그런 가능성은 개발자들이 '인공지능 윤리', 혹은 '기술의 사회적 책임'에 대해 알고 있는 것에서 오는 것이라기보다는, 그들이 한국 사회에서 여성으로서, 혹은 다른 형태의 소수자로서 점하고 있는 위치와 겪었던 경험들과 무관하지 않다. 특정한 경험과 위치성이 그 자체로 좋은 개발을 담보할 수는 없겠지만, 각각의 개발자들이 가진 '다른' 관점들은 이전에는 포착되지 않았던 문제들을 발견하고 새로운 해결책을 찾아가는 데 기여할 가능성을 가지고 있다. 개발자들이 가진 '다른' 기술, 더 좋은 기술에 대한 욕구와 관심이 일종의 잠재적 역량이라면 그 역량을 어떻게 발견하고 발휘할 수 있을 것인지가 문제가 된다. 개발자들에게 특

---

52 Deboleena Roy, *Molecular Feminisms: Biology, Becomings, and Life in the Lab*, University of Washington Press, 2018.

히 중요한 것이 '무엇'을 '어떻게' 만들 것인지의 문제라면, 일반적인 윤리적 원칙을 강조하거나 인공지능의 문제에 대해 비판하는 것으로는 충분하지 않다. 새로운 형태의 지식과 기술, 실행의 모델들을 함께 만들어내는 것이 보다 중요하다.

따라서 기술에 대한 페미니스트 개입으로서 인공지능 '하기'의 문제에 더욱 집중할 필요가 있다. 여기서 '하기(doing)'는 기술의 '실천'을 강조하는 것으로 '만들기(making)'를 포함하며, 페미니스트 인공지능이 완성된 결과물이 아닌 과정 중에 있는 것임을 강조한다. 데이터 페미니즘, 페미니스트 인공지능 등을 제안하는 여러 연구자들과 활동가들이 비판적 진단을 넘어 새로운 과학기술을 어떻게 할 것인가에 대해 활발한 논의를 펼치고 있다. 새로운 형태의 착취와 폭력, 통제와 편견 등을 중심으로 하는 여성과 디지털 기술에 대한 지금의 담론이 대안적 미래를 상상하기 어렵게 하고 기술을 거대기업과 권위적 정부의 전유물로 남겨둘 것에 대한 우려 속에서 참여적이고 집합적인, 다른 형태의 인공지능 만들기 실천이 제안되고 있다.[53] 『데이터 페미니즘』에서 디냐지오와 클라인은 페미니스트 관점에서 기존의 데이터 과학을 비판적으로 분석하는 것에서 멈추지 말고, 구조적 억압이나 제도의 태만으로 인해 수집되지 않은 데이터들을 수집할 것, 알고리즘을 평가하고 기관의 해명책임을 요구할 수 있는 도구를 개발할 것, 데이터 과학 분야에 소수자들, 주변화된 주체들이 새롭게 진입하여 이 영역의 인구 구성을 바꾸고 새로운 세대의 데이터 페미니스트를 기를 수

---

53   Avila, op.cit.

있도록 교육할 것 등을 제안하며, 이는 알고리즘의 공정성을 넘어 부정의의 근본 원인을 제거하기 위한, 공동의 해방(co-liberation)에 대한 상상에 근거해야 한다고 말한다.[54] 공식적 통계에서 드러나지 않는 페미사이드(femicide) 관련 데이터를 매일 수집하는 것과 같은 일상에서의 데이터 실천이나 웹사이트 프로필에서 성별 입력의 문제를 제기하고 대안을 만들어내는 것, 소수자 학생들을 위해 다른 방식으로 수학을 가르치는 교육적 실천까지, 이들은 다양한 사례를 통해 데이터 과학을 대안적인 것으로 만들 수 있는 가능성을 제시한다.

'알고리즘 정의연맹(Algorithmic Justice League)'의 설립자인 조이 부올람위니(Joy Buolamwini)가 안면인식 알고리즘 평가 데이터셋을 만들어냈던 것 역시 이러한 실행의 한 사례이다. 부올람위니는 인공지능 안면인식 알고리즘이 자신과 같은 흑인 여성의 얼굴 인식에서 더 많은 오류를 일으킨다는 사실을 발견했는데, 이는 각종 출입 통제나 금융 서비스 이용 등에서 소수자들에 대한 간접적 차별로 이어질 수 있는 것이었다.[55] 이 문제를 해결하기 위해 그는 성별과 피부색을 고려한 벤치마크 데이터셋을 새롭게 만들어냄으로써 안면인식 알고리즘들을 검증하면서 젠더적이고 인종적인 편향을 증명해내는 동시에, 알고리즘 부정의라는 문제를 가시화하고 해결할 수 있는 실행의 모델을 만들어냈다.

여기서 '하기'라는 지향은 단순히 인공지능의 문제를 지적하

---

54 D'Ignazio & Klein, op.cit., p.53.

55 Joy Buolamwini et al., *Facial Recognition Technologies: A Primer*, Algorithmic Justice League, 2020. (https://www.ajl.org/federal-office-call)

는 것을 넘어, 어떻게 그 문제를 해결할 것인지에 주목할 수 있게
한다. 그는 나아가 인종과 성별 등의 범주 외에, 피부색과 강한 상
관관계가 있을 것으로 보이는 다양한 얼굴의 기하학적 형태나 젠
더 표현 규범들 역시 고려한 데이터셋을 만들 것을 제안한다.[56] 이
는 '하기'가 완벽한 결과를 도출하기 위한 것이라기보다, 만들어낸
것으로부터 새로운 문제들을 발견하고 이에 대한 응답으로 지속
적인 개정을 거치는 '과정'임을 시사한다.

이러한 작업들에서 편향이나 신뢰성, '윤리' 등의 '보편성'을
가장하는 기존의 논의들과 달리 '다른' 관점, 경험, 몸과 입장을 가
진 사람들이 제기하는 질문과 '하기'의 실천으로의 움직임을 확인
할 수 있다. 부올람위니의 시도는 데이터가 사회문화적인 상황에
서 만들어진 것이자 사회적 부정의(injustice)를 담고 있음을 드러내
고, 이를 시정하기 위해서 필요한 것은 단순한 비판이 아니라, 그
데이터가 무엇을 은폐하고 있는지를 드러내고 그것과 다른 결과
를 도출할 수 있는 새로운 데이터셋을 만들어내는 작업이라는 점
에서 중요하다. '하기'라는 지향은 '윤리적 인공지능'을 만드는 역
할을 기술 전문가인 개발자들에게 위임하거나 그들이 지켜야 하
는 가이드라인을 만드는 것이 아니라, 그들이 가진 위치성이 다른
기술을 만들어낼 수 있는 역량이 될 수 있음을 인정하고, 그것이
무엇이 될 수 있을 것인지 함께 논의하면서 실험하는 장을 만들
며, 우리 역시 그 장에 참여하도록 이끈다.

56　Buolamwini & Gebru, op.cit.

7. 나가며

최근 해외에서 등장한 '데이터 페미니즘', '알고리즘 정의연맹' 등의 움직임들은 기술을 만들어가고 실행하는 주체들이 이 기술을 다른 것으로 만들어나가는 과정에서, 추상적 윤리성을 넘어선 새로운 상상과 비전, 실천을 만들어내는 역할을 할 수 있음을 보여준다. 이러한 움직임에서 새로운 기술적 실천을 수행하는 것은 인공지능 기술과 데이터 과학의 문제를 드러내는 동시에, 다른 기술이 가능하다는 것을 보여준다. 자신이 가진 부분적 시선을 적극적으로 드러내면서, 차별에 무지한 인공지능의 문제를 시정하고 새로운 실천의 양식들을 만들어가는 이러한 운동들은 개발자들 사이에서 기술과 사회의 얽혀있음에 대한 인식과 더불어 위치지어진 주체로서의 개발자들이 가진 사회정의(justice)에 대한 관심이 늘어나고 있음을 보여준다. 국내에서 이와 비견될 만한 프로젝트들은 아직 찾아보기 힘들지만, 2010년대 후반 이후 '여성' 혹은 '페미니스트' 개발자라고 스스로를 정체화하는 이들이 상당히 늘어났다는 점은 고무적이다. "느슨하게 연대하며 서로를 지지하고 응원"하는 테크업계 페미니스트 모임을 지향하는 '테크페미' 등으로 대표될 수 있는 이러한 새로운 흐름은 '여성' 혹은 '페미니스트' 개발자로서 IT업계에서 일한다는 것에 대한 자각이 강해지고 있음을 보여준다. 이는 인공지능 및 빅데이터 분야가 각광을 받으면서 기술 영역에서 미래 직업 전망을 모색하는 개별 여성들의 욕구와 페미니즘 대중화의 흐름이 맞물려 생겨난 변화라고 할 수 있다.[57] 이러한 변화는 개발 현장에서 다른 질문, 고민, 논쟁과 대화가 일어날 수 있는 가능성을 시사한다.

지금까지 시도되었거나 제시되었던 인공지능 윤리 논의는 인공지능 기술 및 산업에 대한 외부적 규제를 전제로 하였다. 이런 식의 관점은 스스로 문제의식을 가지고 기술을 개선 및 개발하고자 하는 개발자 및 산업 종사자들의 의지나 노력을 담아낼 수 없다. 국내 인공지능 윤리에 대한 사회적 관심은 특히 2021년 초 대화형 인공지능 챗봇 '이루다'를 둘러싼 논란이 촉발했다고 해도 과언이 아닌데, '이루다 사건'은 인공지능 기술의 매끈한 시나리오에 균열이 있음을 적나라하게 보여주었다. 이 글은 이러한 균열과 마찰의 존재가 과학기술과 사회의 이분법이 왜 문제인지, 따라서 과학기술과 젠더가 왜 함께 논의되어야 하는지를 잘 보여준다는 점에서 페미니즘적 개입의 필요성을 역설한다고 보았다. 지금까지 인공지능과 같은 과학기술의 젠더 편향과 차별에 대한 해결책으로 여성인력의 증가가 주로 제시되었지만, 여성 개발자의 숫자와 페미니스트 인공지능 개발이 어떻게 연결되는지에 대한 실증적인 데이터나 학문적 논의는 여전히 부재한 상황이다. 이는 과학기술 분야 여성 진출을 지원하는 정책이 과학기술의 젠더 편향이나 과학기술계의 성차별적 문화 등을 개선하는 노력으로 이어지지 못한 이유와도 연결된다.[58] 개발자의 위치성과 그 잠재력에 주목하

---

57 「테크페미 "페미니스트 동료 만나면 성취감도 늘어나죠"」, 『한겨레』, 2019. 5. 17.

58 주혜진, 「여성과학기술인 지원정책에 '여성'은 있는가: 참여토론과 AHP를 통한

는 이 글은 인공지능 기술 및 산업 인력의 다양성 증가가 인공지능 정의를 실현하기 위한 유력한 방식임을 보여주는 경험 연구라는 점에서 의미를 갖는다. 추후 더 규모 있고 더 심층적인 연구를 통해 변화의 잠재력을 가진 더 다양한 개발자의 존재가 드러나기를 기대한다.

정책 발굴의 의의」, 『페미니즘 연구』 제14권 2호, 한국여성연구소, 2014, 153-303쪽; 이은경, 「한국 여성과학기술인 지원정책의 성과와 한계」, 『젠더와 문화』 제5권 2호, 여성학연구소, 2012, 7-35쪽.

체현된, 감정적인 그리고 임파워링하는
: 중국의 젠더화된 팬데믹에 대한 온라인 연구

자 오 펑   첸 지 (Zhao Feng Chenzi)

종국에는, 여러분은 제 말을 믿어주셔야 합니다. 물론 그 여부나 방법은 제가 통제할 수 없는 영역이죠. 이 연구의 여성들을 이루 말할 수 없이 아끼기에, 저는 최선을 다할 것입니다. 글을 쓰고 울고, 또 다시 적어 내려갈 때 제 나름의 타당성을 찾게 됩니다.

엘리자베스 아담스 생피에르(Elizabeth Adams St. Pierre)[1]

1. 들어가며

나는 2019년 12월부터 최근까지 지난 3년이 넘는 기간 동안 중국의 코로나19 팬데믹을 젠더와 권력에 초점을 맞추어 조명하

---

1   Elizabeth Adams St. Pierre, "Methodology in the Fold and the Irruption of Transgressive Data", *International Journal of Qualitative Studies in Education*, Vol.10, no.2, 1997, pp.175-189.

는 프로젝트에 전념하며, 개인, 정부, 여성운동, 미디어의 온라인 상호작용에 대한 심층 분석을 수행했다.[2] 연구 초기부터 나의 페미니스트적 의지(willfulness)[3]를 동인으로 삼아, 권위주의 정부의 검열과 인식론적 지배에 저항하는 중국인들의 생생한 팬데믹 경험을 기록하고자 했다. 가부장적 담론과 페미니즘 담론의 병치를 검토하고, 개인적 서술들을 면밀히 살피며, 사회 주변부의 목소리를 기록하면서 정치적으로 민감한 주제의 온라인 연구에 수반되는 방법론적, 윤리적 복잡성을 숙고했다. 이 경험을 통해 전통적인 학술 교육에서는 탐구가 미비하고 종종 간과되곤 하는 반억압적 온라인 연구의 체현되고(embodied) 감정적인(emotional) 측면을 조명할 수 있었다.

이 글은 해당 온라인 연구의 개요를 소개하며 주요 결과와 핵심 주장을 서술한다. 이후 나의 체현된 감정적 경험에 대한 개인적 서술과 더불어 연구 과정 전반에 걸친 방법론적, 윤리적 성찰을 기술하고자 한다.

---

2   Chenzi Feng Zhao, "The Gendered Pandemic in China: A feminist online ethnographic study", *Paper presented at Gender/Diversity/Democracy*, Center for the study of globalization and cultures, The University of Hong Kong, 2021a; Chenzi Feng Zhao, "The Gendered Pandemic in China: A Feminist Online Ethnographic Study", *Proceedings of 8th International Conference on Gender & Women's Studies*, International Center for Research and Development, 2021b; Chenzi Feng Zhao, "Feminist Archiving as Anti-Discourse: Memories of the Pandemic in China", *Paper presented at AAS-in-Asia 2023*, Association for Asian Studies, 2023.

3   Sara Ahmed, *Living a Feminist Life*, Duke University Press, 2017a.

1.1. 연구자의 위치성

페미니스트 '상황적 지식'[4]에 입각하여 먼저 연구자인 나의 젠더적 위치성을 밝히자면, 나는 캐나다 웨스턴대학교에서 비판적 정책, 형평성 및 리더십 연구 박사 과정에 있으며, 사회적 형평성과 비판적 제도연구에 관심이 있는 페미니스트 연구자이다. 나의 박사 연구 과제는 아시아계 교수진의 삶과 정동적(affective) 경험을 바탕으로 캐나다 고등 교육에서의 젠더와 인종화를 검토하는 것이다.

나는 '그녀(she)'와 '그들(they)' 대명사를 모두 사용한다. 여성으로서 사회화된 젠더 정체성을 받아들이는 데서 주체적 역량(empowerment)과 연대(solidarity)를 느끼지만, 동시에 젠더의 개념이 사회적 산물이며 고정불변의 것이 아님을 분명히 하는 것이 중요하다고 생각한다.

나는 중국 본토에서 태어나고 성장했지만 스스로를 아시아인으로 확연히 규정하거나 중국인이라는 점을 크게 의식하지 않았다. 베이징의 국제화 물결 속에서 전 세계를 여행할 수 있는 이동성을 향유하며, 사회 초년생 시절부터 지정학적 국경이나 국적이 본인을 정의해서는 안 된다고 생각했다. 이후 북미에서 거주하게 되면서, 특히 코로나19 팬데믹 이후 보다 확연하게, 옐로우 피버(yellow fever), 아시안 혐오, 유학생의 불안정성, 인종차별이 존재하

---

4   Donna Haraway, "Situated Knowledges: The Science Question in Feminism and the Privilege of Partial Perspective", *Feminist Studies*, Vol.14, No.3, 1988, pp.575-599; Sandra Harding, *The Science Question in Feminism*, Cornell University Press, 1986.

는 삶을 산다는 것이 어떤 것인지 체감하기 시작했다.

나는 페미니스트 의식으로 충만하고 사회 정의를 추구하기에, 본 연구에 무심한 외부인의 자세로 임하지 않았다. 본 연구의 신념, 해석, 결정은 나의 생생한 경험과 중국에 대한 지식, 정치적 입장, 비판적 학습과 사고에 기반하고 있다.

2. 중국 팬데믹에 대한 온라인 에스노그라피 연구

캐나다에 거주하는 중국인으로서 나는 뉴스와 소셜 미디어를 통해 중국 내 실정을 주기적으로 파악해 왔다. 코로나19 팬데믹이 온라인 피드를 지배하기 시작했을 때, 나는 중국 정부와 주류 미디어가 팬데믹을 일관되게 전쟁에 비교하는 것을 흥미롭게 관찰할 수 있었다. '팬데믹과의 전쟁'이라는 뜻의 신조어 "전역(战疫, zhan yi)"은 급속히 확산되었다. 중국에서 이러한 전쟁 은유가 확산되었을 뿐만 아니라, 유럽연합(UN)과 경제협력개발기구(OECD)와 같은 정부 간 기구와 수많은 국민국가들도 전쟁 수사(war rhetoric)를 채택했다. 코로나19 이전에도 지난 수십 년 동안 정부들은 '마약과의 전쟁'에서 '테러와의 전쟁', '문화 전쟁'에서 '무역 전쟁'에 이르기까지 다양한 사안을 전쟁이라는 프레임으로 포장해 왔다.

이러한 복잡한 사회 문제를 전쟁으로 인식하는 경향은 다소 단순하고 남성 중심적인 것이 아닌지 나는 페미니스트 연구자로서 본능적인 의문이 들었다. 전쟁 논리가 위기 상황에 대한 신속한 대응을 보장할 수는 있지만, 팬데믹 해결에 군사적 접근방식이 반드시 가장 효과적인 방법은 아니며, 적어도 유일한 방법은 아니다. 전염병은 무력, 폭력, 파괴에 의존하기보다는 생명을 보호해야 한다는 점에서 전쟁과는 본질적으로 다르다. 나는 중국에서 전시적(war-like) 팬데믹 봉쇄 조치가 광범위하게 시행되어 사람들의 삶과 생계에 지장을 초래하는 것을 마주했고, 이 모순에 내재된 지점을 숙고하게 되었다. 팬데믹이 지속적으로 전쟁으로 묘사되는 이유는 무엇인가? 이러한 비유가 보편적으로 받아들여진 이유는 무엇인가? 전쟁이라는 렌즈를 통해 팬데믹을 바라보는 관점이 함의하는 것은 무엇인가? 어떻게 하면 이러한 전시적 사고방식에 비판적으로 참여하고 보다 공정한 대안을 구상할 수 있는가?

이러한 질문에 답하기 위해서는 전쟁 내러티브의 정치 경제학적 측면과 중국인들이 팬데믹 전쟁을 어떻게 경험했는지 조사하는 것이 필수적이었다. 나는 이러한 필요에 의거하여 중국의 맥락에서 팬데믹을 둘러싼 담론과 상호작용을 탐구하는 페미니스트 온라인 에스노그라피 연구에 착수하게 되었다.[5] "페미니스트 온라인 에스노그라피"라는 용어를 사용하는 이유는, 우선 본 연구가 젠더와 권력 문제를 중심으로 하는 페미니스트 이론에 기반을 두고 있기 때문이다. 본 연구는 전투력으로서의 무력화(武力化)가 여성 및 주변부 집단에 미치는 영향과 팬데믹 전쟁에서 여성과 페미니스트 운동의 역할을 이해하는 데 중점을 둔다. 이를 위해 팬데믹 상황을 다각도에서 바라보며 젠더적 관점(gendered perspective)을

---

5   Zhao, op.cit., 2021a; 2021b.

제공하기 위해 장기간의 온라인 관찰과 상호작용, 다양한 데이터, 현장 기록, 연구 성찰일지를 활용했다.[6]

2.1. 공식 담론 분석

팬데믹에 대한 전쟁의 수사학은 주로 공식 담론에 의해 형성되었다. 2020년 1월 시진핑(習近平, Xi Jinping) 주석은, 중국은 국민의 생명과 건강을 최우선시하며 어떤 대가를 치르더라도 생명을 보호할 것이라고 천명했다. 중국의 대응을 팬데믹과의 전쟁으로 규정하는 이 선언은 극단적인 전시 조치를 정당화하기 위해 널리 인용되었다. 중국은 2022년 12월까지 3년 동안 전국적인 봉쇄, 사회적 붕괴, 군사 개입, 강제 격리, 대규모 코로나19 검사, 대규모 감시, 검열, 시민 자유 억압 등을 포함하는 제로 코로나(Zero-COVID) 정책을 고수했다. 중국 정부는 바이러스를 억제하기 위해 의료 시스템이나 사회 서비스를 강화하기보다는 강압, 폭력, 파괴를 특징으로 하는 전시적 시스템을 효과적으로 구축했다.[7]

팬데믹 전쟁 동안 갑작스럽고 가혹한 봉쇄 조치가 취해졌고, 엄격한 자택 격리와 함께 필수 서비스가 전면 중단되었다. 주민들은 기본적 생필품과 의료 자원 부족에 직면했고, 중환자가 치료를

---

6 다음에서는 연구의 개요와 함께 간단한 세부 정보를 밝힌다. 다소 불편할 수 있는 내용이 포함되어 있어서 독자들에게 사전 주의를 요청한다. 이 글을 통해 중국인의 실제 고통과 고난을 증언하는 것이 중요하지만 감정적인 파급효과가 일어날 수 있다는 사실을 이해하기 때문에 노골적인 묘사는 지양하려고 했다. 그럼에도 독자들의 감정적 대비가 권장되며 필요시 도움을 받기 바란다.

7 Zhao, op.cit., 2021a.

거부당하는 경우도 다수 발생했다. 확진자 및 밀접 접촉자에게는 중앙 집중식 격리가 시행되었다. 그러나 코로나 격리소는 열악한 환경에 의료 서비스를 거의(또는 아예) 제공하지 않는 경우가 많았고, 기준 이하의 시설을 갖춘 경우가 많았으며, 음식 공급이 제대로 이루어지지 않는 곳도 있었다. 영유아와 노인을 포함한 가족 구성원들은 분리되어 다른 시설로 보내졌다. 정기적인 코로나19 검사가 일상이 되고, 검사 결과가 장소나 자원에 대한 접근의 판단 여부가 되면서 검사소에는 긴 줄이 늘어섰다. 일부 해안 도시에서는 어획물을 대상으로 검사가 실시되기도 했다.

이동을 통제하는 대규모 감시 시스템을 통해 일일 검사 결과, 위치 이력, 확진자와의 밀접 접촉도 등이 개인의 신원 및 생체 인식과 연결되었다. 이 시스템은 헬스 코드(health codes), 트래블 히스토리(travel histories), 베뉴 코드(venue codes)와 같은 모바일 앱을 기반으로 이루어졌으며 색상으로 구분된 디스플레이(녹색은 통과, 황색은 7일 격리, 적색은 14일 격리)가 실시간 업데이트되었다. 다수의 공공장소 및 교통 서비스에서 이러한 코드를 요구함에 따라 이러한 기술에 익숙하지 않거나 활용할 여력이 없는 사람들은 사회적 배제에 직면했다.

코로나 규정 위반은 법적 처벌의 대상이 되었다. 중국 정부는 시민을 단속하고 엄격하게 규제하기 위해 막강한 위험물 대처(hazmat) 부대를 구성하여 코로나 검사를 실시하고 각종 코드를 관리하며, 주민을 격리 시설로 강제 이주시키는가 하면, 때로는 불필요한 소독 작업을 실시하고 사유지에 침입하여 개인 소지품을 소독 및 폐기하거나, 주인이 격리된 동안 집에서 기르는 애완동물을 도살하는 등 여러 설명하기 어려운 행위를 수행했다.

2.2. 개인들의 증언 청취

팬데믹 발발 이래 중국의 검열은 더욱 심해졌다. 정부에 부정적인 영향을 미칠 수 있는 모든 정보는 신속하게 삭제되었다. 팬데믹에 대해 토론하거나 코로나 정책을 비판하는 개인은 질책과 처벌의 대상이 되었다. 비정부 뉴스 매체와 (나의 개인 계정을 포함한) 소셜 미디어 계정들은 차단되거나 정지되었다. 팬데믹과 관련해 중국에서 허용된 유일한 내러티브는 중국 정부 측의 내러티브뿐이었다. 정부의 이러한 노력에도 불구하고, 팬데믹에 대한 전시적 접근방식의 참혹한 결과는 분노와 격분, 불만을 토로하는 네티즌들의 목소리에서 여실히 드러났다.

2020년 1월, 후베이(湖北)의 한 남성은 장애가 있는 아들을 집에 홀로 남겨둔 채 강제 격리되었고, 그 결과 적절한 돌봄을 받지 못한 아들은 6일 만에 비극적인 죽음을 맞이했다. 2022년 9월, 격리소로 향하던 셔틀버스를 탄 27명이 교통사고로 목숨을 잃었다. 영상 분석 결과 운전자는 코로나 방호복을 입은 채 탈진 상태에서 쉴 새 없이 근무한 것으로 드러났다. 2022년 11월, 3세 어린이가 일산화탄소 중독으로 사망한 사건이 발생했는데, 가족들이 병원 이송을 위해 봉쇄된 단지를 벗어나려고 하자 위험물 대처 요원들이 떠나지 못하도록 막아 치료가 지연되었기 때문이었다. 2022년 11월 24일, 우루무치(烏魯木齊) 아파트 건물에서 발생한 화재로 최소 10명이 목숨을 잃고 9명이 부상을 입었다. 정부는 사실을 부인했지만, 생존자들의 증언과 목격자 영상에 따르면 봉쇄 조치가 소방 활동과 주민들의 탈출을 저해했다고 한다.

특히 소외된 사회 주변부의 여성들은 팬데믹 관련 조치로 인해 돌봄 책임이 가중되고, 고용 불안이 증가하며, 가정 폭력이 심화되는 등 가장 큰 피해를 입었다. 국가적 폭력으로 인해 여성들의 체현된 취약성이 극대화되면서,[8] 코로나 위기 동안 여성들의 경험은 매우 젠더 기반적인 양상을 보였다. 2022년 1월 1일, 시안(西安) 병원 바깥에서 피를 흘리는 임산부의 충격적인 영상이 온라인에 퍼지면서 대중의 분노를 불러일으켰다. 이 여성의 가족은 여성이 코로나 음성 결과를 보유하고 있지 않다는 이유로 병원 입원을 거부당했고, 임신 8개월째에 유산을 겪었다고 설명했다. 2020년 2월, 봉쇄 조치 중 대중교통이 중단된 상태에서 학대를 피하기 위해 아이와 함께 5시간을 걸어야 했던 한 여성의 이야기도 있었다.

2.3. 코로나 전쟁의 젠더화

의료 인력, 지원 시스템, 가족 간병인의 대다수를 여성이 차지했지만, 여성은 지속적으로 소외되었고, 종속적이고 부차적인 존재로 왜곡된 채 재현되었다. 주류 뉴스 보도, 시상식, 선전용 TV 프로그램에서는 팬데믹 대응을 남성적 시선으로 묘사하면서, 강하고 남성적인 국가의 이미지를 강화했다. 이러한 전쟁 내러티브는 전통적인 젠더 이분법을 강화하여 가족 내에서 여성의 역할을

---

8   ibid.; Zhao, op.cit., 2021b; 2023.

강조하는 동시에 가사 노동을 평가절하고 공식 역사에서 여성을 배제했다.[9]

전시적 팬데믹 대응과 국가의 남성성은 여성에 대한 억압을 통해 더욱 강화되었다. 2021년 2월, 간쑤성(甘肅省) 지방정부는 우한(武漢)에서 '전투 참여' 완비를 상징하는 여성 간호사들의 삭발 현장을 담은 동영상을 소셜 미디어에 공유했다. 남성들은 잘린 머리를 간호사들 앞에 흔들어 내밀었고, 카메라는 간호사들의 눈물과 민머리를 클로즈업했다. 삭발 의식이 끝난 후 14명의 여성과 1명의 남성으로 구성된 대원들이 단체 사진을 찍었는데, 해당 사진에서 머리숱이 가장 많은 것은 1명의 남성이었다. 이는 국가가 여성의 몸을 징집하여 남성 기준에 맞추고 여성의 주체성을 더욱 약화시키는 행위였다.

중국의 전시적 제로 코로나 정책은 완전한 통제와 지배를 목표로 하는 가부장적 태도에서 비롯되었다.[10] 중국 정부는 국민의 생명과 안녕을 희생시키면서까지 정권 안보를 우선시하며 고통과 폭력을 수반하는 해당 정책을 옹호하고 유지했다. 생명을 소중히 여긴다는 보여주기식 선언은 중국 정부가 정확한 통제권을 행사하고 사회생활의 모든 측면으로 생명권력을 확장할 수 있게 했을 뿐만 아니라 궁극적인 보호자로서의 국가 이미지를 정당화하고 공고히 했다.[11]

---

9   Zhao, op.cit., 2021a; 2021b; 2023.

10   Zhao, op.cit., 2021a; 2023.

11   Zhao, op.cit., 2023.

2.4. 코로나19에 대한 페미니스트 대응

군사화된 정책과 지극히 젠더화된 국가 담론은 중국 페미니스트 운동이 중국 정부의 공식 내러티브에 도전할 수 있는 특별한 기회를 제공했다. 페미니스트들의 활동 양상은 도움의 손길 제공, 불만의 목소리 증폭, 사회 및 젠더 문제 인식 제고, 구조적 불의에 대한 강조 등 다양한 형태로 이루어졌고, 전시적 대응에 대한 초점에서 개인과 소외된 관심사로 대중의 주의를 전환했다.[12]

팬데믹 초기, 우한에서 일하던 여성 의료 전문가들은 남성 의사결정권자들이 필수품으로 간주하지 않던 여성 위생용품 부족 사태를 마주하게 되었다. "Stand by Her"와 같은 페미니스트 캠페인은 이러한 결여를 신속하게 채워주며 단 35일 만에 우한의 205개 병원에서 8만 명 이상의 여성에게 혜택을 제공했다. 이러한 캠페인들 가운데 다수는 월경에 대한 낙인을 지우고, 소녀와 여성에게 월경 위생에 대해 교육하며, 도움이 필요한 사람들에게 무료로 제품을 제공하고, 월경 수치심과 월경 빈곤에 대한 대중의 인식을 제고하기 위해 지금까지도 지속적으로 노력하고 있다.

봉쇄 기간 동안 여성에 대한 가정 폭력이 급증하자 풀뿌리 여성 단체들은 "반(反)가정폭력 리틀 백신(Anti-domestic violence little vaccine)" 캠페인을 개시했다. 이들은 공개서한을 작성하고, 정보성 팸플릿을 배포하며, 이러한 폭력을 관조하는 사람들을 대상으로

---

12   Zhao, op.cit., 2021a; 2023.

온라인 워크숍을 주최하는 등 광범위한 대중에게 다가갔다. 2020년 4월, 한 저명한 변호사가 미성년자 강간 혐의로 기소되자 페미니스트 활동가들은 생존자에게 법률 지원을 제공하고 성적 학대 사건에서 동의 연령 및 권력 역학의 문제를 해소하기 위해 사회 정의와 법률 개정을 요구하는 온라인 청원을 조직했다. 64,500명이 실명으로 서명했으며, 이는 중국 내 페미니스트 활동을 둘러싼 정치적 민감성을 고려할 때 상당히 용기 있는 행동이었다. 이러한 높은 수준의 참여는 페미니스트 운동의 놀라운 결의와 결단을 반영한다고 할 수 있다.

이 같은 캠페인은 중국 내 여성 폭력에 대한 "인식을 지속시키고 담론을 활성화했다". 2022년 1월, 납치, 인신매매, 심각한 학대, 비인간적인 생활 환경 등 참혹한 사연이 담긴 '쉬저우 사슬 여성(Xuzhou chained woman)'의 끔찍한 이야기가 세상에 드러났다. 이 사건은 페미니스트들의 끈질긴 노력 덕분에 대중의 지속적인 관심을 이끌었다. 2022년 6월, 남성들이 식사를 하던 여성들을 폭행한 '탕산 식당 공격 사건(Tangshan restaurant attack)'은 정의를 요구하는 페미니스트들의 목소리를 촉발했고, 폭넓은 지지를 받았다. 팬데믹 기간 중 여성에 대한 전례 없는 응원은 지치지 않는 페미니스트 활동이 이뤄낸 진보적인 성과라고 할 수 있다.

팬데믹 기간 동안 중국 페미니스트 운동과 미투(#MeToo) 운동의 핵심적인 순간으로는 2020년 12월에 있었던 시엔즈(Xianzi) 대 주쥔(Zhujun) 소송 사건을 꼽을 수 있다. 중국중앙텔레비전의 전 인턴이었던 시엔즈는 중국 국영 미디어의 저명한 남성 방송인 주쥔을 성희롱 혐의로 용감하게 고소했다. 재판이 열리던 날, 전국에서 수백 명의 페미니스트들이 베이징에 모여 시엔즈를 지지했다. 이들은 법정 앞에 서서 성희롱 금지 팻말을 휘두르며 "우리는 함께 역사에 답을 요구한다"고 외쳤다. 경찰의 위협과 박해에도, 이들은 코로나 프로토콜을 준수하며 꿋꿋하게 평화 시위를 지속했다. 이들은 해외 페미니스트들과 소통하며 사건과 집회 관련 소식을 전달했다. 자체적으로 조직된 이 집회는 중국 페미니스트들의 흔들리지 않는 연대를 보여주는 고무적 증거라 할 수 있다.

2022년 11월, 페미니즘과 인권 운동은 A4 혁명이라고도 불리는 주로 젊은 여성들이 주도한 백지(White Paper) 시위를 촉발했다. 우루무치 화재에 대한 자발적인 집회로 시작된 이 시위는 코로나 기간 동안 유해한 팬데믹 정책, 억압, 검열, 젠더 기반 폭력에 반대하는 전국적인 시위로 빠르게 발전했다. 그 규모와 급진성에서 유례를 찾아볼 수 없는 백지 시위의 심대한 영향은 궁극적으로 제로 코로나 정책의 종식으로 이어졌다. 권위주의 정부는 페미니즘의 힘과 여성들의 각성을 민감하게 인식하고 있다. 백지 시위 이후 대부분 젊은 여성들로 이루어진 백 명이 넘는 시위대가 체포 및 구금되었다. 이 중 일부는 이전에 시엔즈를 지지하는 시위의 참여자이기도 했다. 가부장적 정권이 페미니즘을 중대한 위협으로 여긴다는 사실이 여실히 드러난 것이다.

2.5. 페미니스트 대항 기억 구축

국가가 남성성과 전쟁의 렌즈로 팬데믹을 묘사할 때, 페미니스트 담론은 윤리, 돌봄, 보호, 협업을 중심으로 전개된다. 국가가 공포, 외국인 혐오, 민족주의로 지배할 때, 페미니스트는 사랑, 연대, 연결로 집결한다. 국가가 취약성을 여성스럽고 부끄러운 것으로 낙인찍을 때, 페미니즘은 그러한 취약성과 상호의존성이 우리가 공유하는 고유한 인간의 조건임을 환기한다.

그 어느 때보다 페미니스트 담론이 필요한 시점이다. 제로 코로나 정책이 잔혹한 결과를 낳았음에도 불구하고 중국 정부는 계속해서 결정적 승리를 주장하며 중국 국민 보호에 성공했다고 과시하고 있다. 검열은 중국 내 팬데믹에 관해 전쟁과 승리의 공식 내러티브만을 유일하게 허락했고, 중국인들의 고통과 저항은 그에 가려졌다. 중국 외교부 대변인은 공식 팬데믹 내러티브에서 벗어나는 그 어떤 설명도 용납하지 않을 것이라며, "올바른 집단적 기억(Correct Collective Memory)"에 대한 확립 의사를 천명했다. 이러한 노력에는 중국의 성공적인 팬데믹 대응과 집권당의 모범적인 리더십을 묘사하는 백서도 포함된다. 집단적 역사를 억압하려는 국가적 시도에 맞서, 용기 있고 끈질기게, 그리고 기꺼운 마음으로 사회 주변부의 목소리를 기록하고, 청취하고, 또 증폭시켜 우리의 역사를 되찾아야 한다.

3. 연구 방법론이 제기한 도전들

연구를 시작할 때만 해도 나는 미디어 및 온라인 연구에서 널리 사용되는 방법론인 담론 분석[13]을 사용하려고 했다. 하지만 프로젝트가 진행되면서 사회문화적, 정치적 사건에 대한 연구자의 관심, 연구 자체의 정동적 깊이와 강도, 그리고 해당 분야에 대한 연구자 개인의 확장된 투여가 현저히 드러나기 시작했다. 그리고 이 연구가 인식론적, 방법론적으로 에스노그라피에 더 부합한다는 것을 깨닫게 되었다. 정태적인 로그 데이터에 대한 텍스트 분석[14]의 한계를 넘어 온라인 상호작용을 통해 표현되고 구성되는 사회적 현실과 관계, 대중의 느낌(feeling)을 조명해야 한다는 인식이 이 같은 변화의 원동력으로 작용하기도 했다. 그럼에도 불구하고, '데이터를 정량화할 수 있는가? 얼마나 많은 데이터를 수집했는가?' 또는 보다 직설적으로 '비판적 담화 분석(CDA)을 사용하지 않는 이유는 무엇인가?'와 같은, 연구 방식 및 방법론에 대한 끊임없는 질문을 마주해야 했다.

나는 연구 현장에 대한 총체적인 접근과 몰입도가 에스노그라피의 가장 큰 특징이라고 생각한다. 그래서 3년의 팬데믹 기간 동안 중국 사회의 다양한 측면을 탐구할 수 있는 에스노그라피를 선택했다. 이 선택에는 팬데믹 전쟁을 둘러싼 담론이 중국인의 일상과 어떻게 얽혀 있는지, 개인의 경험과 구조적 힘의 상호작용이 어떻게 사회적 우려를 촉발했는지, 온라인을 통해 어떻게 감정이

13　Norman Fairclough, "Critical Discourse Analysis", eds. Michael Handford, James Paul Gee, *The Routledge Handbook of Discourse Analysis*, Routledge, 2013, pp.9-20.

14　Susan C. Herring, "Computer-Mediated Discourse Analysis: An Approach to Researching Online Behavior", *Designing for Virtual Communities in the Service of Learning*, eds. Sasha Barab, Rob Kling & James H. Gray, Cambridge University Press, 2004, pp.338-376.

순환하고 사람들로 하여금 행동하게 하는지를[15] 이해하기 위해 이 분야에 머무르며 관여하겠다는, 깊숙이 체현되고 감정적인 결단이 수반되었다.

내가 온라인 에스노그라피를 선택한 것이 연구방법론으로서의 상대적 우월성 때문이 아니었으며, 도전적인 면이 없었던 것도 아니라는 점을 분명히 언급하고자 한다. 인터넷과 디지털 수단을 활용한 연구가 계속 확산됨에 따라 온라인 에스노그라피, 디지털 에스노그라피, 인터넷 에스노그라피, 넷노그래피와 같은 용어가 점점 더 많이 사용되고 있지만 그 정의는 때때로 모호하게 남아 있다.[16] 연구자마다 이러한 용어를 다르게 해석할 수 있으며, 연구의 방향은 근본적으로 해당 연구의 고유한 맥락, 연구자의 인식론적 입장, 정치적 고려 사항, 학문적 배경에 따라 형성된다. 또한 온라인 연구 수행 시의 윤리적 고려 사항은, 전통적인 민족지학 연구의 고려 사항과 동등한 수준이거나 그 이상이다. 이를 위해서는 연구 맥락에 대한 지속적인 조율과 더불어 연구자의 성찰적 사고가 상당히 요구된다. 이하의 내용은 연구자가 본 온라인 연구를 진행하면서 경험한 몇 가지 주요 어려움을 기술하고 있다.

---

15 Sara Ahmed, *The Cultural Politics of Emotion* (2nd ed.), University of Edinburgh Press, 2017b.

16 Christine Hine, *Ethnography for the Internet: Embedded, Embodied and Everyday*, Routledge, 2020; Annette Markham, "Ethnography in the Digital Internet Era: From Fields to Flows, Descriptions to Interventions", eds. Norman K. Denzin & Yvonna S. Lincoln, *The SAGE Handbook of Qualitative Research*(Fifth edition), Sage, 2018, pp.1129-1162; Emily L. Rogers, "Virtual Ethnography", eds. Mara Mills & Rebecca Sanchez, *Crip Authorship: Disability as Method*, NYU Press, 2023, pp.93-98.

3.1. 연구 현장 파악하기

일반적으로 민족지학 연구의 첫 단계는 연구 장소(site) 파악에서 시작한다.[17] 이 글에서 행한 온라인 에스노그라피의 경우, 팬데믹이라는 시기와 상황으로 인해 연구 영역 설정에 특수한 어려움이 있었다. 본 연구를 온라인으로 수행하게 된 배경은 다음 세 가지 주요 요인에 기인한다.

첫째, 중국의 권위주의와 인터넷의 역할이다. 중국의 권위주의 정책은 시민 사회의 목소리와 참여 능력을 상당히 오랜 기간 제한해 왔다. 인터넷은 시민들이 때때로 불만을 토로하고 정의를 추구하며 시민 활동에 참여할 수 있는 마지막 피난처가 되었다.

둘째, 팬데믹이 가져온 변화이다. 엄격한 팬데믹 통제 정책으로 인해 중국에서는 전국적인 봉쇄 조치, 자택 격리, 이동 제한이 시행되었다. 이러한 상황에서 인터넷은 의미 있는 사회적 상호 작용이 이루어지는 사실상 유일한 공간으로 부상했다.

셋째, 지리적 제약과 실행 여건(logistics)이다. 팬데믹 기간 동안 나의 거주지는 캐나다 온타리오(Ontario)였다. 여행이 금지되고 해외 현장 조사 자금이 없었기 때문에 온라인 연구 수행이 실질적으로 가능한 유일한 선택지였다.

이 글에서 인터넷은 사회적 상호작용이 일어나고, 감정이 전달되고 축적되며, 권력 역학이 실재하는 공공 공간인 에스노그라

---

17   Paul Atkinson, *For Ethnography*, SAGE, 2015.

피적 장소로 인식된다.[18] 그러나 온라인 연구 장소의 정확한 경계를 정하는 것은 그리 간단하지 않다. 현대의 디지털화는 기존과 달리 가상과 현실, 온라인과 오프라인의 명확한 구분을 모호하게 만들었다.[19] 따라서 이 프로젝트의 연구 질문과 목표는 인터넷이 우리의 사회적, 문화적 현실 및 관계성과 어떻게 깊이 연관되어 있는지에 대한 포괄적인 고려를 요했다.

또한 온라인 세계는 본질적으로 서로 연결되어 있다.[20] 하나의 하이퍼링크는 소셜 네트워킹 플랫폼에서 뉴스 미디어 웹사이트로 연결될 수 있으며, 한 사건을 탐색하려면 종종 정부 담론, 개인 증언, 시민 토론, 페미니스트 운동, 국내외 언론 매체를 아우르는 다수의 디지털 채널을 활용하게 된다. 에스노그라피 연구는 거시적 관점과 미시적 관점 모두에서 사회 현상을 검토하고자 하기 때문에 본질적으로 다수의 온라인 사이트와 영역을 포괄하기 마련이다.[21] 안타깝게도 이러한 유동적 접근 방식은 단일 플랫폼에 국한된 연구에 익숙한 이들에게 회의적인 반응을 불러일으키기 쉽다.

---

18 Sarah Pink, *Doing Sensory Ethnography* (2nd edition), SAGE, 2015.

19 Hine, op.cit.; Markham, op.cit.; John Postill, Sarah Pink, "Social Media Ethnography: The Digital Researcher in a Messy Web", *Media International Australia*, Vol.145, No.1, 2012, pp.123-134.

20 Hine, ibid.; Markham, op.cit.

21 Hine, ibid.

3.2. 연구 현장에서 살아가기

무한해 보이는 인터넷에서 방대한 담론을 쫓는 것은 그 자체로 치열한 경험이다. 팬데믹 기간 동안 더욱 현저해진 중국의 지속적인 검열, 그중에서도 주로 페미니스트 및 시민 운동을 표적으로 삼은 검열은 이러한 어려움을 더욱 가중시켰다. 연구 활동에서 가장 큰 난관 중 하나는 중국 사이버 공간의 단명성(ephemerality), 즉 짧은 존속 기간이었다. 게시물과 토론글들이 갑자기 삭제되고, 소셜 미디어 계정이 비활성화된다거나 온라인 커뮤니티가 폐쇄되는 현상을 마주하게 되었다. 연구 자체의 시간적 민감성으로 인해 현장에 상주해야 했다. 가능한 한 온라인 상태를 유지하고, 주목할 만한 사건에 주의를 기울이고, 검열되기 전에 관련 콘텐츠를 추적하고, 적극적으로 참여하며, 면밀하게 관찰하고, 온라인 데이터를 정기적으로 기록 보관하는 과정이 필요했다.

연구는 삶이 되었고 조사 업무는 끝이 없는 것처럼 느껴졌다. 나는 물리적으로 캐나다에 거주하고 있었지만, 시차가 반대인 중국 시간대에 맞춰 생활했다. 어느새 깨어 있는 거의 모든 시간을 중국 사이버 공간을 관찰하고 참여하며 보내고 있었다. 식사도 제대로 하지 못했고, 만성불면증에 시달렸으며, 사회생활에서 스스로를 고립시키고 있었다. 주변 환경으로부터의 고립감과 단절감을 느낄 수밖에 없었다. 긍정적인 측면을 보자면 중국 네티즌의 삶을 살아가면서 현장에 집중하고 깊이 몰입할 수 있었기에 팬데믹 전쟁에 대한 체화된 지식을 얻을 수 있었다.[22] 그러나 개인적으로는 나의 건강에 미친 영향을 고려했을 때 이것이 가장 바람직한 접근방식은 아니었을 수 있다는 생각도 든다.

온라인 콘텐츠가 항상 일시적(transitory)인 것은 아니며 검열이 주된 우려 사항이 아닌 경우도 있겠지만, 연구 환경에의 몰입은 에스노그라피의 기본 요소로 남아 있다.[23] 현대 디지털 시대에는 에스노그라피과 에스노그라피 연구자의 삶을 구분하는 것이 점점 더 어려워지고 있다. 우리가 속한 사회문화적 맥락을 조사할 때, 우리의 지식과 가치 판단을 형성한 그 현장에 우리가 항시 위치하고 있다는 사실을 비판적으로 인식하는 것이 중요하다. 우리는 에스노그라피적 자아와 삶에서 경험하고 느낀 통찰력을 활용하여 연구 환경에 대한 이해를 높일 수 있다. 또한 이는 연구 주제, 현장, 참여자와의 관계에 대해 지속적으로 성찰해야 하는 윤리적 의무를 환기한다.[24]

3.3. 윤리적 균형잡기

개방성과 접근성이 특징인 온라인은 종종 공적이지만 익명화된 공간으로 간주된다. 온라인 연구자는 보통 그가 소통하고 관찰하는 (필명을 쓰는) 유저에 대한 사전 동의가 필요하지 않으며,

---

22　Hine, ibid.; Markham, op.cit.; Pink, op.cit.

23　Hine, ibid.

24　HIne, ibid.; Ruth Behar, The Vulnerable Observer: Anthropology That Breaks Your Heart, Beacon Press, 1996.

270　체현된, 감정적인 그리고 임파워링하는

이는 내가 속한 기관 윤리위원회에서 승인한 관행이기도 하다. 연구 주제의 정치적 민감성 때문에 초창기에는 인터뷰를 진행하지 않기로 결정했지만,[25] 본 프로젝트에서 온라인 에스노그라피의 특수성을 인식하고 자가 학습 및 비판적 사고를 거듭하며 연구의 모든 단계에서 윤리적인 균형을 잡기 위한 끊임없는 조율 과정을 거쳤다.

디지털 환경은 개인이 사적인 삶의 단면을 공유하는 친밀한 공공 영역을 표상하며, 공과 사 사이의 전통적인 경계에 대한 도전을 일으킨다. 나는 연구자로서 이러한 정치적 감정성의 현장에서 익명의 참가자들에게 배려, 공감, 자비, 존중의 마음으로 접근하는 한편, 반응과 해석에 영향을 미칠 수 있는 스스로의 인식론적 특권, 신념, 편견에 대해 끊임없이 성찰하는 과정을 거쳤다.

연구 결과를 발표하는 것은 난제가 아닐 수 없었다. 고통을 선정적으로 묘사하지 않으면서도 에스노그라피의 전통을 지키고, 중국인들이 겪은 상실과 국가 폭력의 사례를 대상화하지 않고 묘사하기 위하여 고심했다. 윤리적 저널리즘에 대한 학문적 연구[26]를 바탕으로 트라우마에 기반한 기술 방식을 채택했다. 이야기를 내러티브화하고, 생생한 세부묘사는 최소화했으며, 그러한 이야기를 중국 시민들의 집단적 증언으로 취급했다. 데이터화 및 정량

---

25 Di Wang & Sida Liu, "Doing Ethnography on Social Media: A Methodological Reflection on the Study of Online Groups in China", Qualitative Inquiry, Vol.27, 2021, pp.1-11.

26 Gene Foreman et al., *The Ethical Journalist: Making Responsible Decisions in the Digital Age*, John Wiley & Sons, 2022.

화 압박에 저항하고, 출판 기회를 잃을 위험을 감수하더라도 연구자의 민족지학적 본능과 연구 맥락에 대한 몰입 및 성찰을 통해,[27] 질적이고 현지화된 지식과 감각적 통찰의 창출에 우선순위를 두었다. 이 프로젝트를 대상으로 한 모든 형태의 지식 전파에 있어 동 윤리를 적용하여, 참가자, 독자, 청중에게 (재)충격을 주지 않도록 노력했다.

본 연구를 수행하면서 제도적 절차와 단순 원칙을 넘어 연구자 스스로 윤리의 개념에 대한 이해의 폭이 확장되었다. 사회정의 연구에서 윤리적 고려는 상황적이고, 지속되며, 개인적이라는 것을 학습하였으며, 자기 성찰(reflexivity)은 연구 기간을 뛰어넘어 필수적이고 지속적인 과정이 되었다.

3.4. 연구 현장 느끼기

이 연구 경험의 특징으로는 체현된 감정적 강렬함과 연구 현장에서 매일 마주치는 중국 네티즌들과의 깊은 유대감을 꼽을 수 있다. 연구자는 그들의 슬픔, 고통, 불만, 절망에 공감했다. 무분별한 코로나 정책으로 인한 고통과 부정을 목격하면서 가슴 아파하고, 권위주의와 불평등이 심화되는 현실에 깊은 우려와 분노를 느끼기도 했다. 변화를 끌어낼 수 있는 능력의 한계에 부딪히면서 좌절감도 커졌다. 이러한 감정이 사회적 고립감과 얽혀 일상을 방해했다. 시간이 지날수록 현장 조사는 정서적, 육체적 부담으로

---

[27]   Markham, op.cit.

다가왔다.

본 주제의 중요성과 윤리적 당위성을 뚜렷하게 인식할수록 나는 연구를 지속하고 발전시키기 위하여 더욱 매진했다. 가장 적합한 연구 초점을 고민하고 다양한 이론적, 분석적 자료를 탐색했다. 그러는 동안 스스로가 과연 이 프로젝트를 제대로 수행할 역량이 있는지 의문이 들기도 했다. 홀로 연구의 무게를 짊어진 채, 내가 살고 있는 도시의 봉쇄 조치를 헤쳐 나가야 했고, 유학생을 위한 학업적, 정신적, 재정적 지원이 부족하다는 사실에 대처해야 했다. 중국의 사랑하는 가족들과도 물리적으로 떨어져 있으면서 그들의 안녕이 걱정되었다. 90세인 할머니와 지병이 있어 심각한 증상을 경험한 어머니를 포함하여 가족 모두가 코로나에 감염되었고, 음식, 간병, 의료 자원 부족에 직면했다.

정치적 절망감, 연구 능력에 대한 불안감, 현실적인 고민이 뒤섞이며 결국 인생에서 가장 심각한 우울증으로 이어졌다. 정서적 투쟁의 연대기나 다름없는 연구 조사 일지를 다시 살펴보고 나서야 뒤늦게 그것이 우울증이었다는 사실을 깨달았다. 당시에는 단순히 슬프고 피곤하다고 생각하며 열정을 쏟은 프로젝트에 계속 전념할 뿐이었다. 누구도 열정이 연구자를 힘들게 할 거라든가, 연구가 연구자를 우울하게 할 수 있다고 일러 준 적이 없었다. 에스노그라피 연구자의 취약성[28]을 온전히 받아들이고 이해하기까지 2년간 우울증으로 고군분투해야 했다. 지금까지도 데이터를 검토하거나 연구 과정을 되돌아보거나 본 연구를 발표할 때면 슬픔

---

28 Behar, op.cit.

과 분노에 사로잡혀 눈물이 차오르는 스스로를 발견하곤 한다. 반(反)억압 연구를 하는 동료 연구자들에게 꼭 전하고 싶은 중요한 메시지가 있다면, 그것은 바로 학문 추구에 있어서 감정 노동의 중심적 비중과 자기 돌봄의 절대적 중요성이다.

그러나 이 연구는 개인의 우울증 그 이상의 것으로, 페미니스트적 희열과 주체적 역량 강화 내러티브로서의 의미가 중요하다. 온라인 현장에서 매일의 경험을 통해 분노와 슬픔이 어떻게 집단적 부동의와 저항을 촉발하는지, 그리고 이러한 감정이 어떻게 사람들을 하나로 모으고 서로를 돌보며 변화를 지지하도록 이끄는지 관찰했다. 정동적인 온라인 집결이 어떻게 페미니스트 운동의 성장과 영향력을 자극하는지 목격했다. 이 연구를 통해 국가 권력과 지배에 반박하고 그것들을 불안정하게 만들 수 있다는 것에서 위안을 삼았으며, 이는 이의를 제기하고 대항 담론을 구축하는 정치적이자 윤리적 행위라고 생각한다. 본 연구는 도전적인 과제이면서 동시에 카타르시스를 느낄 수 있는, 주체적 역량강화로 충만한 감정적 여정이었다. 무엇보다도 이 연구를 공유하면서 페미니스트이자 지적 동반자로서 같은 뜻을 가진 동료들을 만나게 되었고, 진보적인 사회 변화에 대한 큰 희망을 가질 수 있었다.

4. 마치며

사라 아메드가 말했듯 페미니즘적 연구는 감각적이고 땀에 젖은 것이다.[29] 팬데믹 기간 동안 중국 시민들의 집단 심리와 행동주의에 힘입어 온라인 환경을 가득 채운 정동적 강렬함은 끈끈하게 달라붙어 때때로 연구자를 짓누르기도 했지만, 궁극적으로 이 도전적인 연구에 매진할 수 있는 원동력이 되었다. 그 덕분에 방법론적, 학제적 경계를 넘어 "윤리적 페미니스트 온라인 연구"라는 복잡한 과정을 구상하게 되었다. 이렇게 파격적이고도 땀에 젖은 연구를 하는 동안, 나는 우울과 희열, 정치적·학문적 역량 강화의 심오한 순간들을 마주했다. 이러한 경험을 통해 연구 자체가 정치적 행동주의의 한 형태로 기능할 수 있다는 것을 이해하면서 비판적 희망[30]을 품게 되었다. 사회 주변부의 목소리를 증폭시키며, 불의와 트라우마에 대한 집단적 기억을 충실히 보존하고, 지배 체제에 적극적으로 도전하는 대항 담론을 구성할 수 있는 힘이 여기에 있다.

아울러 정치적 우울을 포함한 집단적 감정에는 사람들을 정치적 참여와 집단 행동을 위해 집결시키고, 고립감과 절망감에 맞서는 수단을 제공하는 잠재력이 있다.[31] 바로 이러한 잠재력 덕분에 이 연구에 대한 나의 정동적, 지적 노력을 독자들에게 공유하고 있으며, 우리의 밀접한 정동적 경험을 정치화하여 진보적 행동주의와 사회 변혁을 위해 활용해야 한다는 목소리를 내고자 한다. 나의 연구 일지에서 발췌한 희망과 미래 비전을 담은 글귀를 전하며

---

29   Ahmed(2017a.), op.cit.

30   Ahmed(2017b.), op.cit.

31   Ann Cvetkovich, *Depression: A Public Feeling*. Duke University Press, 2012.

이 글을 마무리하고자 한다.

우리가 위기를 헤쳐 나가는 방식은 우리의 과거를 드러내고, 현재를 형성하며, 번영 또는 위험으로 나아가는 미래의 방향을 제시하는 것이다. 따라서 개인의 경험을 보존하고, 거대한 국가 내러티브에만 의존하지 않고 사회 주변부에 뿌리를 둔 내러티브를 구성하며, 검열에 오염되지 않은 집단적 기억을 담을 그릇으로 우리의 몸을 변화시키는 것이 절실하다.

동시에, 이러한 저항의 행위가 페미니스트 세계 형성에 기여한다는 점에서, 적극적인 항거가 절실히 요구되기도 한다. 코로나를 국가가 승리한 전쟁으로 바라보기보다는, 실패와 잔혹함, 우울과 부조리, 희망과 단결의 순간들을 기억하고자 한다. 이러한 기억은 우리가 보다 공정하고 페미니즘적인 접근법을 구상하여 불안정성과 취약성을 이해하는 길로 안내하고 존재와 유한성을 함께 고민하는 여정을 도와줄 것이다.

번역: 이여주 (가천대학교)

하이터치 미디어
: 농인 에이즈 정보 센터(Deaf AIDS Information Center)의 돌봄 실천[1]

카 잇 맥 킨 니 (Cait Mckinney)·
딜 런 멀 빈 (Dylan Mulvin)

1. 들어가며

1980년대 미국의 'HIV/AIDS 위기'는 여러 반응을 불러일으켰다. 병들어 죽어가는 취약한 사람들에 대한 낙인과 침묵, 정부의 방기에 대응하여 필수적인 물질적 필요의 충족, 예방 및 치료에 관한 정확한 정보 공유를 목표로 하는 중요한 활동이 이루어졌다. 이 위기는 게이 남성, 정맥주사 약물 사용자, 흑인 및 갈인 커뮤니티에 가장 큰 영향을 미쳤기 때문에, 활동가들은 문화적 특수성을 고려한 HIV/AIDS 정보가 비슷한 정체성을 공유하는 동료들에 의해 전달되어야 유의미하다는 사실을 알고 있었다. 이러한 맥락에서 장애인 활동가들은 사회적 낙인 및 건강에 관한 자신들의

1   이 글은 Cait McKinney & Dylan Mulvin, "High-Touch Media: Caring Practices at the Deaf AIDS Information Center", *Feminist Media Studies*, Vol.9, Iss.1, 2023을 저자들의 허락 하에 번역하여 재수록한 것이다.

전문성과 경험을 사회정의의 문제와 결합하여, '정보'를 복합적인 접근성의 문제로 바라보았다. 특히 농인 커뮤니티가 경험한 HIV/AIDS의 영향은 다른 집단이 받은 영향과 구분되는 측면이 있었고, HIV와 싸우는 농인들은 이러한 위기 속에서 농인들을 위한 정보와 하이터치, 대면 돌봄 실천을 세심하게 결합한 대응책을 마련했다.[2] 이 글은 아카이브 연구를 통해 1980년대 후반, 지리적 교차로이자 에이즈 활동가들과 장애정의 옹호자들이 활발하게 교류했던 샌프란시스코 베이 지역의 미디어, 에이즈, 장애정의의 역사 사이의 교차점을 드러내고자 한다. 이와 같은 운동 간의 교류는 문서로 기록되지 않았기 때문에 그 의미가 미미한 것으로 여겨질 위험이 있다. 우리는 HIV가 새로운 의사소통 기술에 미친 영향, 섹슈얼리티와 장애라는 요소가 기술 문화에 가져온 변화에 관한 지식을 발전시키는 데 있어 이러한 교차가 핵심적이라고 주장한다.

우리는 농인 에이즈 정보 센터(Deaf AIDS Information Center, 이하 DAIC)라는 특정 단체와 이곳에서 일하는 사람들이 농인의 HIV 정보 접근권을 어떻게 옹호했는지에 초점을 맞춘다. 이 단체는 타자기와 모뎀 기술에 기반해 문자로 전화 의사소통을 용이하게 하는 기술, 즉 농인을 위한 통신 장치(Telecommunications Device for the

---

2 인용이나 조직명을 표기할 때, 문화적 농인(culturally Deaf)으로 본인을 정체화한 사실을 우리가 알고 있거나 '커뮤니티(community)'라는 단어 바로 앞에 농인(deaf)이라는 단어를 쓸 때는 대문자 D로 표기했다. 이외에 모두 소문자 d로 농인(deaf)이라는 단어를 표기했다. 이는 HIV와 관련된 돌봄을 목적으로 센터를 찾은 이들이 자신을 농인 커뮤니티의 일원으로 정체화하거나 인식했는지를 알기 어렵기 때문이다.

Deaf, 이하 TDD)[3]의 보급을 위한 캠페인을 벌였다. DAIC는 에이즈 사업 영역에서 TDD에 대한 더 넓은 접근성을 옹호하는 동시에 TDD가 많은 수어 사용자가 필요로 하는 하이터치, 돌봄, 일대일 통역을 대체하기에는 불충분하다는 점을 지적했다. TDD는 수어 사용자 대부분이 제2 언어로 사용하는 문자 언어에 기반하기 때문이다. DAIC가 하는 일의 많은 부분은 수어통역에 관한 것이며 이는 농인을 위한 단체들의 필수 업무 영역이기도 하다. 수어 통역은 벤 바한(Ben Bahan)이 말하는 '대면 관습(face-to-face tradition)'에 기반한다. 대면 관습은 대개 폭넓은 미디어 사용을 통한 필수적인 정보 제공과 커뮤니티 및 문화 접근성을 포함하며, '구두' 대 '서면' 의사소통이라는 (잘못된) 이분법으로 환원될 수 없다.[4] 우리가 주장하듯이, DAIC의 활동에는 이러한 미디어에 관한 개입과 서로 다른 미디어를 통해 정보 접근성을 높이는 내용이 포함된 경우가 많다.

DAIC는 1988년부터 1990년대 중반 캘리포니아 대학교 샌프란시스코 캠퍼스(UCSF)에 포함되기 전까지 재팬타운과 퍼시픽 하이츠(Pacific Heights) 사이에 있는 부시 스트리트(Bush Street)에 자리잡고 있었고 농인을 위한 성 베네딕트 가톨릭교회(St. Benedict's

---

3 TDD는 농인 또는 난청인을 위해 고안된 전신타자기 장치(텔레타이프 또는 TTY라고도 함)의 한 형태다. TDD와 TTY는 종종 혼용되지만 이 글에서는 인용할 자료에 'TTY'라는 단어가 들어있는 경우 외에는 아카이브 문서에서 가장 자주 사용된 TDD라는 용어를 쓰고자 한다.

4 Ben Bahan, "Face-to-Face Tradition in the American Deaf Community", *Signing the Body Poetic: Essays on American Sign Language Literature*, eds. Dirksen Bauman, Heidi Rose & Jennifer Nelson, University of California Press, 2006, pp.21-50.

Catholic Church for the Deaf)에서 운영했다. 이 단체는 베이 지역의 농인과 난청인의 건강 및 사회적 요구에 대응하는 기관들을 통합한 북부 농인 서비스 네트워크(Deaf Services Network-North)에서 출발하였고 새로운 보건 위기인 HIV에 대응하기 위해 에이즈 전담팀을 구성했다.[5] 농인이자 관련 활동을 평생 해온 백인 이성애자 여성인 대롤 낸스(Darol Nance, 그녀에게는 게이 아들이 있다)가 이끈 이 단체는 자원 안내, TDD 옹호, 통역 서비스 및 아웃리치[6] 등 농인의 에이즈 정보 접근성 구축에 중점을 두었다. 활발하게 아웃리치를 수행했던 이 단체의 활동은 다른 에이즈 단체의 활동과 비슷해 보이기도 한다. 그러나 DAIC는 문화적, 신체적 특성이 고려된 자원에 대한 정보가 없는 농인, 기존의 농인 대상 사업에서 동성애와 약물 사용을 이유로 사회적 낙인을 경험한 이들을 위해 정보 접근성을 구축했다는 점에서 차이가 있다.[7] 이 활동은 다른 도시의 유사 단체나 전국 에이즈 TDD 핫라인(National AIDS TDD Hotline)을 포함한 농인 에이즈 아웃리치 활동의 광범위한 국가적 맥락 속에

---

5   Robin Adler, "Need Help? Try Deaf Services Network", Deaf AIDS Information Center Collection, SFH 71, box 1, volume 2.

6   역자 주: 아웃리치(outreach)는 복지 제도나 서비스 지원 등의 대상이 되는 사람을 적극적으로 찾아 나서는 형태의 활동을 가리킨다.

7   Susan Gaskins, "Special Population: HIV/AIDS among the Deaf and Hard of Hearing", Journal of the Association of Nurses in AIDS Care, Vol.10, No.2, 1999, pp.75-78; Helga Stevens, "AIDS, Not Hearing Aids: Exploring the Link Between the Deaf Community and HIV/AIDS", Health and Human Rights, Vol.2, No.4, 1998, pp.98-113; James R. Peinkofer, "HIV Education for the Deaf, a Vulnerable Minority", Public Health Reports, Vol.109, No.3, 1994, pp.390-396; Christine Gannon, "Developing HIV/AIDs Resources for the Deaf", SIECUS Report, Vol.26, Iss.2, 1997, pp.19-20.

서 진행되었다.

우리는 DAIC의 미디어 역사를 조사하면서 샌프란시스코의 농인, 게이, 농인 게이의 생활세계에 기반을 둔 이 단체가 어떻게 정보를 더욱 포괄적인 돌봄 실천의 한 측면으로 폭넓게 이해할 수 있었는지를 탐구한다. 이 역사를 살펴보기 위해 우리는 DAIC의 TDD 및 수어를 위한 미디어 기술 옹호 활동과 기록 보관, 스크랩북 실천을 분석한다. 스크랩북은 DAIC가 에이즈로 죽어가는 농인 게이를 위해 형성한 하이터치 돌봄 네트워크와 통역 서비스 구축을 브리콜라주, 주석, 일상 사진을 통해 보여준다. 이는 DAIC의 접근성 정치와 일상적인 정보 활동의 본질적 부분이다. 스크랩북에는 호스피스에 있는 한 남성의 모습이 HIV에 관한 대화에서 윤리적 수어 통역에 관한 워크숍 문서, TDD 통화 라인을 운영했던 자원활동가의 기록과 함께 붙여져 있다. 또한 HIV/AIDS 감염인 옹호자로 활동했던 1992년 국제 미스터 농인 가죽대회(Mr. Deaf International Leather) 우승자 필립 루빈(Phillip Rubin)의 친필 사인이 담긴 사진처럼 농인 게이의 욕망과 즐거움의 기록도 스크랩북의 일부를 차지한다.[8] 활동가나 서비스 기관의 기록이 아카이브로 남

---

[8] Signed Headshot Mr. Deaf International Leather Philip Corey Rubin, 1992, Deaf AIDS Information Center Collection, SFH 71, box 1, volume 2. 제니퍼 타이버치(Jennifer Tyburczy)는 국제 미스터 가죽대회의 복잡한 장애정치학과 이에 대응하여 만들어진 농인 가죽 커뮤니티의 자체 시상식에 대해 썼다. 그녀는 게이 남성의 성적 문화에 녹아 있는 강제적 비장애 신체성이 이 대회를 통해 논쟁 및 규율되고 있음을 보여준다. Jennifer Tyburczy, "Leather Anatomy: Cripping Homonormativity at International Mr. Leather", *Journal of Literary and Cultural Disability Studies*, Vol.8, No.3, 2014, pp.275-293.

아 있을 때, 우리는 이 아카이브를 행정 서류, 메일링 리스트, 사진, 기타 잡동사니가 담긴 파일 폴더 형태로 발견하곤 한다. 이와 유사하게 DAIC의 기록물에도 서류, 사진, 증명서, 포스터 등이 포함되어 있지만 이 자료들은 다섯 권의 대형 스크랩북에 정리되어 있다.

DAIC의 스크랩북 아카이브에는 삶과 죽음, 여러 정보가 의도적으로 얽혀 있다. 낸스의 연례 농인 추모식 수어 연설을 문자 언어로 번역한 스크랩북의 글이 설명하는 것처럼, 이 단체는 "에이즈로 사망한 사람들에 대한 기억 … 치유, 더 나은 치료, 이해, 소통을 향한 희망 … 네트워킹과 접근성 향상을 촉구하는 행동 … [그리고] 모두를 위한 사랑"을 지침 삼아 활동했다. 우리는 이 스크랩북을 아카이브로 읽으면서, 이것이 샌프란시스코의 농문화와 HIV의 교차가 돌봄에 대한 필수적인 정보를 풍부하게 이해할 수 있게 해주고 모뎀, 컴퓨터, 정보 미디어 역사의 장애학적인 맥락을 제공한다고 주장한다.[9]

우리의 분석은 교차하는 문헌에 기반을 두고 있다. 최근 학계에서는 정보, 접근성, HIV를 역사적 관점에서 재조명하면서 정보와 네트워크를 활용한 에이즈 활동가들의 실천을 매우 중요한 실험으로 보고 있다.[10] 이러한 역사들은 북미 에이즈 위기 시기에 수

---

9 이 연구는 또한 실리콘 밸리 중심의 컴퓨터 역사학에 반발하는 역사 서술에 기여하고 있다. Kevin Driscoll & Camille Paloque-Bergès, "Searching for Missing 'Net Histories'", *Internet Histories*, Vol.1, No.-2, 2017. pp.47-59; Joy Lisi Rankin, *A People's History of Computing*, Harvard University Press, 2018.

10 Joan Lubin & Jeanne Vaccaro, "AIDS Infrastructures, Queer Networks: Architecting the Critical Path", *First Monday*, Vol.25, No.10, 2020; René Esparza, "Qué Bonita

행된 미디어 연구에 기반하며, 에이즈로 인한 손상 및 생존의 구조 속에서 개발된 치유와 돌봄 네트워크에 관한 최근의 이론을 보완한다.[11] 우리는 이 문헌들을 농, 농문화에 관한 미디어 연구, 그리고 퀴어 및 트랜스 아카이브의 정동적 미디어로서의 스크랩북에 대한 문헌과 함께 살펴본다.[12] 우리는 정보의 재매개(Remediation)가

Mi Tierra: Latinx AIDS Activism and Decolonial Queer Praxis in 1980s New York and Puerto Rico", *Radical History Review*, Vol.2021, Iss.140, 2021, pp.107-141; Kathryn Brewster & Bonnie Ruberg, "SURVIVORS: Archiving the History of Bulletin Board Systems and the AIDS Crisis", *First Monday*, Vol.25, No.10, 2020; Marika Cifor & *Viral Cultures: Activist Archiving in the Age of AIDS*, University of Minnesota Press, 2022.

11 Alexandra Juhasz, *AIDS TV: Identity, Community, and Alternative Video*, Duke University Press, 1995; Douglas Crimp, "Introduction, AIDS:Cultural Analysis/ Cultural Activism", *October*, Vol.43, 1987; Marty Fink, *Forget Burial: HIV Kinship, Disability, and Queer/Trans Narratives of Care*, Rutgers University Press, 2020; Celeste Watkins-Hayes, *Remaking a Life: How Women Living with HIV/AIDS Confront Inequality*, University of California Press, 2019; Jallicia Jolly, "From 'At Risk' to Interdependent: The Erotic Life Worlds of HIV+ Jamaican Women", *Souls*, Vol.21, No.2-3, 2019, pp.107-131.

12 Jaipreet Virdi, *Hearing Happiness: Deafness Cures in History*, University of Chicago Press, 2020; Brenda Jo Brueggemann, *Deaf Subjects: Between Identities and Places*, New York University Press, 2009; Louise Hickman, "Transcription Work and the Practices of Crip Technoscience", *Catalyst: Feminism, Theory, Technoscience*, Vol.5, No.1, 2019, pp.1-10; Mara Mills, "Do Signals Have Politics? Inscribing Abilities in Cochlear Implants", *The Oxford Handbook of Sound Studies*, ed. Trevor J. Pinch & Karin Bijsterveld, Oxford University Press, 2012, pp.320-346; Jonathan Sterne, *The Audible Past*, Duke University Press, 2003; H-Dirksen L. Bauman & Joseph J. Murray, *Deaf Gain: Raising the Stakes for Human Diversity*, University of Minnesota Press, 2014; Rebekah Edwards, "'This Is Not a Girl': A Trans* Archival Reading", *TSQ*, Vol.2, No.4, 2015, pp.650-665; Ellen Gruber Garvey, *Writing with Scissors: American Scrapbooks from the Civil War to the Harlem Renaissance*, Oxford University Press, 2012.

돌봄과 기술에 대한 우리의 이해를 어떻게 새롭게 만드는지 질문한다.

2. 농, 에이즈, 그리고 샌프란시스코

에이즈는 늘 생존의 위기이자 정보의 위기였다. 정보는 생명을 구하고 고통을 줄일 수 있다. 이는 유행병을 대중에게 알리는 것, 즉 고통의 패턴을 바라보고, 그것에 이름을 붙이고, 죽어가는 수많은 사람—게이 남성, 정맥주사 약물 사용자와 그들의 파트너, 흑인과 갈인—에 주목하며 치료를 요구하는 것일 수 있다. 또는 가능한 감염 경로나 더 안전한 섹스와 약물 사용법에 관한 정보를 전파하는 것이기도 하다. 1980년대에 에이즈를 '위기'로 보는 대중적 인식이 퍼지며 에이즈 서비스 기관(AIDS Service Organizations, ASO)이 비영리 부문에서 등장했으며 커뮤니티 지원, 치료 방법, 의료 권리에 관한 정보가 구축되어 갔다.[13] DAIC는 에이즈 서비스 기관으로서 이러한 활동 방식을 따랐으며, 이에 더해 농인의 삶을 통해 정보가 형성, 재형성되는 특정한 방식을 구축했다.

이 시기의 DAIC가 일반적인 에이즈 서비스 기관의 업무를 수행했다는 사실 외에도 HIV와 청력 상실, 농 사이에는 주목할 만

---

13   테오도르 "테드" 커(Theodore "Ted" Kerr)는 연구를 통해 위기에 대한 시대구분과 그로 인해 발생하는 인종화 · 계급화된 주목경제에 비판적 입장을 제시해 왔다. 특히 다음을 보라. Theodore "Ted" Kerr, "AIDS 1969: HIV, History, Race", *Drain*, Vol.35, 2016. (http://drainmag.com/aids-1969-hiv-history-and-race/)

한 다른 연결고리가 있다. 우선, 1980~90년대의 많은 HIV 감염인이 한쪽 귀 또는 양쪽 귀의 청력 상실을 겪었다고 보고되었다. 대유행 초기 연도에는 감염인 중 절반 정도가 (비록 이 수치는 이후 수정되었지만) 청력의 일부 상실을 경험한 것으로 추정되었다. 이는 HIV 감염 생존자로 살아가는 법을 배우고 있는 사람들이 종종 청력 상실과 함께 살아가는 법도 배워야 했음을 의미하고, 이들은 농인 커뮤니티와 관계 맺은 경험이 없는 경우가 많았다. 다양한 바이러스 커뮤니티를 연결하는 또 다른 놀랄만한 우연의 일치가 있다. 1964년 미국의 풍진 유행으로 선천적으로 청력을 상실한 채 태어난 아이의 수가 급증했다. 이 아이들이 1980년대 중반 성인이 되었을 때, 그들의 수요를 충족시키기에는 대학 또는 사회 서비스 같은 농인 지원 체계가 터무니 없이 부족했다.[14] DAIC 스크랩북에 실린 마크 케언스(Mark Cairns)의 "농인과 에이즈" 보고서는 초기 에이즈 위기 시대에 성적으로 아주 활발한 연령대의 농인이 과대 대표되었고, 문화적 특수성을 고려한 접근성 있는 성 건강 정보가 부족한 상황이 합쳐져 농인의 HIV 감염 위험을 훨씬 높였다고 주장한다.[15] 마지막으로 HIV/AIDS 감염인과 농인을 연결하는 샌프란시스코만의 특징적인 요인이 있었다. 퀴어 인구가 밀집해 있었

---

14 1980년 미국 농인 연보(American Annals of the Deaf) 특별호는 "농과 풍진: 60년대의 유아, 80년대의 성인"이라는 제목으로 젊은 청년들의 요구를 충족시키기 위해 보건 및 사회 서비스가 어떻게 대비해야 하는지를 다루었다. American Annals of the Deaf, Vol.125, No.8 [November 1980]. (www-jstor-org/stable/i40184033)

15 "Deaf People and AIDS," Deaf AIDS Center Collection, SFH 71, box 1, volume 2 (c. 1988-95).

고 에이즈 대응체계가 잘 조직되어 있었던 것이다. 또한 농인 인구
가 많고 서비스 하부구조의 규모가 컸으며 장애인 활동가 조직이
깊이 뿌리내리고 있었다.[16]

이러한 사회적 교차 지점의 상대적 비중과 효과를 증명하기는
어렵지만 그러한 증명이 중요한 것은 아니다. 중요한 건 DAIC가
각각의 원인과 효과에 대한 주장을 담은 자료를 수집하고 스크랩
했다는 것이다. 다시 말해, DAIC의 정보 활동과 그 활동에 관한
문서화는 농인들이 HIV 경험을 근본적으로 농 정체성과 결부된
것으로 이해하고 비농인의 에이즈 위기 경험과 구분 지었다는 사
실을 기록하고 있다. 이러한 역사적 시기와 지리적 위치에서 농 정
체성과 HIV/AIDS를 둘러싼 관념의 순환은 DAIC가 그들의 작업
을 상상하고, 수행하고, 기록하는 방식에 영향을 미쳤다.[17] 이들의
정보 활동은 에이즈 역사에서 미디어 및 접근성에 관한 우리의 이

---

16 Emily Hobson, *Lavender and Red: Liberation and Solidarity in the Gay and Lesbian
Left*, University of California Press, 2016; Juana María Rodríguez, "Activism and
Identity in the Ruins of Representation", *AIDS and the Distribution of Crises*, eds.
Jih-Fei Cheng, Alexandra Juhasz & Nishant Shahani, Duke University Press, 2020.
이러한 역사는 학술적으로도 다루어져 왔지만, DAIC 스크랩북의 각 페이지
에 있는 자료들, 특히 기사 스크랩을 통해서도 기록되어 왔다. 다음의 예시
들을 보라. "Center on Deafness Teams with Hearing Society to Provide AIDS
Education, Counseling", Deaf AIDS Center Collection, SFH 71, box 1, volume 2 (c.
1988–95), p.33; "HIV Services Limited for the Deaf", SFH 71, box 1, volume 2
(c. 1988–95), p.17; "Deaf Community AIDS Service Providers List", SFH 71, box
1, volume 2, 1992, p.38.

17 여기서 주목해야 할 점은 DAIC에 또 다른 언어적 충돌이 있었다는 사실이다.
영국에서 "DEAF AIDS"는 "hearing aids(보청기)"라는 뜻으로 사용되지만 시대
에 뒤떨어진 모욕적 표현인데, 언뜻 보기에 "Deaf AIDS Information Center"라는
명칭은 이 용어를 역설적으로 다시 사용한 것으로 읽힐 수도 있다.

해를 복잡하게 한다. 에이즈 대응에 있어서 접근성은 단순히 비장애-신체 세계로 들어가는 것의 허용을 의미하지 않는다. 접근성은 질병과 장애의 시간성, 관계적 기술과 도구의 매개로 형성되는 지속적이고 체현된 실천이다.

3. 탈매개-재매개

에이즈 활동가, 교육자, 서비스 기관은 돌봄 활동의 하나로 HIV에 관한 정보를 수시로 만들고 배포했다. 여기에는 바이러스의 존재를 공론화하는 것, 취약성에 관한 정보 공유, 오정보 정정 및 거짓 정보에 대한 대응, 치료 선택지에 관한 접근성을 중개하는 일 등이 포함되었다.[18] 또한 에이즈 서비스 기관은 정부의 HIV 대응 및 죽음과 질병에 대한 낙인에 대항하는 항의 행동의 중심이었다. 그렇기에 추모와 애도 행동의 중심이기도 했다.[19] HIV 유행 시기의 피해에 대한 인식이 계속되고 있는 가운데, 미국 맥락에서 '바이러스 문화'로 간주되는 이 시기의 상징물은 액트업(ACT UP)에서 제작한 항의 포스터나 '네임 프로젝트 에이즈 메모리얼 퀼트

18 Steven Epstein, *Impure Science: AIDS, Activism, and the Politics of Knowledge*, University of California Press, 1998; Esparza, op.cit.; Juhasz, op.cit.; Cindy Patton, *Fatal Advice: How Safe-Sex Education Went Wrong*, Duke University Press, 1996.

19 Deborah B. Gould, *Moving Politics: Emotion and ACT UP's Fight against AIDS*, University of Chicago Press, 2009; Marita Sturken, *Tangled Memories: The Vietnam War, the AIDS Epidemic, and the Politics of Remembering*, University of California Press, 1997.

(NAMES Project AIDS Memorial Quilt)'와 같은 작품들이다.[20]

DAIC는 다른 에이즈 서비스 기관들과 마찬가지로 돌봄, 노동, 정보 전달, 추모 활동에 참여했다. DAIC는 빵 판매, 걷기 행사, 의류 기부 운동을 통해 모금 활동을 했다. 스크랩북에는 DAIC가 에이즈에 희생된 농인들의 이름을 내셔널 메모리얼 퀼트에 추가하려는 농인 네임 프로젝트(DEAF NAMES Project)에 참여한 기록도 있다.[21]

하지만 DAIC가 문서화하고 수행한 접근성 재매개의 형태는 다른 기관과 차별점이 있었다. 여기서 재매개는 복구/치유로서의 재매개, 한 매체에서 다른 매체로 정보를 이동시켜 새롭게 제시하는 것으로서의 재매개를 의미한다.[22] DAIC는 HIV에 관한 정보—바이러스의 알려진 전염 경로, 전염성, 증상, 가능한 치료법—가 TDD, 수어, 커뮤니티 서비스 제공을 통해 재매개되어야 한다는 것을 옹호하고 이를 뒷받침할 근거를 수집했다. 에이즈 서비스 기관들은 정보 접근성을 제공하는 것이 그들 활동의 주요 목적임을 이미 알고 있었지만, 장애정의의 관점에서 접근성의 의미를 살펴보는 일은 드물었다. DAIC는 바이러스가 장애인의 삶과 몸에 미치는 영향, 농인 커뮤니티 내의 더 높은 감염률과 사망률을 충분

---

20 Cifor, op.cit.

21 "Deaf Names Project; Deaf Gays Battle Oppression and Others", Deaf AIDS Center Collection, SFH 71, box 1, volume 2 (c. 1988-95); 장애와 퀼트에 관한 내용은 다음을 참고하라. Robert McRuer, "Disability and the NAMES Project", Public Historian, Vol.27, No.2, 2005, pp.53-61.

22 Jay Bolter & Richard Grusin, Remediation, MIT Press, 1999.

히 고려하지 못하는 기존의 정보 하부구조에 직접 개입했다.

이러한 역사를 이해하기 위해서는 장애와 미디어가 함께 형성되는 방식, 즉 장애를 방해물, 개념적 보완물 또는 매개를 위해 통과해야 하는 '렌즈'로 취급하지 않는 방식을 살펴보아야 한다. DAIC의 돌봄 노동을 그들의 정보 및 접근성 활용을 통해 살펴봄으로써 우리는 장애가 의사소통의 조건을 형성하는 방식, 즉 마라 밀스(Mara Mills)와 조너선 스턴(Jonathan Sterne)이 탈매개(dismediation)라 부르는 과정을 이해하고자 한다.[23] HIV와 돌봄 역사에 관한 탈매개적 접근은 HIV를 둘러싼 기존의 이해를 무너뜨린 다양한 형태의 체현과 장애로부터 출발한다. 우리는 이론적으로 탈매개를 재매개의 횡단적 실천이자 서로 다른 위치성을 지닌 신체와 미디어 역사 사이의 관계를 복잡하게 만드는 퀴어 및 트랜스 미디어 이론으로 이해한다.[24] HIV/AIDS 감염인이 이미 미국 사회의 주변부에 있었다면 농인 HIV/AIDS 감염인은 이중으로 예외화되었다. DAIC와 그들의 스크랩북, 돌봄 활동을 통해 이 역사

---

23   Mara Mills & Jonathan Sterne, "Dismediation: Three Propositions and Six Tactics (Afterword)", *Disability Media Studies: Media, Popular Culture, and the Meanings of Disability*, eds. Elizabeth Ellcessor & Bill Kirkpatrick, New York University Press, 2017. pp.365-378; Elizabeth Ellcessor, "Call If You Can, Text If You Can't: A Dismediation of US Emergency Communication Infrastructure", *International Journal of Communication*, Vol.13, No.20, 2019.

24   Daniel C. Brower & Adela C. Licona, "Trans(affective) Mediation: Feeling Our Way From Paper To Digitized Zines and Back Again", *Critical Studies in Media Communication*, Vol.33, No.1, 2016, pp.70-83; Whitney "Whit" Pow, "A Trans Historiography of Glitches and Errors", *Feminist Media Histories*, Vol.7, No.1, 2021, pp.197-230.

를 말함으로써, 우리는 1980년대 후반과 1990년대 네트워크 하부 구조 내의 농인 HIV 감염인의 삶의 경험을 탈-예외화하고자 한다. 미국 정부, 법체계, 사회가 HIV 유행에 긴급하게 대응하고 취약한 커뮤니티를 돌보는 것에 실패하던 시기에 DAIC는 돌봄과 지원 활동을 수행했다. 이 스크랩북 아카이브에는 이러한 실패와 그에 뒤따른 일상적 돌봄이 모두 기록되어 있다.

DAIC의 스크랩북은 정부의 대응 체계가 HIV 감염 예방과 관리 정보에 대한 농인들의 접근성 및 돌봄 수요를 상상하지 못했음을 포착하고 강조한다. HIV 유행이 농인에게 미치는 구체적인 영향에 관한 관심 부족으로 인해 이 교차 담론이 매우 단순한 차원으로 격하될 위험이 있었다. 스크랩북의 여러 기사를 살펴보면 주류 언론에서 농인의 감염 사실을 유행병의 특이한 지점으로 제시하는데, 마치 주류 HIV/AIDS 담론에서는 이러한 교차가 상상할 수 없는 것처럼 보이기도 한다.[25] DAIC는 이러한 공백을 메우기 위해 HIV/AIDS 정보 부족을 초래하는 구조에 초점을 맞추어 워크숍과 아웃리치를 실행했다. 특히 민감한 진료 예약 통역이나 HIV/AIDS에 관련된 수어 어휘 개발에 얽힌 접근성 정치 등에 초점을 맞추어 진행되었다(〈그림 1〉).

DAIC가 가장 활발히 활동했던 1980년대 후반과 1990년대 초반은 미국장애인법(Americans with Disabilities Act, ADA)이 논의되던 시기다. 이 법은 1990년에 제정되었다. 당시 많은 이들이 HIV 양

---

25 예를 들어 다음을 보라. Kent Bradley, "Deaf PWAs Share Stories, Educate Others", Deaf AIDS Center Collection, SFH 71, box 1, volume 2 (c. 1988 – 95); "Deaf Awareness Month", Deaf AIDS Center Collection, SFH 71, box 1, volume 2, 1990.

<그림 1> 활동가 토미 사아베드라가 1988년 5월 14일, 에이즈와 함께 살아가는 날
정보 활동의 일환으로 HIV/AIDS에 관한 수어 워크숍을 진행하고 있다.
출처: Scrapbook volume 1, 1987-1993, 2011, Deaf AIDS Center Collection (SFH 71),
San Francisco History Center, San Francisco Public Library.

성을 장애로 인정하라는 캠페인을 벌였는데, 이러한 프레임은 일
부 에이즈 활동가들 사이에서 여전히 논쟁의 대상이다.[26] 이 논
쟁들은 때때로 장애를 개별 범주로 구분하고 HIV와 상호작용하
는 다양한 몸들의 구체적 사례를 무시하거나 지우며, 장애와 질병
의 교차적인 경험을 상상하지 못하도록 만들었다. 사람들은 자신
의 개별적 정체성을 말끔하게 분류하며 살아가지 않지만, 이러한
개별적인 정체성 담론은 장애의 정치와 정책에 만연했으며 HIV/
AIDS에 대한 대중적, 제도적 대응을 통해 재생산되었다.[27] DAIC
가 그들의 스크랩북에 보관한 한 기사는 1994년 열린 HIV 및 장

---

26 McRuer, op.cit., pp.53-61; Alexander McClelland & Jessica Whitbread, "PosterVirus:
    Claiming Sexual Autonomy for People with HIV through Collective Action",
    Mobilizing Metaphor: Art, Culture, and Disability Activism in Canada, ed. Christine
    Kelly & Michael Orsini, University of British Columbia Press, 2016. pp.76 97;
    Fink, op.cit.

27 Dylan Mulvin & Cait McKinney, "The Girl in the Bubble: An Essay on
    Containment", Catalyst: Feminism, Theory, Technoscience, Vol.9, No.1, 2023.

〈그림 2〉 DAIC 설립자이자 대표인 대롤 낸스가 1989년 10월 10일부터 14일까지 샌프란시스코에서 열린 전국 에이즈 업데이트 콘퍼런스에서 DAIC의 정보 제공 부스를 운영하고 있다. 출처: Scrapbook volume 1, 1987–1993, 2011, Deaf AIDS Center Collection (SFH 71), San Francisco History Center, San Francisco Public Library.

애에 관한 콘퍼런스를 묘사하고 있다.

"장애와 HIV 분야의 전문가들이 '두 커뮤니티'와 관련된 몇 가지 현안에 대해 발표할 예정입니다."[28] 두 커뮤니티라는 구분을 만든 것은 (학생) 기자가 아닌 회의 주최자들로, 그들은 이렇게 말했다. "요점은 두 개(커뮤니티)를 모으는 것입니다. 장애를 잘 모르는 HIV 교육자들이 많습니다. 그리고 장애인과 함께 일하는 사람 중에는 HIV를 잘 알지 못해 HIV 교육을 제공할 수 없는 사람이 많습니다."[29]

---

28 Cynthia Pickerrell, "Disability and HIV Conference", Deaf AIDS Center Collection, SFH 71, box 2, volume 5, 1994.

29 ibid.

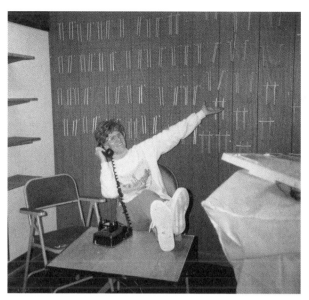

〈그림 3〉 낸스가 DAIC의 새 사무실에서 포즈를 취하고 있다. 곧 정보 책
자로 채워질 빈 페그 보드를 가리키며 농인을 위한 통신 장치 TDD와 연결
될 전화기를 들고 통화하는 시늉을 하고 있다. 출처: Scrapbook volume
1, 1987-1993, 2011, Deaf AIDS Center Collection (SFH 71), San
Francisco History Center, San Francisco Public Library.

DAIC와 기타 베이 지역 농인 단체의 오랜 회원이자 콘퍼런스 기조연설자인 프랭크 레스터(Frank Lester)는 "농인 HIV 감염인은 장애가 이중으로 있는 것과 같다"라고 말했다. 2005년 레스터는 이 교차적 장애의 효과를 정량화하여 "에이즈에 대한 인식과 지식에 있어" 농인과 청인 사이에는 "8년의 격차"가 있다고 주장했다.[30]

30 Matthew S. Bajko, "Deaf Gay Men Tackle AIDS and Speed Use", Deaf AIDS Center Collection, SFH 71, box 1, folder 2, 2005.

우리는 분리 불가능한 장애 경험에 대한 인식 격차와 담론적 분리가 만연하다는 점을 고려하여, DAIC의 정보 활동을 농인 각자에게 체현된 고유한 삶 경험이라는 맥락 안에서 파악한다. HIV 유행에 대한 DAIC의 구체적 돌봄 대응이란 농인으로 일생을 살아온 사람들, HIV 감염으로 인해 최근에 청력을 상실한 사람들을 포함한 다양한 농인을 위한 자원, 교육 자료 제작과 접근성 제공을 의미한다(〈그림 2, 3〉).

DAIC 스크랩북에 수록된 긴 자료 중 하나는 대롤 낸스가 타이핑, 서명하고 손으로 적은 세부 사항과 수정 내용이 포함된 4쪽 분량의 편지다. "친구/고객"이라는 간단한 제목의 이 편지는 DAIC가 어떻게 결성되었는지, 낸스가 성취하고자 했던 일은 무엇인지를 설명한 것으로 보인다. 문서에 기재된 날짜는 1988년부터 1989년 중반이며, 우리는 이 편지가 1989년 또는 그 직후에 작성된 것으로 추정한다. 이 편지는 낸스가 에이즈로 죽어가는 사람들, 그들이 사랑했던 이들을 위해 수행했던 재매개 작업에 초점을 맞추고 있다. 낸스는 그녀의 초기 사례 중 하나인 중서부 출신의 78세 농인 여성을 위한 통역 경험으로부터 출발한다. 그 여성은 병든 아들을 보기 위해 샌프란시스코에 왔다.

당시 나는 [샌프란시스코의 성 베네딕트 통역 서비스]와 사무실을 함께 사용하고 있었고, 1988년에 새로 설립된 농인 서비스 네트워크 에이즈 전담팀에서 자원 활동을 하고 있었다. 나는 한 조교로부터 그의 엄마를 만나보라는 추천을 받았고, 그녀와 그녀의 아들을 만나기 위해 병원으로 갔다. 그리고 나는 그녀의 친구가 되었다.

우리는 일주일에 한 번 만나기로 약속했다. 나는 그녀가 장보는 것을 도왔고 그녀와 함께 있었다. 또 그녀를 농인 노인 기관에 데려가기도 했다. 그녀는 1월 초에 집으로 돌아갔지만 2월 말에 그녀는 아들이 다시 병원에 갔다는 TDD 메시지를 보내왔다. 나는 일주일에 몇 번, 아침 출근길에 그녀가 아들과 함께 있을 수 있도록 병원에 데려다주었다. 그녀는 아들의 상태와 이 문제를 어떻게 할 것인지에 관해 나와 소통할 수 있었다. 나는 그녀의 이야기를 경청했다. 그가 죽기 며칠 전 나는 병원에 방문했고 그는 반혼수(semi-coma) 상태였다. 그는 내 목소리를 듣고 알아보았다. 그러고는 내 이름을 지문자(fingerspelling)로 또렷하게 힘껏 표현했다. 엄마를 잘 돌봐달라는 말을 하고 싶은 것 같았다. 내가 결혼식 참석차 남부로 떠나기 하루 전인 1989년 3월 15일, 그는 세상을 떠났고 다음 날 아침 나는 그녀의 곁에 머물며 그녀를 위로했다.[31]

낸스의 재매개 작업에는 아들이 어머니에게 퀴어 정체성, 아버지와 양아버지 모두에게 학대당한 사실, 에이즈로 자신이 죽어가고 있음을 알리도록 돕는 일이 포함되어 있었다. 이 이야기에는 농문화와 농인 언어—병원을 통한 중재 연결, 아들의 죽음을 알리는 TDD 메시지, 그가 생의 마지막 순간에 대롤의 이름을 분명하고 힘있게 지문자로 표현한 것—가 중첩되어 있다. 또한 이 모든 것이 1980년대 후반 HIV에 감염된 농인의 굴절된 경험과 이 시기의

---

31 Darol Nance, "Friends/Clients Speech by Darol Nance", Deaf AIDS Center Collection, SFH 71, box 2, volume 4 (c. 1988-95).

탈매개된 역사를 보여준다. 편지의 나머지 부분에서 이러한 주제들이 반복되며 DAIC가 통역, 농인이 접근할 수 있는 정보, 돌봄의 필요성을 중심으로 형성되었다는 사실을 보여준다. 이 편지는 마거릿 프라이스(Margaret Price)가 접근성 창출에 있어 카이로스가 중요하다고 말했던 것을 증명한다. 여기서 '카이로스'란 시의적절한 순간을 가리킨다. 카이로스는 배제에 대한 대응으로서의 '유니버설 디자인'과는 대조적이다. 낸스가 제공하는 것과 같은 카이로스적 접근성은 삶의 마지막 시기에 이루어지는 의사소통, 비밀을 털어놓는 것, 부모와의 연결에 대한 필요처럼 "실시간으로 전개되는 사건"에 주목하는 돌봄 네트워크에 의해 만들어진다. 이는 "즉흥적"이며 "높은 위험이 따르는" 방식이다.[32]

"친구/고객"에는 에이즈 서비스 초기에 참여한 대롤 낸스의 개인적 회고와 함께 더 광범위한 DAIC 조직의 초기 활동을 보여주는 또 다른 한 장이 첨부되어 있다. DAIC 스크랩북 한 페이지에는 "DSN 에이즈 전담팀의 주요성과"(이 전담팀이 이후 DAIC로 발전함)라는 제목이 적혀 있다. 이 목록에는 수제빵 판매, 오클랜드에서 열린 걷기/달리기 모금 행사, 대롤의 오두막에서 열린 수련회, 1990년 1월에 열린 '실질적·정서적 지원을 위한 훈련 워크숍' 등 다양한 내용이 포함되어 있다. 한 문단에는 지역 KQED 방송국 텔레톤 참여 내용이 자세히 나와 있다.

---

32 Margaret Price, *Mad at School: Rhetorics of Mental Disability and Academic Life*, University of Michigan Press, 2011, p.61.

1989년 4월 5일, 우리 중 일부가 KQED (TV) 야간 자원활동가로 참여했다. 우리는 KQED 채널에서 에이즈 프로그램이 방영되는 4시간 동안 TDD에 응답하는 활동을 했다. AIDS/HIV 서비스를 제공하는 모든 기관의 자원활동가들을 독려하기 위해서였다. 우리의 참여는 농인 커뮤니티를 긍정적으로 드러내는 활동이었고 KQED 직원들에게도 유익했다. 그러나 폐쇄 자막 문장과 TDD 통화에서의 사용에 관한 교육은 여전히 개선되어야 할 부분이 많다.[33]

이 문단은 DAIC의 서비스 및 활동에 포함된 재매개 작업의 일부를 보여준다. 텔레톤 참여는 ① 조직의 긍정적 노출, ② 중요한 접근성의 제공, ③ 미디어 및 정보 시스템에 대한 심화 개입이었고, 이를 통해 폐쇄 자막이 수반되지 않으면 TDD 사용의 의미가 퇴색된다는 점을 뉴스 계열사에 상기시켰다.

이 순간은 에이즈 위기가 절정에 달했을 시기에 DAIC가 수행한 탈매개/재매개의 역학을 보여준다. 폴 롱모어(Paul Longmore)가 주장했듯 미국 모금 텔레톤의 역사는 오랫동안 교육적인 역할을 해왔는데, 이를테면 "구호 단체 전문가들은 대중이 특정 질병이나 장애를 긴급한 관심을 필요로 하는 주요 건강 문제로 인식할 수 있도록 노력했다. 그들은 예비 기부자들에게 무엇을 우려해야 하는지뿐만 아니라 어떻게 우려해야 하는지를 알려주었다."[34] 롱

---

33 "Main Accomplishments of DSN AIDS Task Force", Deaf AIDS Center Collection, SFH 71, box 1, volume 1, 1989.

34 Paul K. Longmore, *Telethons: Spectacle, Disability, and the Business of Charity*, Oxford University Press, 2015, p.15.

모어가 지적한 대로, 텔레톤은 미국의 지상파 TV 생중계, 전화 인 프라, 유명인사, 모금 행사가 한데 어우러진 매개의 스펙터클이기 도 했다. 흔히 수여되는 거대한 수표 모형조차 스펙터클하며 다루 기 불편한 형태였다. 케빈 고트킨(Kevin Gotkin)은 텔레톤(그리고 워 커톤(walkathons)과 다른 '-톤(-athons)' 행사들)이 "극한 인내력 테스트 를 무대 삼아", "능력 있는 몸(able-bodiedness)을 문화적 이상향으로 내세운다"라고 주장한다.[35] 장애인 활동가들은 1990년대 초, 텔레 톤에 개입하여 접근성 비평을 제기함으로써 이 장르의 비장애중 심주의를 부각시켰다.[36] DAIC의 KQED 개입은 농인, HIV 감염인 자원활동가가 그들의 커뮤니티를 위해 텔레톤에 참여할 때 차이 의 한 범주로서 에이즈에 어떠한 변화가 일어나는지 보여주는 사 례다.

DAIC가 만들어낸 성과를 이해하고, 이를 조직이 하고자 했던 일을 구체화한 것으로 받아들이기 위해서는 HIV/AIDS 위기 속 정보 재매개와 농인 돌봄, 그리고 돌봄 활동의 매개적 개입이라는 더 넓은 맥락 속에서 살펴보아야 한다. DAIC의 스크랩북은 조직 의 돌봄 및 정보 활동을 맥락화하는 기사, 논문, 연설, 연극, 문화 적 자료 등을 모음으로써 이를 수행했다.

예를 들어 DAIC가 수집한 기사들은 종종 장애(농인과 HIV 감 염인 포함)뿐 아니라 문해력, 섹슈얼리티 등 중첩되고 상호작용하 는 복합적 형태의 주변화를 강조하는 경우가 많다. "90년대 농인

---

35 Kevin Gotkin, "What Was the Telethon?", *Medium* (blog), September 5, 2015.
(https://medium.com/@kgotkin/what-was-the-telethon-48f0f28aceee)

36 ibid.

게이와 레즈비언을 위한" 워싱턴 DC 콘퍼런스에 관한 기사는 "농인 게이가 청인 중심 사회에서 고립되어 있기에 이러한 강의는 매우 중요한 정보들의 원천이다. (발표자가) 인터뷰에서 인정했듯 '농인 게이 커뮤니티에 에이즈가 급속히 확산된 것은 통역자와 교육 자원이 부족하기 때문'이다."[37]라고 쓰며 에이즈 강의의 중요성을 언급했다.

또 다른 기사는 1985년 HIV 양성 판정을 받은 로버트 아튼(Robert Arton)이 바이러스 감염으로 양쪽 귀의 청력을 잃었다고 전한다.[38] 이 사례에서도 대부분의 에이즈 서비스 기관이 제공하지 못하는 통역 서비스를 제공하기 위해 DAIC, 샨티 프로젝트(Shanti Project), 히어링 소사이어티(Hearing Society) 등의 단체가 개입했다. 음성 핫라인, TDD 라인, 통역 서비스를 위한 자금은 1990년 의회에서 통과된 라이언 화이트 법(Ryan White CARE Act)을 통해 연방 정부에서 지원받을 수 있게 되었지만, 이 자금은 제한적이었고 각 주가 HIV 전파를 범죄화해야만 받을 수 있었다.

지금은 사라진 댈러스 지역 신문 『타임스 헤럴드(Times Herald)』의 "농인 대상 필수 에이즈 정보 부족"이라는 제목의 기사에서 노라 자미초우(Nora Zamichow)는 농인 환자들이 청인 중심적 사회에서 치료 받는 데 어려움을 겪고 있음을 설명한다. 그녀는 농인이 청인보다 HIV에 감염될 확률이 6배 높다는 널리 알려

37   ibid; Yvette Gibson, "Deaf Gays Battle Oppression from Themselves and Others", Deaf AIDS Center Collection, SFH 71, box 1, volume 2 (c. 1988–95).

38   "Center on Deafness Teams with Hearing Society to Provide AIDS Education", Deaf AIDS Center Collection, SFH 71, box 1, volume 2 (c. 1988–95).

진 통계(이는 취약성 때문이지 의학적 소인이 있는 것은 아니다)를 설명하며, 미국 내 모든 가정에 발송되는 미국 정부의 공식 정보 안내서에 더 많은 정보를 원하는 농인 및 난청인을 위한 접근성 조항이 포함되어 있지 않음을 지적한다.[39] 5개월에 걸쳐 제작되고 의사들의 검수를 거친 이 안내서는 스페인어, 중국어, 점자로 제공되었으며 무료 상담 전화번호를 포함하고 있으나 TDD는 제공되지 않았다. 항의가 이어지자 안내서는 TDD 핫라인 정보를 포함하는 방향으로 수정되었다. 배제와 항의에 따라 접근성이 중재된 사례의 궤적은 장애인 활동가와 장애인과 아픈 사람들을 돌보는 이들에게는 익숙한 내용이다.[40]

이러한 고립, 주변화, 사회적 무지의 상황 속에서 DAIC는 돌봄 제공과 정보 재매개를 위한 활동을 수행했다. 이 과정에서 정보 접근 및 공유의 가능성은 사회적, 경제적, 문화적 자본과 이러한 자본을 동원하려는 의지에 따라 형성되었다.[41] 1989년 『베이 에어리어 리포터(Bay Area Reporter)』 기사 스크랩은 HIV에 감염된 농인과 난청인을 위한 통역 서비스 쟁취 투쟁을 다룬다. 이 기사는 1986년 농인 AIDS 환자인 존 카나데이(John Canaday)가 병원 침대에 묶여 움직이지도, 손으로 의사소통을 하지도 못했던 심각한 사

---

39 Nora Zamichow, "Deaf Lack Vital AIDS Information; Federal AIDS Brochure Said to Discriminate against Deaf", Deaf AIDS Center Collection, SFH 71, box 1 volume 2 (c. 1988–95).

40 Elizabeth Ellcessor, *In Case of Emergency: How Technologies Mediate Crisis and Normalize Inequality*, New York University Press, 2022.

41 Meryl Alper, *Giving Voice: Mobile Communication, Disability, and Inequality*, MIT Press, 2017.

례를 설명한다.[42] DAIC와 같은 단체는 카나데이 사례와 유사한 사건들에 대응하며 고통을 완화하고 의료 시스템에 대한 접근과 매체의 부족을 개선하기 위해 노력했다.

이야기의 비극적 측면을 명확하게 드러내는 이 기사 스크랩을 낸스의 회고, DAIC 모금 사진, '국제 미스터 농인 가죽대회', 수제 빵 판매, 걷기 대회 행사 기록과 함께 읽으면 DAIC의 다양한 정보 중개 역할과 일상적 돌봄, 커뮤니티 구축, 그리고 바이러스의 현실과 장애인의 경험을 통해 정보와 미디어의 역사가 형성되는 방식을 알 수 있다.

4. 정보 활동으로서의 스크랩북

DAIC의 재매개 실천은 주로 스크랩북으로 구성된 특이한 아카이브에 자체 기록을 모으는 방식으로 확장된다. 낸스는 기사, 사진, 홍보물과 기타 자료를 풀, 사진 보관용 얇은 비닐, 펜을 이용해 5권의 책으로 정리했고 때때로 주석, 장식과 채색을 추가했다. 낸스는 정기적 관리 업무의 하나로 이 작업을 직접 수행했고, 1989년 DAIC의 주요 성취 연간 요약에서 "앨범은 그때 그때의 사진과 행사들로 채워질 것"이라 언급하며 스크랩북을 조직 내에서 중요성이 높은 활동으로 간주했다.[43] 이러한 스크랩북 작업은 분

---

42 "Deaf PWAs Need Special Services", Deaf AIDS Center Collection, SFH 71, box 1, volume 2, 1989.

43 "Main Accomplishments of DSN AIDS Task Force 1988–1989", Deaf AIDS

〈그림 4〉 DAIC 사무실 책상에 앉아 무언가를 읽고 있는 대롤 낸스.
출처: Scrapbook volume 1, 1987 - 1993, 2011, Deaf AIDS Center
Collection (SFH 71), San Francisco History Center, San Francisco
Public Library.

석적이고 선형적인 조직 아카이빙에 저항하는 탈매개 형식 그 자
체이기도 하다.

스크랩북은 낸스와 DAIC가 보여준 돌봄에 대한 헌신의 연장
선에 있다. 한 스크랩북에서는 돌봄, 축하, 상실의 이미지와 기록
뿐 아니라 "대롤 낸스가 구성한 앨범"이라는 손글씨와 함께 반짝
이는 하트 스티커도 발견할 수 있다. 마리카 시포(Marika Cifor)의
주장처럼 1980년대 에이즈 활동가와 서비스 기관은 낙인으로 인
해 대중 담론에서 에이즈가 부분적으로 지워지는 것에 대한 대응
으로, 또는 에이즈는 현재 진행 중인 구조적 취약성 때문이라는
믿음에 따라 신중하고 사려 깊은 아카이빙이 필요하다고 생각했

Information Center Collection, SFH 71, box 1, volume 1, 1989.

다.[44] 즉, 에이즈 활동가들은 자신이 만드는 것의 가치를 긍정하며, 미래의 다른 사람들이 펼쳐갈 정의로운 활동에 이 작업물들이 활용되는 장면을 상상했다. 1980~90년대 에이즈 조직 아카이브는 회의록, 홍보물, 기사 스크랩, 예산, 연설, 행사 문서, 이메일 출력물 등의 행정 서류와 티셔츠, 포스터, 핀버튼과 같은 물건이 포함된 파일 폴더로 구성되어 있는 경우가 많다. 이러한 기록물은 종종 사무실 공간이나 누군가의 집에 있는 파일 캐비닛에서 문서 보관함으로 옮겨진 다음, 활동가나 서비스 기관이 문을 닫으면 원래의 순서를 유지한 채 아카이브 서

〈그림 5〉 낸스가 센터의 TDD를 소개하고 있다. 전화 수신기는 전신타자기 상단에 있는 음향 결합기에 배치된다(수신기를 고정하도록 설계된 두 개의 검정 받침대를 보라). 사용자가 키보드를 치면 그 문자에 해당하는 음향 신호가 모뎀과 전화선을 통해 송수신된다.
출처: Scrapbook volume 1, 1987 – 1993, 2011, Deaf AIDS Center Collection (SFH 71), San Francisco History Center, San Francisco Public Library.

가로 옮겨진다. DAIC의 아카이브는 폴더 단위의 분류 체계에 따라 캐비닛에 무작위로 분류된 종이 파일이 아닌, 낸스가 주요 기록물을 선별하고 조심스럽게 테이프로 붙여 책으로 엮어낸 결과물이다. 나란히 배치된 레이아웃, 이미지 및 자료 콜라주와 그것들

---

44   Cifor, op.cit.

의 순서를 통해 수집된 자료뿐 아니라 커뮤니티의 유행병 대응 활동을 세심하게 엮어낸 흔적을 살펴볼 수 있다. 이 스크랩북은 조직을 이끌었던 낸스의 자원활동 경험, 수어가 제1언어인 농인 여성으로서 에이즈로 사망한 농인 게이 남성을 돌보고, 그를 위해 통역한 경험이 있는 낸스만의 관점이 담긴 책이다(〈그림 4, 5〉). 이 문서들은 조직의 기록이자 낸스의 관점으로 기록된 문서로, 리베카 에드워즈(Rebekah Edwards)가 "체현, 정체성, 국가에 대한 개인적 서사와 공적 서사의 공동 구성력에 주목하게 한다"라고 말하는 종류의 스크랩북이다.[45] 에드워즈는 전통적인 아카이브 장르를 넘나들며 트랜스젠더의 삶의 맥락에서 글을 쓴다. 이는 HIV와 농이 교차하며 낙인과 정보로부터의 소외를 형성하는 방식뿐 아니라, DAIC의 정보 제공 활동과 그들의 아카이브 기록 활동을 알리는 체현된 재매개의 고유한 실천을 포함하는 것으로 생산적으로 확장될 수 있다.

스크랩북은 자료를 원래 출처에서 떼어내어 모으고 조립하는 정보 활동의 한 형태로, 다른 자료와의 관계와 맥락 속에서 새로운 의미를 구성하게 된다.[46] 예를 들어 낸스가 농인 커뮤니티의 HIV 대응에 관한 다양한 기사를 스크랩하여 센터의 일상 활동사진 문서와 연결한 방식에서 이러한 경향이 드러난다. 이렇게 하면 사진이 더 이상 단순한 일상 사진이 아니라 기사들이 제공하는 더

---

45   Edwards, op.cit., pp.651-652.

46   Garvey, op.cit., p.22.

넓은 맥락 속에 위치하게 된다. 즉, 낸스는 단순히 보관을 위해 사진을 정리한 것이 아니라 DAIC의 이야기를 전달하고자 했던 것이다.[47] 엘렌 그루버 가비(Ellen Gruber Garvey)는 스크랩북이 계급, 교육 수준, 성별과 관계없이 **누구나** 쓰고 연구할 수 있는 장르라 주장한다.[48] 우리는 그루버 가비에 기반해 접근성의 개념을 확장하고 DAIC의 광범위한 재매개 실천과 조직의 복합적 정보 활동이라는 맥락에서 이 스크랩북에 접근한다. 이는 DAIC가 어떻게 브리콜라주, 주석, 사진을 활용해 그들의 접근성 정치와 일상적인 정보 활동의 핵심인 하이터치, 면대면 돌봄 네트워크를 촉진했는지를 보여준다. 호스피스에 있는 남성의 모습은 HIV에 관한 수어 대화를 윤리적으로 통역하는 방법에 관한 워크숍 문서, TDD 전화를 운영하는 농인 자원활동가의 기록과 나란히 수록되어 있다. 스크랩북은 삶과 죽음, 접근성 있는 정보 찾기가 어떻게 의도적으로 얽혀 있는지를 보여준다.

이 스크랩북에서는 추모 실천이 두드러진다. 에이즈로 사망한 샌프란시스코 농인 커뮤니티의 구성원들에 대한 추모는 각각 한 페이지 혹은 여러 페이지에 걸쳐 이루어지고 있다. 여기에는 그들이 살아 있을 때 DAIC에서 자원 활동을 하거나 서비스를 이용하며 찍은 사진, 그들의 부고 기사, 장례식에서 촬영한 사진, DAIC 자원활동가들이 그들 각자를 재현하기 위해 만든 에이즈 추모 퀼트 사각형이 포함되어 있다. 여기서 기억되고 있는 사람들은 모

---

47   Diana Kamin, "Cards, Cabinets, and Compression in Early Stock Photography", *Information and Culture*, Vol.56, No.3, 2021. p.232; pp.239-240.

48   Garvey, op.cit., p.5. (본문 중 굵은 글씨는 저자 강조)

두 남성이고, 대부분 백인 또는 라틴계이며 일부는 흑인이거나 아시아계다. 낸스가 추모한 남성 중 일부는 토미 사아베드라(Tommy Saavedra)와 같이 유명한 농인 게이 활동가들이었는데 스크랩북의 다른 장에는 그들이 통역 활동을 하는 모습, 워크숍을 이끄는 모습, DAIC의 스태프로 활동하던 모습 등이 담겨 있다(《그림 1》). 종종 낸스의 아카이빙 작업을 통해 아주 작은 커뮤니티 안에서 이들이 사랑받았던 방식, 그리고 이들의 성격이 드러나곤 한다. 예를 들어 1989년 서른셋의 나이로 사망한 도미니카계 미국인 게이 남성 훌리오 누네즈 헤나오(Julio Nuñez Genao)는 DAIC의 서비스를 자주 이용했고 그의 부고 기사를 통해 기억되고 있다. 이 기사는 DAIC 자원활동가 프랭크 레스터가 신문에 낸 것으로 기사가 발표된 후 낸스가 오려 붙여두었다. 누네즈 헤나오는 분명 사랑받는 사람이었다. DAIC 커뮤니티를 대표하여 레스터는 그를 "농인, 조그마한, 아주 귀여운 사람"이라 묘사했고 이는 곱슬머리, 미소가 빛나는 헤나오의 잘생긴 초상과 함께 기록되어 있다.[49] 이 시기 게이 남성 출판 문화의 상징인 에이즈 부고 기사에 나오는 장난스러운 퀴어적 줄임말들은 농, 농인 커뮤니티와의 교차에 의해 더욱 굴절된 형태로 여기, 그리고 스크랩북의 다른 곳에서 나타난다. 농인의 관점에서 이루어지는 추모와 에이즈 아카이빙 실천은 샌프란시스코에 기반한 온라인 농인 에이즈 기념관을 통해 지속되고 있으며, 여기에는 누네즈 헤나오와 다른 여러 DAIC 관계자를 향한

---

49 Frank Lester, "DEAR HIViews", Deaf AIDS Information Center Collection, SFH 71, box 1, volume 2 (c. 1988-95); "Julio Nuñez Genao Obituary", Deaf AIDS Information Center Collection, SFH 71, box 2, volume 4, 1989.

추모가 포함되어 있다.[50]

DAIC 스크랩북은 1996년 효과적인 HIV 치료제가 도입되어 질병과 함께 살아가는 엔데믹(Endemic) 이전 시기, 즉 줄스 길 피터슨(Jules Gill Peterson)이 "에이즈의 시대(AIDS epoch)"라 지칭한 유행병 시기에 제작되었다.[51] 유행병의 시간은 예견된 느린 죽음이 에이즈를 둘러싼 아카이빙과 추모 실천에 반영되는 에이즈 시간성이다.[52] 애도에 집중하는 DAIC 스크랩북이 이를 잘 보여준다. HIV가 미국에서 관리 가능한 질병이 된 오늘날의 시점에서 이 스크랩북들을 보면, 스크랩북이 만들어지던 대유행 시기와 우리의 현재 엔데믹 시대 사이의 뚜렷한 간극이 느껴진다. 그러나 DAIC의 업무는 에이즈뿐 아니라 농과 농인 미디어 실천과도 관련되어 있기에, 유행병 시기 활동가 아카이브의 시간적 각본을 복잡하게 만든다. 전염병의 시간과 장애인이 주도하는 돌봄 네트워크가 맞물리면서 이 단체의 유쾌함, 하이터치, 통합적 해석 실천, 그리고 전반적 재매개 정치는 우리에게 익숙한 에이즈 죽음과 추모의 미학을 초과한다. 마티 핑크(Mary Fink)가 설명하듯 1980~90년대 에이즈 돌봄 서사는 현재의 장애 문화를 이해하기 위한 통로이기 때문에 앞서 언급한 실천들이 중요하게 다뤄지며 지속적인 반향을 불러일으키는 것이다. 이들은 "HIV 돌봄을 거부하는 국가에 대응하

---

50   "About," Deaf Lost to AIDS. (https://deafaids.info/)

51   Jules Gill-Peterson, "Haunting the Queer Spaces of AIDS: Remembering ACT UP/ NY and an Ethics of an Endemic", *GLQ: A Journal of Lesbian and Gay Studies*, Vol.19, No.3, 2013, pp.279-300.

52   Cifor, op.cit.

고", "장애인의 자기결정권을 존중"하는 데 실패한 기관에 맞서 장
애인과 동료들이 어떻게 서로를 조직하고 사랑하며 물질적 형태
의 지원을 제공하는지를 보여준다.[53]

　낸스가 선별한 스크랩 자료는 HIV/AIDS가 농인에게 미친 영
향 및 대응에 관한 기록 보존이 필요하다는 낸스의 인식을 드러낸
다. 이는 낸스의 기사 스크랩 실천이 샌프란시스코 출판물, 더 넓
은 지리적 범위에서 출간된 농인 중심 출판물, 미국 내 다른 지역
의 협력자들이 보내온 기사에 초점을 맞추고 있는 것에서 가장 뚜
렷하게 드러난다. 댈러스 『타임스 헤럴드』 기사 스크랩은 복사본
으로, 누군가 신문에서 기사를 오려내 복사한 후 DAIC에 우편으
로 보냈음을 시사한다(다른 스크랩 자료는 대부분 원본이다). 『타임스
헤럴드』는 1991년에 폐간되어 온라인 데이터베이스에서 찾을 볼
수 없으므로, 낸스의 기사 스크랩과 에이즈 관련 디지털 인문학
프로젝트 '노 모어 사일런스 데이터셋(The No More Silence dataset)'
의 스크랩북 디지털화가 이 지역의 장애인 이야기를 되살린 것이
다.[54] 다시 말해 DAIC의 스크랩 작업이 대규모 디지털화 프로젝트
에서 놓친 농인과 HIV에 관한 틈새 아카이브를 구축한 것이다.

　아카이브 구축에 대한 낸스의 헌신은 특정 기록물에서 관찰되
는 낸스의 주의 깊은 번역 실천을 통해 알 수 있다. 1991년 낸스의
DAIC 추모식 연설은 수어로 진행되었지만 워드프로세서로 입력
및 인쇄되어 스크랩북에 붙어 있다(〈그림 6〉). 이 '녹취록'에는 수어

53　Fink, op.cit.

54　이 출판물의 유일한 공식 아카이브는 댈러스 공공 도서관에서 직접 열람해야
　　하는 마이크로필름을 통해 볼 수 있다.

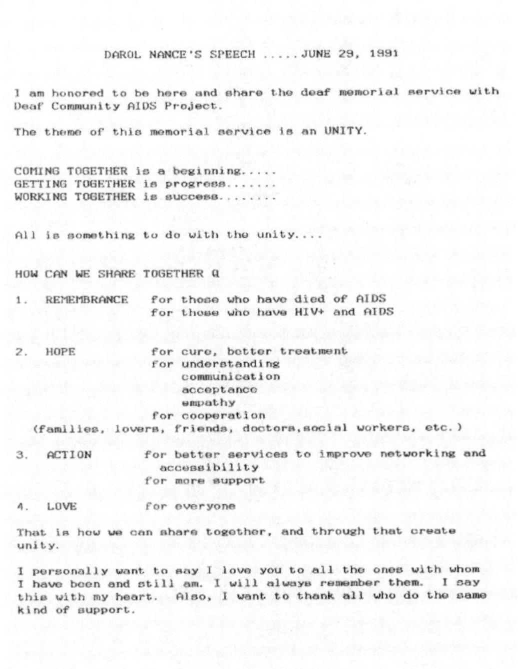

DAROL NANCE'S SPEECH .....JUNE 29, 1991

I am honored to be here and share the deaf memorial service with Deaf Community AIDS Project.

The theme of this memorial service is an UNITY.

COMING TOGETHER is a beginning.....
GETTING TOGETHER is progress.......
WORKING TOGETHER is success........

All is something to do with the unity....

HOW CAN WE SHARE TOGETHER Q

1. REMEMBRANCE for those who have died of AIDS
for those who have HIV+ and AIDS

2. HOPE for cure, better treatment
for understanding
communication
acceptance
empathy
for cooperation
(families, lovers, friends, doctors,social workers, etc.)

3. ACTION for better services to improve networking and accessibility
for more support

4. LOVE for everyone

That is how we can share together, and through that create unity.

I personally want to say I love you to all the ones with whom I have been and still am. I will always remember them. I say this with my heart. Also, I want to thank all who do the same kind of support.

〈그림 6〉 낸스의 1991년 6월 29일 농인 추도식 연설문.
문자 언어와 수어 글로스가 혼합되어 있다. 수어 글로스는
수어를 문자 언어로 대략 설명하는 기호 체계이며 대문자로
표기되어 있다.
출처: Scrapbook volume 1, 1987~1993, 2011, Deaf AIDS Center Collection (SFH 71), San Francisco History Center, San Francisco Public Library.

글로스와 영어 번역이 결합되어 있는데, 이는 낸스가 스크랩북의 독자로 청인만 상정하지 않고, 오히려 스크랩북과 아카이브에 수어 중심적 다큐멘터리 실천을 적용한 것으로 볼 수 있다.

DAIC의 기록물은 샌프란시스코 공공도서관에 소장되어 있

다. 이 기록물은 디지털화되어 캘리포니아 온라인 아카이브와 캘리포니아대학교 샌프란시스코 캠퍼스 도서관의 '노 모어 사일런스 데이터셋'을 통해 메타데이터와 전문이 포함된 스캔본으로 제공되고 있다. 이 데이터셋은 베이 지역 에이즈 운동에 관한 수천 건의 기록을 오픈액세스 자료 모음 형태로 제공한다. 우리는 사이먼프레이저대학교 디지털인문학혁신연구소의 마이클 조이스(Michael Joyce), 조이 타케다(Joey Takeda), 줄리 존스(Julie Jones), 레미 카스통게(Rémi Castonguay)와 협력하여 스크랩북 전체를 검색하고 연관성을 찾아낼 수 있는 온라인 데이터베이스를 개발했다. 예를 들어 DAIC 주요 자원활동가였던 프랭크 레스터를 검색하면 14건의 결과가 나오는데, 여기에는 레스터가 쓴 누네즈 헤나오의 부고 기사, 레스터가 HIV 뉴스레터 『Deaf HIViews』에 기고한 칼럼, DAIC의 1990년 오픈하우스 프로그램(레스터가 진행한 모금 추첨 행사), 그리고 레스터가 지역사회 봉사상 수상자로 선정되었다는 샌프란시스코 대학의 기사 등이 포함된다. 검색 과정을 통해 레스터의 잘 드러나지 않았던 모습(모금 추첨 행사 테이블 운영 등)은 대중에게 드러난 그의 활동만큼 중요한 부분을 차지하게 된다. 이런 점에서 디지털 아카이브 방식은 돌봄 실천의 다각적인 모습을 기록한 스크랩북의 원래 전략을 보존하면서 동시에 재매개하는 것이 된다.

한편으로 우리의 작업은 낸스의 스크랩북에 담긴 친밀한 관계, 그리고 스크랩북을 관통하는 주제를 훼손할 위험이 있었다. 검색 기능을 효과적으로 사용하기 위해 우리 팀은 5권의 내러티브 스크랩북을 검색 결과로 반환될 수 있는 162개의 별도 파일로 전환해야 했고, 그 검색 결과를 유의미하게 활용될 수 있는 형태로 만들어야 했다. 이러한 정보 분할은 연구자들이 자료를 더 쉽게 읽을 수 있도록 해주지만 낸스가 배치한 원래의 근접성과는 분리되며 메타데이터, 기계가 판독할 수 있는 텍스트, 검색 인터페이스를 통해 새롭게 생성된다. 또한 이 모든 자료는 수어가 아닌 문자 언어에 의존하고 있다. 이런 문제를 예상한 마이클 조이스는 전체 스크랩북의 PDF 파일 또한 데이터베이스 내에 보존하면서, 새로 만들어진 작은 파일에 해당 페이지 번호를 추가하여 본래의 맥락을 깊이 참조할 수 있게 했다. 이 해결책에도 불구하고 디지털화된 아카이브와 디지털 방법론은 어떻게 특정한 종류의 정보 실천에서 기인하게 되는지를 고려해 볼 필요가 있다. 또한 아카이브에 존재하는 탈매개 실천을 배제하기보다는 개방하는 방식으로 연구 체계를 신중하게 설계할 필요가 있다.

5. 결론

우리는 DAIC 스크랩북을 교차하여 읽어가면서 돌봄에 기반한 해석적 미디어 실천이 어떻게 고통에 응답하는 필수적인 활동(말 그대로 삶을 주고 생명을 구하는 것)으로 부상하였는지 알 수 있었다. 이러한 미디어 실천은 테이프로 고정된 종이와 풀칠 밑에 구체화되어 있었고, 그들만의 매개적, 기억적 실천을 구성했다. 1980년대와 90년대에 이미 상담심리학 및 공중보건 분야에서 HIV 상황에서의 농인의 특수한 정보 수요를 다룬 학술적 연구가 상당수 축적되어 있었다.[55] 하지만 이러한 문헌에서 교차는 결핍의 문제로 등장한다. 반면 DAIC의 스크랩북은 기사 스크랩, 사진, 기타 인쇄물 등으로 풍부하고 복잡한 재매개 실천을 전개하는데, 이는 불가피하게 부분적이기는 하지만 한 단체의 미디어 기술 활용에 대한 기록을 제공한다. DAIC의 미디어 실천은 HIV/AIDS와 농인 정보 제작과 공유에 있어 어떠한 특유의 접근법을 공동 구성했는지를 보여준다. 샌프란시스코에 있는 한 단체의 스크랩북을 통해 서술된 이 미디어 역사의 범위는 제한적이다. 그러나 돌봄으로서의 정보뿐 아니라 기술, 소셜 네트워크, 모뎀 기반 커뮤니케이션에 관한 우리의 역사를 풍부하게 이해할 수 있도록 해준다.

번역: 김보영 (출판사 접촉면)

---

55 Susan Gaskins, "Special Population: HIV/AIDS among the Deaf and Hard of Hearing", *Journal of the Association of Nurses in AIDS Care*, Vol.10, No.2, 1999, pp.75-78; Helga Stevens, "AIDS, Not Hearing Aids: Exploring the Link between the Deaf Community and HIV/AIDS", *Health and Human Rights*, Vol.2, No.4, 1998, pp.98-113; James R. Peinkofer, "HIV Education for the Deaf, a Vulnerable Minority", *Public Health Reports*, Vol.109, No.3, 1994, pp.390-396; Christine Gannon, op.cit., pp.19-20.

케이팝 팬덤의 행동주의와 젠더화된 정동[1]

이 지 행

1. 들어가며

디지털 미디어의 발전으로 인해 대중문화의 소비 · 유통 · 재생산 환경이 수용자 중심적으로 변화하면서, 미디어 문화연구에서 수용자 연구의 하위 범주로 간주되어 온 팬덤 연구 역시 대중문화 수용자 연구의 중요한 축을 형성하고 있다. 팬덤 연구는 인종, 젠더, 계급, 지역, 연령 등 사회의 다양한 권력관계와 문화가 서로를 상호 구성한다는 관점 아래, 그 작동 방식을 밝히고 권력관계와 문화 양쪽 모두의 변화 가능성을 지향하는 '문화의 정치학'을 중

---

1 이 글은 저자의 논문 「팬덤 실천을 통한 초국적 기억정치에의 개입과 정동의 작동: 'BTS 원폭 티셔츠 논란'을 중심으로」, 『인문콘텐츠』 제69호, 인문콘텐츠학회, 2023와 『한류: 문화자본과 문화내셔널리즘의 형성』, 북코리아, 2023에 실린 저자의 챕터 「한류 팬덤, 초국적 팬덤인가 vs. 새로운 문화내셔널리즘인가」를 재구성하여 완성한 글이다.

시하는 전통 속에서 성장해 왔다. 팬덤의 문화정치에 대한 탐구는 팬덤과 다양한 사회적 권력 배치와의 관계에 대해 질문하며, 팬덤 실천이 권력 관계에 어떻게 작용하는지 밝히기를 요청한다.[2]

이제껏 주로 대중문화 산물의 소비와 생산에 대한 참여를 중심으로 구성되어 온 팬덤 실천 영역이 현실 정치로 확장되면서, 팬덤의 정치성은 담론장의 화두로 떠올랐다. 특히 현실 정치에서 자신들의 주장을 관철하기 위해 집합적 행위를 실천하는 케이팝 팬덤의 사례가 최근 다양하게 나타나면서 주목받고 있다. 이들의 실질적인 정치적 영향력에 대한 기대와 폄하가 교차하는 가운데, 팬덤의 정치적 실천에 대한 탐구는 "팬은 진정한 정치적 시민인가?" 또는 "팬이 시민성을 지닌 공중인가?"라는 물음으로 수렴되곤 한다. 팬덤 공동체의 정치적 관심이 기본적으로 그들의 애호 대상에 대한 주관적 추구를 중심으로 구성되어 있다는 점이 팬덤의 정치적 실천에 대해 전통적인 시민 참여의 위상을 부여하기를 망설이게 하는 요인이 되고 있기 때문이다.

헨리 젠킨스(Henry Jenkins)는 일찍이 팬픽션 연구의 정전인 『텍스트 밀렵꾼(Textual Poachers)』을 통해, 참여문화 속에서 성장한 팬덤이 공감과 조직력, 실천을 기초로 한 대안적 공동체의 구성원이라고 주장한 바 있다. 팬덤이 문화 정치를 넘어 시민적 행동주의

---

2   김수정은 불평등한 젠더 관계에 팬덤 실천이 어떻게 작용하는지를 살펴보는 연구를 통해, 한국의 팬덤 실천이 페미니즘과의 관계 속에서 보여주는 문화정치학에 대해 논구했다. 다음의 논문 참조. 김수정, 「팬덤과 페미니즘의 조우: 페미니즘 관점에서 본 팬덤 연구의 성과와 쟁점」, 『언론정보연구』 제55권 3호, 서울대학교 언론정보연구소, 2018.

의 발판이 될 수 있다는 기대는 바로 이런 '팬덤 공동체' 개념을 기반으로 한다. 이와 같은 배경 속에서, 이 글은 대중문화의 소비와 생산에 대한 참여를 중심으로 구성되어 있던 팬덤 실천이 정치적 영역으로 확장되고 있는 현상을 '정치적 팬 행동주의'로 간주한다. 또한, 정치적 팬 행동주의 안에서 팬덤의 정치성이란 어떤 형식을 띠고 있는지, 또한 그것의 정동적 구성은 어떤 형태로 이루어져 있는지 실체적 사례를 통해 논의하고자 한다.

2. 팬 행동주의 사례

2.1. 소비자적 팬 행동주의

행동주의(activism)란 일반적으로 기존의 헤게모니에 도전하거나 정치적 또는 사회적 변화를 불러일으키기 위해 의도된 행위를 하는 것을 의미한다. 행동주의의 주체를 '팬'으로 상정하는 팬 행동주의는 자신들이 관여하는 대중문화 콘텐츠에 대한 비판적 참여를 의미하는 것으로, 팬들이 대중문화 콘텐츠나 유명인에 대해 의도하는 결과를 만들어 내기 위해 또는 팬들 자신의 권리 보호를 위해 집단행동을 하는 것을 지칭하는 용어로 주로 사용되었다.

예를 들어, 2008년 슈퍼주니어 팬덤이 새 멤버 추가 영입을 반대하면서 소액주주 팬 연합을 구성해 총 5만 8천 주를 확보한 뒤 기획사와 협상을 하거나, 2018년 방탄소년단(이하 BTS) 팬덤이 극우 성향 일본 작곡가의 곡 참여를 반대하기 위해 기획사에 대한 보이콧을 선언함으로써 신곡 발표를 무산시킨 사건은 콘텐츠에 대한 팬들의 의지를 관철하기 위해 벌어진 팬 행동주의이다. 한편, 공연 티켓을 경매 방식으로 판매하는 기획사의 '다이나믹 프라이싱(dynamic pricing, 티켓 가격 변동제)' 정책에 반대하면서 굿즈 구매를 철회한 팬들의 집단행동은 자신들의 권리 보호를 위한 팬 행동주의라 할 수 있다. 결국 이 두 가지 모두, 방향이 어디를 향해 있느냐만 다를 뿐, 소비자-팬으로서의 권리 실현을 위한 행위라는 점에서는 동일한 궤적을 보인다.

젠킨스는 〈스타트렉(Star Trek)〉 팬들의 팬픽션(fan fiction) 쓰기가 일종의 문화적 항의로서의 '텍스트 밀렵(textual poach)'이며, 이를 제작사인 파라마운트사에 대한 집단행동으로서의 팬 행동주의로 바라보았다.[3] 〈스타트렉〉 두 주인공의 동성애적인 관계를 단정하고 이들의 성관계에 대해 구체적으로 언급하는 슬래시 팬 픽션인 커크/스팍(Kirk/Spock) 픽션은, 팬들 자신의 사회적 의제와 해석적 전략에 따라 캐릭터를 전유하는 참여문화 속에서 탄생한 산물이다.[4] 이러한 참여문화적 형식은 1970년대 이후 문화연구 진영에서 주장한 '수동적 수용자'에서 '능동적 수용자'로의 전환이 '소비자'에게도 나타나고 있으며, 이는 단순히 문화상품을 구매하는 '수동적 소비자'에서 콘텐츠 세계에 영향을 미치는 '능동적 소비자'로의 전환이라는 큰 줄기의 일부분이라고 볼 수 있다.

3   Henry Jenkins, *Textual poachers: Television fans and participatory culture*, Routledge, 1992.

4   헨리 젠킨스, 정현진 역, 『팬, 블로거, 게이머: 참여문화에 대한 탐색』, 비즈앤비즈, 2008, 57-88쪽.

2.2. 현실 정치 관여로서의 팬 행동주의

앞에서 살펴본 팬 행동주의의 소비자 정치적 성격은, 사회적 불평등에 저항하는 전통적인 시민 참여가 아닌, 상품문화의 형식 속에서 제한적으로 이루어지는 신자유주의적 정치문화라는 비판에 직면하기도 했다. 그러나 오늘날 온라인 문화 속에서 가시화된 팬덤 공동체의 동원력(mobilizing power)은 점차 문화적 소비의 영역을 벗어나 현실 정치 영역에서도 그 존재감을 드러내고 있다. 팬덤이 기존의 팬 네트워킹과 참여문화적 리터러시를 통해 쌓은 문화적 기술을 이용해, 현실 정치에 대한 시민 참여에서 행동주의 주체로서의 역량을 드러내는 사례가 점차 다양해지고 있기 때문이다. 해리 포터 팬들로 이루어진 해리 포터 동맹(Harry Potter Alliance, HPA)의 경우, 해리 포터의 콘텐츠 세계관을 현실 세계의 사회적 정의에 대한 목표와 연결하면서 '공정무역'이나 '평등한 결혼' 등의 사회적 의제에 대한 캠페인을 실시한다.[5]

케이팝 팬덤의 현실 정치 관여는 선거에 대한 집단적 참여를 통해 극명하게 드러나는 편이다.[6] 이민 억제 및 임신 억제 불법화, 동성결혼 반대 등을 주장하는 극우 성향의 대선 후보이자 도

---

5 Melissa M. Brough & Sangita Shresthova, "Fandom Meets Activism: Rethinking Civic and Political Participation", *Transformative Works and Fan Activism*, eds. Henry Jenkins et al., Special Issue *Transformative Works and Cultures*, No.10, 2012.

6 이 글에서 다루는 케이팝 팬덤의 대선 관여를 통한 정치적 행동주의 사례 중 많은 부분을 다음의 기사에서 참조하였다. Soo Youn, "How K-pop Stans Are Shaping Elections Around the Globe", *MIT Technology Review*, Feb 16, 2023.

널드 트럼프(Donald Trump)에 비견되는 호세 안토니오 카스트(Jose Antonio Kast)와 그의 라이벌인 학생운동 지도자 출신의 가브리엘 보리치(Gabriel Boric)의 대결 구도로 관심을 모은 2021년 칠레 대선에서, 칠레의 케이팝 팬덤은 "Kpopers for Boric" 캠페인을 펼쳤다. 온라인과 오프라인에서 이들은 보리치에 대한 지지 캠페인을 펼쳤고 그 결과 역사상 가장 좌익 성향에 기울어져 있는 최연소 칠레 대통령이 탄생했다.

2022년 브라질 대선에서도 비슷한 현상이 벌어졌다. BTS의 브라질 팬베이스 중 하나로 지속 가능한 지구의 생태 문제와 정치 문화에 대한 캠페인을 펼치는 'Army Help the Planet'은 2022년 3월 BTS의 〈Permission to Dance〉 서울콘서트 실황이 상영되는 브라질 전역의 영화관에서, BTS를 테마로 한 투표자 카드 약 4000개를 (대부분이 BTS의 팬인) 관객들에게 배부했다. 이 투표자 카드에는 투표 안내 캠페인과 투표자 등록 사이트로 링크되는 QR 코드가 달려 있었다. 또한 한 달 후, 이 팬베이스는 브라질의 6개 주요 도시의 전광판에 저항적인 테마를 담고 있는 BTS의 노래 가사를 광고에 실었다.

"뉴스를 봐도 아무렇지 않다면, 넌 정상 아닌 비정상"

(노래 〈Am I Wrong?〉 중)

"Tomorrow 계속 걸어, 멈추기엔 우린 아직 너무 어려"

(노래 〈Tomorrow〉 중)

이 캠페인은 그해 브라질 대선에서 기록적인 수의 젊은 유권자들이 선거 등록을 하는 데 있어 큰 역할을 했다. 그 결과, 10월에 실시된 대선에서 전대통령인 좌파 성향의 루이스 이나시우 룰라 다 시우바(Luiz Inácio Lula da Silva)가 트럼프에 비유되는 극우성향 후보 자이르 보우소나르(Jair Bolsonaro)를 물리치고 대통령에 당선됐다.

아시아의 경우, 2022년 필리핀 대선에서 독재자의 아들이자 유력한 대통령 후보인 페르디난드 마르코스 주니어(Ferdinand Marcos Jr.)의 라이벌로서 유일한 여성 대선 후보였던 전 부통령 레니 로브레도(Leni Lobredo)를 겨냥한 상대 후보 측의 온라인 흑색선전이 퍼지자(공산주의 테러리스트들과 연계되었다는 루머가 페이스북을 중심으로 퍼짐) 이에 대항해 필리핀의 케이팝 팬들이 온라인에서 집단적 캠페인을 벌였다. 이들은 로브레도에 대한 악의적 정보가 퍼져나가지 않도록 캠페인을 벌이고, 대선 후보에 대한 성차별적 인식에 저항했다.

한편, 인종차별에 대한 저항적 실천으로서의 케이팝 팬덤 행동주의는 자선과 밈 영상을 이용한 교란의 형태로 실행됐다. 2020년 미네소타(Minnesota) 경찰이 조지 플로이드(George Floyd)를 죽음에 이르게 한 장면이 공개된 후 미국 전역에 인종차별을 반대하는 시위가 일어나자, BTS는 블랙라이브스매터(Black Lives Matter) 단체에 백만 달러를 기부했고 이에 팬덤인 아미(ARMY)는 24시간 만에 동일 액수의 기부금을 모았다. 댈러스(Dallas) 경찰이 시위 과정의 '불법 행위'를 촬영한 동영상을 제출할 수 있도록 아이왓치달라스(iWatchDallas)라는 앱을 출시하자, 이 앱은 케이팝 팬들이 올린 팬

캠(fancam)으로 넘쳐났다. 이 때문에 앱에 과부하가 걸리자, 댈러스 경찰은 "기술적 문제로 인해" 앱이 일시적으로 다운되었다고 해명했다. 블랙라이브스매터에 대한 반동적 테제로서 '백인의 생명도 소중하다(White Lives Matter)'라는 해시태그가 소셜미디어에 올라오자, 케이팝 팬덤은 해당 해시태그에 케이팝 밈을 올려 이 해시태그를 '납치(hijacking)'해 무력화시키기도 했다.

2.3. 팬 행동주의의 정치성에 대한 비평

팬 행동주의는 팬들이 소비자로서 관여하는 콘텐츠 세계에 대한 참여와 대항의 형식으로 간주되어 왔다. 능동적 소비자주의에 입각한 팬 행동주의는 주로 인터넷 참여문화의 문화적 기술을 통해 실현된다. 팬덤이라는 '소속' 안에서 주장을 '표현'하며, '집단적 문제해결' 방식을 통해 생각을 모으고 행동 양식을 결정한 뒤, 이에 따라 지켜야 할 강령을 '배포'하고 '공유'하는, 팬 행동주의의 일련의 모든 행위는 바로 참여문화적 개념으로부터 기인한다. 젠킨스는 디지털 테크놀로지 환경에서의 이런 참여문화적 경험이 미디어 팬덤으로 하여금 일종의 공동체적 성격을 끌어내는 데 기여한다고 설명한다.[7] 정리하면, 오늘날의 팬 행동주의는 참여문화를 통해 발현된 소비자 공동체적 감각에 그 기반을 두고 있는 것이다.

---

[7]   Henry Jenkins, *Confronting the Challenges of Participatory Culture: Media Education for the 21st Century*, MacArthur Foundation, 2006.

이 글에서 설명한 케이팝 팬덤의 정치적 행동주의 사례는 자유로운 뉴미디어 기술 활용 능력을 토대로, 커뮤니티를 통한 구성원들의 연결과 이를 통한 무한 확장 가능성을 가진다는 점에서 동시대 온라인 대중의 행동주의와 유사한 양태를 보인다. 케이팝 밈을 올리는 등 팬으로서의 정체성을 드러내는 특정한 참여적 행위를 할 때만 부분적으로 그 규모를 짐작할 수 있다는 점, 그러한 참여마저도 일시적이고 단속적인 연결에 의해 이루어지며 지속성을 전제할 수 없다는 점에서 더욱 그러하다. 그러나 이렇게 규모와 정치성을 파악하기 어렵다는 점은 역설적으로 '식별 불능'이라는 효과적인 정치적 저항 기술로 소환되어 당파성에 근거해 판단을 결정하는 기존 정치세력과 비평가들을 혼란스럽게 만드는 측면이 있다.[8]

한편으로는, 팬덤의 정치 참여가 그 정치적 정체성을 특정할 수 없고 지속성을 전제할 수 없다는 점에서 이들의 행동주의가 정치적 주체로서의 각성이 아닌 일종의 놀이나 유희적 성격에서 유발된 것이 아니냐는 의구심을 갖는 시선도 있다. 이를테면 팬덤이 실천하는 정치적 행동주의의 '진정성'을 문제 삼는 것이다. 그러나 정치적인 것의 순수성에 집착하고 특권화하는 행위는 "위선과 자기기만, 순수성과 진정성에 집착하는 정치"[9]로 이어질 가능성을 야기한다. 제니퍼 얼(Jennifer Earl)과 카트리나 킴포트(Katrina

8   이길호, 「유(類)적 익명: 어나니머스와 익명적 참여의 문제」, 『한국문화인류학』 제52권 2호, 한국문화인류학회, 2019.

9   Stephen Duncombe, *Dream: Re-imagining Progressive Politics in an Age of Fantasy*, New Press, 2007, p.76.

Kimport) 역시 디지털에서 행해지는 팬 행동주의 사례를 분석하면서, 디지털을 통한 편재적 운동의 확산이 사회운동 전반에 끼친 영향력을 감안할 때, 팬 행동주의가 전통적인 정치적 행동주의와 현저히 다른 상황에서 발생했는지, 동원의 역학 관계가 다른지 등의 뚜렷한 증거 없이 팬 행동주의와 정치적 행동주의가 전적으로 다르다고 주장하기는 어렵다고 설명한다.[10]

팬 행동주의를 소비자주의에 한정해서 파악하려는 시도는, 오늘날 미디어 커뮤니케이션 기술의 공통된 기반 위에서 팬 문화와 사회적 시민 참여 사이에 점점 더 많은 유사점이 발견됨에 따라 새로운 분석적 연구의 필요성을 제기하고 있다. 멜리사 브로우(Melissa M. Brough)와 상기타 슈레스토바(Sangita Shresthova)는 소비자적 팬 행동주의 전체를 정치적 행위로 규정하는 것은 탈정치화 효과를 가져올 수 있으므로 경계해야 한다고 말한다. 그러나 동시에 팬 문화 특유의 방식이 현대 시민 행동주의를 분석하는 데 있어 폭넓은 정보를 제공한다고도 보았다. 특히 이들은 시민 참여를 동력화하는 데 있어서 콘텐츠 세계의 역할과 영향력을 분석해 볼 필요성을 제기했다. 또한 팬덤 연구에서 팬의 사회적 운동 참여를 다루는 것은, 동원 과정에서의 정동과 문화적 코드, 집단적 정체성의 역할과 관계를 가시화할 수 있다는 점에서 중요하다고 보았다.[11] 이에 따라, 다음 절에서는 현실 정치에 관여하는 팬 행동

---

10 Jennifer Earl & Katrina Kimport, "Movement Societies and Digital Protest: Fan Activism and Other Nonpolitical Protest Online", *Sociological Theory*, Vol.27, No.3, 2009, pp.239-241.

11 Brough & Shresthova, op.cit.

주의의 세부적 역학과 그 내부의 정동적 작동에 대해 살펴보도록 하겠다.

3. 행동주의와 국가성의 역학[12]

팬덤이 현실 정치에 관여하는 양태는 국가라는 영역에서 일어나는 일련의 행위, 또는 국가와 맺는 관계성에 따라 구분해 볼 수 있다. 첫 번째로, 권위주의적 국가권력에 대한 대항하는 반독재 저항운동의 방식이다. 칠레, 브라질, 필리핀 등지의 대선에서 권위주의적 후보에 대항하는 선거 캠페인을 펼친 케이팝 팬덤의 실천 그리고 트럼프 정부의 인종주의 정책과 권력 남용에 반대하며 블랙라이브스매터를 지지한 행위 등이 대표적 사례이다. 이는 특히 소수자 대표성이 높은 서구권 케이팝 팬들의 특성을 반영한다고 보는 시각이 있다.[13]

두 번째는 애국주의적 민족주의의 형태이다. 2016년 타이완의 독자적 길을 강조한 차이잉원(蔡英文)이 타이완의 새로운 총통으로 당선된 직후, 소위 중국의 애국주의 청년 네티즌(소분홍, 小粉

---

12 이 절에서 케이팝 팬덤을 숭배의 주체로 바라보는 사회적 시선에 대한 분석은 저자 본인의 신문 칼럼으로부터 주된 내용을 인용했음을 밝힌다. 이지행, 「'앤팀 신체수색', 케이팝 팬덤을 '숭배자들'로 멸시한 사회 태도 보여준다」, 『프레시안』, 2023. 7. 15.

13 Joe Coscarelli, "Why Obsessive K-Pop Fans Are Turning Toward Political Activism", *New York Times*, June 22, 2020.

紅[14])들이 차이잉원 페이스북 페이지를 비롯한 친타이완 독립 성향 언론사들의 페이스북 페이지로 '출정'하여 댓글 테러로 페이지를 도배하고 '게시판 털기'로 서버를 다운시킨 사건이 일어났고, 이 사건은 '디바 출정(Diba Expedition)'이라고 불렸다. 2016년 1월 20일 단 하루 사이에 결집한 사람들이 만들어낸 사건인 '디바 출정'에서 '소분홍'은 삼엄한 중국의 인터넷 방화벽을 뚫고 타이완 페이스북을 도배할 수 있을 만큼 높은 인터넷 활용 기술을 가지고 있었다. 평소 정치나 민족주의에 별로 관심이 없고 케이팝이나 웹소설 등 온라인 하위문화를 즐기는 평범한 문화 소비자였던 이들이 신세대 온라인 민족주의자로 스스로를 정체화한 것에 대해서는 온라인에서의 활동을 계기로 '중국인 됨'을 맞닥뜨리고 강한 국가 정체성으로 스스로의 경계를 강화했기 때문이라는 '사이버 발칸화'에 근거한 분석이 있다.[15] 이는 국제적 세계질서에 참여

---

14 소분홍(小粉紅, 샤오펀훙)은 90년대 이후의 디지털 네이티브 세대로서 웹소설이나 만화, 게임 등 온라인 하위문화 속에서 성장하였으며, 웨이보(微博)를 비롯한 SNS를 주로 사용하고, 장문의 텍스트를 통한 논쟁보다는 이미지나 이모티콘과 같은 시각적 커뮤니케이션 방식을 훨씬 선호한다는 점 등을 특징으로 한다. 소분홍의 기원과 관련해서 가장 많이 인용되는 설명은 이들이 2015년 무렵 웹소설 사이트인 진장문학성(晉江文學城)의 자유게시판인 진장논단(晉江論壇)을 중심으로 활동하다가, 몇 차례의 온라인 민족주의 사건을 통해 점차 세력과 활동범위가 커져 오늘날 주류가 되었다는 것이다. 김태연, 「소분홍(小粉紅)과 사이버 민족주의의 새로운 경향」, 『중국학보』 통권 100호, 한국중국학회, 2022.

15 '사이버 발칸화'란 지리적 경계를 초월한 온라인이 일종의 '세계시민적' 공동체의 감각을 형성하는 것 같지만, 사실상 온라인에서 사람들은 "같은 문화, 종족, 언어, 계급, 특정 정치적 입장에 기반한 경계를 강화"하고 "자신과 정치적·문화적·경제적 관점과 입장이 비슷한 사람들끼리 공동체를 형성"하고 상대를 적대하는 "'발칸화'의 위험"을 만들어낸다는 주장이다. 사이버 발칸화에 대

하기 위해 더욱 부강한 국가를 만들고자 하는 중국 대중의 요구가 배외주의와 자국우월주의 형태로 나타나는 현상과 맞물리면서,[16] 팬덤과 온라인 대중 정체성이 교차하는 방식에 주목하게 한다. 한편, 팬덤과 민족주의와의 관계에 대해 문화적 마이너리티로서의 팬덤이 주류문화와 더불어 살아갈 수 있는 새로운 집단 정체성을 확보하는 과정에서 민족주의를 전략적으로 활용한다는 분석도 존재한다.[17] 팬덤이 같은 정체성을 공유하는 공동체로서 이른바, 사회에 비치는 인상을 관리하고 있다는 것이다. 소분홍의 '디바 출정' 경우는 물론, 스포츠·대중음악·드라마 등 대중문화에 대한 국내 팬들이 온라인에서 민족주의적 이슈가 불거질 때 국가를 대리해 타국 팬들과 갈등을 빚는 모습에서 이러한 경우를 확인할 수 있다.

마지막으로, 정치인과 정부 및 국가에 대한 낮은 신뢰와 반감에서 비롯된 '반정치(anti-politics)의 정치'로서의 양식이 있다.[18] 이

한 설명은 다음의 글 참조. Marshall Van Alstyne & Erik Brynjolfsson, "Electronic Communities: Global Villiage or Cyberbalkans?", presented at MIT Sloan School, March 1997(백지운, 「전지구화시대 중국의 '인터넷 민족주의'」, 『중국현대문학』 제34호, 한국중국현대문학학회, 2005, 271쪽에서 재인용); 이지행, 「팬덤 실천을 통한 초국적 기억정치에의 개입과 정동의 작동」, 『인문콘텐츠』 제69호, 인문콘텐츠학회, 2023, 233쪽.

16 백지운, 위의 글.

17 이혜수, 「한국 팬덤의 민족주의 정체성 전략에 관한 연구」, 『사회사상과 문화』 제22권 2호, 동양사회사상학회, 2019, 240쪽.

18 반정치란 주로 정치인, 정당, 의회, 혹은 정부 등 제도권 정치에 대한 강한 반감과 부정적 태도를 의미하는 것으로, 반정치 세력은 기존의 제도권 정치에 대한 부정 속에서 자신들은 '정치적'이지 않음을 강조하는 경우가 많다. Nick Clarke, Will Jennings, Jonathan Moss & Gerry Stoker, The Good Politician: Folk Theories,

때, 케이팝 팬덤의 '반정치'의 정치적 양식은 팬덤에 대한 젠더화된 스테레오타입과 관련을 맺고 있다. 케이팝 초창기인 1990년대 후반, 보이그룹을 중심으로 대형 팬덤이 형성되었고 자연스레 케이팝 팬덤의 주축은 '십대의 소녀'라는 공식이 보편화되었다. 케이팝의 역사가 쌓여가면서 '소녀'들은 30대, 40대 성인 여성이 되었으며 그들의 소비력은 무시하지 못할 수준에 이르렀다. 글로벌 트렌드로 떠오른 케이팝의 산업적 성과에 발맞춰 케이팝의 예술성에 대한 재평가도 시도되고 있다. 다양한 국가와 인종 정체성으로 이루어진 초국적 커뮤니티로서의 팬덤의 잠재적 역량을 호의적으로 평가하기도 한다. 그러나 이와 같은 산업과 팬덤의 가시적 확장에도 불구하고, 케이팝이 여전히 '대중적이지 않은 주류문화'라는 분열적 위치를 점하고 있는 까닭은 팬덤의 주축이 어린 여성이며, 케이팝은 어린 여성들로 이루어진 팬덤의 이해할 수 없는 광적인 열정으로 굴러가는 산업이라는 세간의 평가에 기인한다. 게다가 그 열정이라는 것이 대부분 아이돌의 예술성이 아닌 댄스나 외모 같은 외적인 요소로부터 비롯된다는 믿음은, 팬들을 '빠순이'라 부르는 공공연한 멸칭에서 확인할 수 있다. 동서양을 가로지르며 팬덤을 규정해 온 젠더화된 팬 스테레오타입은, 아티스트의 외적인 요소를 탐닉하며 그들과의 개인적 관계를 공상하는, 이른바 광적인 '숭배자'인 것이다. 가요프로그램 방청을 위해 줄을 선 팬들을 향해 "아이돌 따라다니지 말고 부모한테 효도나 하라"는 행

Political Interaction, and the Rise of Anti-Politics, Cambridge University Press, 2018.

인의 일갈은 환상과 현실을 구별하지 못하고 무분별한 열정에 휩쓸린 '숭배자들'에 대한 혐오 표현이다.

애호의 대상을 향한 태도가 숭배인가 향유인가 하는 것은 명확하게 분리할 수 있는 문제가 아니다. 향유에는 숭배의 요소가 깃들어 있고, 숭배의 대상을 상대로도 향유를 경험할 수 있기 때문이다. 영국의 록 밴드 비틀즈(The Beatles)가 처음 미국에 건너왔을 때 소녀팬들의 폭발적인 지지를 받으며 이른바 '브리티시 인베이전(British Invasion)'이라고 불릴 정도의 사회적 신드롬을 일으켰지만, 기득권의 반발은 만만치 않았다. 그들의 음악을 '철없는 십대나 듣는 음악'으로 폄하하고, 그들에게 열광하는 미국의 십대 소녀들을 정신 나간 그루피(groupie)라고 조롱했다. 비틀즈에 대한 미국 기득권의 반발은, 1960년대의 저항정신과 로큰롤에 대한 미국사회의 보수적 태도와 맞물려 그들의 소녀 팬들을 교양 있는 문화 향유자가 아닌 철없는 숭배자로 낙인찍는 형태로 드러났다. 오늘날 비틀즈는 대중음악을 예술의 경지로 끌어 올렸다는 평가를 받으며 중년, 남성을 포함한 숱한 대중들에게 클래식으로 추앙받는다. 그러나 이제는 누구도 비틀즈의 팬들을 '어리석은 숭배자'라며 멸시하지 않는다. 결국 특정 팬덤을 숭배하는 주체로 볼 것인가 향유하는 주체로 볼 것인가는 사회적으로 구성되며, 이때 젠더가 주요한 표지가 되는 셈이다.

대다수가 젊은 여성으로 이루어져 있는 케이팝 팬덤은 현실 정치와 정치인에 대해 전반적으로 관심이 없는 '탈정치적(apolitical)' 태도를 보인다고 평가된다. 팬덤 내부에서도 "정치랑 엮이면 안 된다", "아이돌에 정치 묻히지 말라"와 같은 정치와의 거리두기 언설을 흔하게 찾아볼 수 있다. 그러나 한편으로 이와 같은 팬덤 내부의 언설은, 유사 이래 백여 년 전까지 줄곧 시민권의 외부에 자리해 온 여성의 위치 그리고 대중문화의 팬과 정치적 시민을 구별하는 분리적 시선에 의해 퇴적되어 온 일종의 소수적 감정(minor feelings)이 부정성을 띤 채 발화된 형태로 간주할 수 있다. 캐시 박 홍(Cathy Park Hong)은 『마이너 필링스』에서 인종화된 감정으로서의 소수적 감정을 다음과 같이 정의하고 있다.

> "소수적 감정은 일상에서 겪는 인종적 체험의 앙금이 쌓이고 내가 인식하는 현실이 끊임없이 의심받거나 무시당하는 것에 자극받아 생긴 부정적이고 불쾌하고 따라서 보기에도 안 좋은 일련의 인종화된 감정을 가리킨다. 이를테면 어떤 모욕을 듣고 그게 인종차별이라는 것을 뻔히 알겠는데도 그건 전부 너의 망상일 뿐이라는 소리를 들을 때 소수적 감정이 발동한다 … 내 현실을 남에게 폄하당하는 경험을 너무 여러 차례 겪다 보니 화자 스스로 자기 감각을 의심하기 시작한다. 이런 식의 감각 훼손이 피해망상, 수치심, 짜증, 우울이라는 소수적 감정을 초래한다."[19]

캐시 박 홍의 소수적 감정 개념은 신자유주의 긱 경제(gig economy)가 촉발하는 '어글리 필링(ugly feelings)'이라고 치부되는 특수한 감정에 대한 시엔 응가이(Sianne Ngai)의 연구 방법을 빌려온

---

19 캐시 박 홍, 노시내 역, 『마이너 필링스』, 마티, 2022, 84쪽.

것이다.[20] '아이돌에 정치 묻히지 말라'는 정치와의 거리두기 언설에 접착된 팬덤의 감정은 오랫동안 정치 담론장에서 유의미한 취급을 받지 못했던 위계화된 젠더적 역사, 자신들이 애착을 갖고 보호하고자 하는 대상인 연예인을 동원하고 이용하며 훼손할 수 있는 정치 권력에 대한 반감, 그리고 제도권 정치인과 정부에 대한 낮은 신뢰로 인해 파생된 젠더화된 감정으로서의 '어글리 필링'인 것이다. 많은 국내 케이팝 팬들이 아이돌과 정치권이 결부되어 세간에 오르내리거나 심지어 아이돌이 자신의 정치적 견해를 밝히는 것도 달가워하지 않는데, 이는 정치에 관심이 없거나 정치가 개인의 삶에 미치는 영향에 무지한 결과라기보다는, 제도권 정치에 대한 소수적 감정에서 비롯된 정치에 대한 반감, 즉 탈정치의 외피를 띤 '반정치' 현상이다. 정치학 분야에서 반정치 세력은 뚜렷한 방향과 목적을 가지고 있다는 점에서 엄연히 매우 정치적이라 평가되며,[21] 이런 맥락에서 반정치 세력의 정치적 요구와 행위는 '반정치의 정치'라고 정의된다.[22]

2022년에 열린 '2030년 부산세계박람회 유치 기원 콘서트'를 둘러싸고 벌어진 일련의 사태와 이에 대항한 팬덤의 집합 행위는, 팬덤 내부의 반정치적 정동이 어떻게 '반정치의 정치'로 분기했는지를 보여준다. BTS가 부산 엑스포 홍보대사에 위촉된 후 열린 위

---

20 Sianee Ngai, *Ugly Feelings*, Harvard University Press, 2005.

21 Matteo Truffelli & Lorenzo Zambernardi, "Taking Modernity to Extremes: On the Roots of Anti-Politics", *Political Studies Review*, Vol.19, Issue 1, 2019.

22 Colin Hay & Gerry Stoker, "Revitalizing Politics: Have We Lost the Plot?", *Journal of Representative Democracy*, Vol.45, Issue 3, 2009, pp.225-236.

촉식에서, 그 자리에 참석한 대통령실 정책조정기획관은 전체 촬영이 끝난 뒤 멤버 한 명에게 (당시 실내 마스크 착용이 의무화되어 있었음에도 불구하고) 마스크도 쓰시 않은 채 다가가, 멋대로 멤버의 팔을 비틀어 올리며 무례한 자세로 개인 사진 촬영을 했다. 이런 모습이 영상으로 공개되자 팬덤은 분노했다. 이어서 공개된 공연 장소의 부실한 안전성은 분노에 불을 당겼다. 10만 명이 모일 기장의 공연장 부지에 일반 팬의 출입구가 단 한 곳이었던 것이다. 콘서트에 참가한 대인원이 공연 장소를 빠져나가는 데만 24시간이 걸린다는 계산이 나왔으며, 이는 압사 사고의 위험뿐 아니라 응급상황 발생 시 이송이 어렵다는 이중의 위험을 안고 있었다. 이어 공연 장소 주변인 기장 및 부산의 숙박업소들은 정상가의 몇십 배 이상으로 가격을 책정해 팬들에게 예약을 받기 시작했다.

부산세계박람회 유치 기원 콘서트 진행 과정이 팬덤의 집단적 분노를 일으킨 가장 중요한 원인은, 이 사태가 국가 행사와 정치인을 빛내기 위한 배경으로 아티스트를 동원하고 팬들은 VIP 투표인단을 위해 공연의 미장센을 채워 줄 들러리로 세워지는 등 국가권력의 도구적 작동 방식을 드러냈기 때문이다. 이러한 차에 숙소 가격 폭등에 안전까지 위협당하는 상황에 처하자, 팬덤은 스스로의 위상에 대해 자각하게 되었고 이는 대항적 실천으로 이어졌다. 팬들은 직접 공연 예정지를 방문해 대규모 인원 이동에 따른 하중 부하를 시뮬레이션 프로그램을 돌려 실험하는 등 주변 환경 실사를 실시해 안전 문제를 지적했으며, 온라인 공간에서 해시태그 캠페인을 통해 공연 장소 안전성을 의제로 설정했다. 보도자료와 개별 인터뷰를 통해 (온라인 외부의) 레거시 언론과도 긴밀하게 소통하며 공연부지 설정을 무력화시키고자 했다.

4. 팬 행동주의와 팬덤 공동체의 정동

4.1. 팀 아미의 저항과 돌봄의 복합 정동

부산 공연장 변경을 요청하는 팬들의 집합적인 대항 행위가 이어졌지만, 여전히 공연 장소가 변경되지 않은 상황에서 팬들의 자발적이고 한시적인 운영체인 '팀 아미 프로젝트(Team ARMY Project)'가 조직되었다. 상황이 개선되지 않고 기장에서 공연이 강행될 경우에 대비해 이들은 먼저 역에서 공연 장소까지의 입장 및 퇴장을 관리할 안전요원, 현장안내요원, 통역봉사단, 의료봉사단으로 참여한 팬덤 내부 인원에 대한 수요를 조사해 팬들을 최대한 보호하기 위해 나섰다. 이를 위해 우선 봉사단 활동 계획 수립에 도움을 줄 대규모 행사 진행 유경험자와 소방방재 유경험자를 모집한다고 공고했다. 국가나 기획사가 책임져야 할 부분이 제대로 수행되지 않을 때 팬들 스스로가 자신들의 안전을 '적극적으로' 책임지고자 하는 사태 수습의 의지를 보여주는 대목이다. 안전에 대한 자구책 마련에 더해 팀 아미는 공연 장소의 결정 과정과 합리적 사유를 공개하라는 정보 공개 청구를 진행하고, 숙박업계의 과다한 요금 청구 사례를 관계 기관에 신고하는 민원 청구 등 행정적 압박을 주도하는 일에 힘을 쏟았다.

장소 변경을 두고 온오프라인을 통한 팬들의 공세가 계속되자, 주최 측은 마침내 공연을 6주 앞두고 10만 명 규모의 일광 부지에서 5만 명 수용이 가능한 부산아시아드경기장으로 장소를 변경했다. 공연장 안전 이슈가 어느 정도 해소되자, 팀 아미는 이제 콘서트에 참석할 팬들의 불편 해소에 초점을 맞춰 봉사 계획을 수정했다. 비싼 숙소 대신 템플스테이나 지자체가 관리하는 대안 숙소를 제시하고, 외국 팬들의 불편을 해소하기 위해 커다란 캐리어가 들어가는 대형 로커의 위치, 와이파이 무료 이용 장소, 휠체어 이동 동선, 입국 시 코로나 방역 규정, 응급상황 대응 요령 등을 담은 가이드북을 제작해 팬덤에 배포했다. 또한 공연 당일에는 공연장 주변에서 한국어, 일본어, 중국어, 영어가 가능한 자원봉사 요원을 배치하고, 쓰레기봉투를 나누어주는 등 쾌적한 관람을 위한 안내와 질서유지 활동을 펼쳤다.[23]

팀 아미의 활동은 크게 두 가지 차원으로 이루어졌다. 첫째, 공연 장소에 대한 부산시의 행정적 결정을 민원을 통해 불안정하게 만들고, 팬들을 대상으로 폭리를 취하려는 숙박업소에 대한 당국의 계도를 끌어내는 등 시 당국과 긴장을 형성하는 방식을 통해서 일어났다. 둘째, 팬들의 안전하고 만족스러운 콘서트 경험을 위한 다양한 돌봄 활동을 통해 이루어졌다. 요약하자면, 팀 아미 프로젝트는 가부장적 국가권력에 대한 저항과 팬덤 공동체에 대한 애착의 정동을 중심으로 형성된 행동주의적 팬 실천이다. 국가의

---

23 팀 아미의 활동에도 불구하고 공연 당일, 팬들의 대기 줄에 대한 관리가 제대로 되지 않아 공연이 시작되고 나서 한참 후에 입장을 하게 된 사람들 때문에 위험한 상황이 벌어지고, 수많은 해외 팬들을 위한 통역 안내가 전무한 상황 등, 진행을 맡은 부산시의 운영 미숙이 논란이 되었다.

우선순위에서 밀려나 착취당하거나 들러리로 세워지는 팬덤 스스로의 위상에 대한 자각, 공동체 의식을 바탕으로 한 서로에 대한 배려와 돌봄, 그리고 국가권력에 대한 저항적 인식이 서로 분리된 것이 아니라 연결되어 있다는 점에서 이는 젠더화된 정동이 촉발한 정치적 실천의 한 사례라고 할 수 있을 것이다. 또한 팬덤의 문제 해결 방식에서 '대항'의 정동뿐 아니라 '돌봄'의 정동이 함께 존재했다는 것은 팬 행동주의의 복합 정동을 엿볼 수 있는 지점이다.

4.2. 역사수정주의에 대항하는 팬 행동주의와 젠더화된 정동

팬덤 공동체의 정치적 행동주의로부터 젠더적 정동을 엿볼 수 있는 또 하나의 사례로는 2018년 'BTS 원폭티셔츠 논란' 당시 BTS 글로벌 팬덤의 역사수정주의에 대한 대항적 실천이 있다.[24] 당시 팬덤은 원폭티셔츠 논란이 해소되지 않은 한일간 과거사 문제로부터 파생된 것임을 인지한 뒤, 전쟁의 피해자 자리에 스스로를 놓고 침략 전쟁 주체로서의 과거를 외면하는 일본의 역사수정주의적 태도를 지적하기 시작했다. 2차 세계대전 당시 일본의 잔학행위 가운데서도 글로벌 팬덤이 가장 크게 반응한 것은 일본군 위안부에 강제동원된 여성들에 대한 사실이었다. 역사적 문건과 다큐멘터리, 그리고 아시아 국가 출신 팬들의 (가족으로부터 전해 들

---

[24] 해당 사건에 대한 자세한 개요 및 설명은 이지행, 앞의 글을 참조.

은) 증언을 통해 일본군 위안부 제도의 실상을 알게 되자, 약 300
여 명의 해외 팬들이 국내 위안부 쉼터인 '나눔의 집'에 기부금을
전달하기도 했다.

제국적 성폭력의 관점에서 식민지 공창제도를 고찰한 나이토
치즈코(內藤千珠子)는 이 폭력이 극단적으로 강하게 젠더의 구조를
필요로 하고, 폭력의 수신처가 되는 여성 신체에 의존하고 있음을
지적하면서, 신시아 엔로(Cynthia Enroe)의 주장을 경유해 근현대의
군사주의가 젠더 구조와 밀접한 관계를 맺고 있으며 '남성성'뿐
만 아니라 '여성성'의 개념도 중요시되고 이용된다는 점을 강조한
다.[25] 대부분 여성으로 이루어진 BTS 글로벌 팬덤에게 여성 신체
에 대한 폭력을 밑거름 삼아 뻗어간 일본의 제국주의적 팽창 욕망
은 젠더화된 폭력의 역사적 구조를 목격하는 기회가 되었다. 자신
이 피해자가 아니었기 때문에 '상관이 없다'라고 인식하는 것이 아
니라, 모든 여성이 잠재적으로 상품화되는 근현대의 젠더 구조에
서 나의 신체 역시 그 폭력과 밀접하게 관련되어 있다고 인식하게
된 것이다. 이러한 인식은 팬덤 공동체 안에서 젠더적 정동을 촉발
하는 계기가 되었다.[26]

---

25 Cynthia Enroe, *Maneuvers: The International Politics of Militarizing, Women's Lives*,
The University of California Press, 2000, pp.4-14; 나이토 치즈코, 「애국적 무관
심과 정동: 현대 일본의 정동(情動) 프레임」, 『아태연구』 제26권 4호, 경희대학
교 국제지역연구원, 2019, 11쪽.

26 이지행, 앞의 글, 239쪽.

5. 나가며

헨리 젠킨스에 따르면 팬 행동주의는 새로운 것이 아니다. 팬들은 19세기 중반의 장난감 인쇄기부터 1920~30년대의 아마추어 라디오 관행, 그리고 오늘날의 웹진, 블로그, 팟캐스트, 동영상 공유 사이트에 이르기까지 풀뿌리 커뮤니케이션 시스템을 발전시켜 온 오랜 역사를 가지고 있다. 이러한 커뮤니케이션 방식은 역사학자 마이클 살레르(Michale Saler)가 '상상의 공론장(public sphere of imagination)'이라고 부르는, 공통의 관심사와 열정을 가진 사람들이 가상의 세계 안팎에서 토론을 벌이는 공간을 구성한다. 오늘날 디지털 네트워크에서 이루어지는 커뮤니케이션은 팬 상호 작용의 규모와 속도를 확장하여 사회적 이슈에 대한 신속하고 글로벌한 대응을 가능하게 만들었다.[27]

초창기 팬덤 연구는 팬 문화의 정치적 잠재력에 대해 희망적인 입장을 취했다. 소외된 하위 문화집단인 팬덤이 참여문화적 기술을 통해 대중문화의 지배적 표현에 대항하는 새로운 표현을 창조할 수 있다는 점을 들어 팬 문화를 산업적 대중문화에 대한 저항의 현장으로 평가했다.[28] 그러나 디지털 미디어 전반에 걸친 풀

---

27 Henry Jenkins, "How to Become a Fan of Fan Activism", *USC Annenberg Relevance Report*, December 9, 2020. (https://annenberg.usc.edu/research/center-public-relations/usc-annenberg-relevance-report/how-become-fan-fan-activism)

28 헨리 젠킨스는 팬 문화가 자신의 이미지를 이용해 프로그램을 리메이크하는 독자와 작가들의 지하 네트워크로서, 소외된 하위 문화 집단이 지배적 문화의 표현 내에서 그들의 문화적 관심사를 위한 공간을 열어주는 수단이 바로 팬덤문화라고 보았다. 또한, 이러한 방식으로 인해 미국식 대량문화(mass culture)가

뿌리 담론적 실천이 늘 긍정적인 방향이나 결론을 향해 있지 않다
는 사실을 차례로 접하면서, 모든 풀뿌리 미디어적 실천을 지배적
제도에 대해 저항하는 것으로 읽는 경향에 대해 우려를 표했다.
1980년대에 팬덤의 정치적 잠재력을 높이 평가했던 젠킨스마저
2000년대에 들어서는 팬덤의 '집단 지성'을 저항이 아니라 미래의
문화 운영 방식에 대한 프로토타입 또는 드레스 리허설로 해석해
야 한다며 팬덤 정치성에 대한 수정된 의견을 피력하기도 했다.[29]

　소비자주의로부터 비롯된 팬 행동주의 모두를 정치적 행위로
규정하는 것은 섣부른 것이 분명하지만, 팬 행동주의에서 발견되
는 시민적 참여를 모두 소비자적 요구로 축소시키는 것 역시 경
계해야 한다. 오늘날 시민 참여를 동력화하는 데 있어 분명히 콘
텐츠 세계의 역할과 영향력이 존재하며, 팬덤의 지향이 사회적 대
의와 조우할 때 그들 내부에서 어떤 주체성의 변화가 일어나는지
아직 명확하게 밝혀진 바 없기 때문이다. 따라서 오늘날 팬덤의
정치적 행동주의 동원에 있어서 국가와의 역학 관계는 무엇인지,
그 내부의 정동은 무엇인가를 드러내는 데 이 글의 의의가 존재할
것이다.

대중문화(popular culture)로 변화될 수 있다는 가능성을 점쳤다. Henry Jenkins,
"*Star Trek* Rerun, Reread, Rewritten: Fan Writing as Textual Poaching", *Critical
Studies in Mass Communication*, Vol.5, No.2, 1988, p.87.

29　헨리 젠킨스(2008), 앞의 책.

참고문헌

1부 파르마콘의 커뮤니티: 적대와 연대의 길항

동시대 남성 중심 온라인 커뮤니티의 젠더 인식   김수아

1. 논문과 단행본

1) 논문

김수아, 「지식의 편향 구조와 혐오: 국내 위키 서비스 '여성혐오' 논란을 중심으로」, 『미디어, 젠더 & 문화』 제35권 1호, 한국여성커뮤니케이션학회, 2020.

김수아, 「페미니스트 낙인과 남성 중심 게임 담론」, 『2019 한국여성커뮤니케이션학회 봄철정기학술대회 자료집』, 2019.

김수아 · 최서영, 「남성 정체성(들)의 재생산과 사이버 공간」, 『미디어, 젠더 & 문화』 제8호, 한국여성커뮤니케이션학회, 2007.

맹욱재 · 김혁 · 우준희 · 허영진 · 이서영 · 최지원 · 이상욱 · 은진수 · 이경진 · 이준환, 「온라인 게임내 성차별 실태 조사 및 제재 시스템 디자인 연구」, 『한국HCI학회학술대회논문집』, 2018년 1월, 2018.

박은아 · 박민지, 「누가 불매운동에 참여하는가?: 기업의 비윤리적 사건에 대한 불매운동 참여의도 형성요인에 관한 구조모형 연구」, 『한국심리학회지: 소비자 · 광고』 제19권 1호, 한국심리학회, 2018.

범유경 · 이병호 · 이예슬, 「〈오버워치〉, 그리고 다른 목소리 - 게임 〈오버워치〉 내 여성 게이머에 대한 폭력적 발화 분석」, 『공익과인권』 제17호, 서울대학교 법학전문대학원 인권법학회 · 서울대학교 법학연구소 공익인권법센터,

2017.

이민주, 「반페미니즘 남성 소비자 정치의 탄생: 대중문화 시장에서의 '메갈 색 출' 사건 사례를 중심으로」, 이화여자대학교 석사학위논문, 2023.

이현준·박지훈, 「'혜지'가 구성하는 여성에 대한 특혜와 남성 역차별: 공정성 에 대한 남성 온라인 게임 이용자들의 열망은 어떻게 여성혐오로 이어지는 가?」, 『방송과 커뮤니케이션』 제22권 1호, 한국방송학회, 2021.

장몽교·이승신, 「불매운동 관련 특성 및 소비자시민성이 온라인 불매운동태 도와 의도에 미치는 영향: 자기감시성의 조절효과를 중심으로」, 『소비자정 책교육연구』 제14권 1호, 한국소비자정책교육학회, 2018.

한희정, 「페미니즘 백래시 담론 사례 분석: 설거지론을 중심으로」, 『한국여성 커뮤니케이션학회 2023년 가을철 정기학술대회 자료집』, 2023.

홍남희, 「SNS 검열의 담론적 제도적 구성: 국내 주요 검열 사례에 대한 비판적 담론분석을 중심으로」, 연세대학교 박사학위논문, 2016.

Adrienne Massanari, "#Gamergate and The Fappening: How Reddit's Algorithm, Governance, and Culture Support Toxic Technocultures," *New Media & Society*, Vol.19, No.3, 2017.

Andrea Braithwaite, "'Seriously, Get Out': Feminists on the Forums and the War (craft) on Women," *New Media & Society*, Vol.16, No.5, 2014.

Andrea Braithwaite, "It's About Ethics in Games Journalism? Gamergaters and Geek Masculinity", *Social Media+ Society*, Vol.2, No.4, 2016.

An Xiao Mina, "Batman, Pandaman and the Blind Man: A Case Study in Social Change Memes and Internet Censorship in China", *Journal of Visual Culture*, Vol.13, No.3, 2014.

Björn Pelzer, Lisa Kaati, Katie Cohen & Johan Fernquist, "Toxic Language in Online Incel Communities", *SN Social Sciences*, Vol.1, 2021.

Brenna Helm, Ryan Scrivens, Thomas Holt, Steve Chermak & Richard Frank, "Examining Incel Subculture on Reddit", *Journal of Crime and Justice*, Vol.47, No.1, 2022.

Carol Harrington, "What is "Toxic Masculinity" and Why Does it Matter?", *Men and Masculinities*, Vol.24, No.2, 2021.

Kathy Dobson & Irena Knezevic, "'Liking and Sharing' the Stigmatization of Poverty and Social Welfare: Representations of Poverty and Welfare through Internet Memes on Social Media", *triple C: Communication, Capitalism & Critique, Journal for a Global Sustainable Information Society*, Vol.15, No.2, 2017.

Limor Shifman, "Memes in a Digital World: Reconciling with a Conceptual Troublemaker", *Journal of Computer-Mediated Communication*, Vol.18, No.3, 2013.

Michael Salter, "From Geek Masculinity to Gamergate: The Technological Rationality of Online Abuse", *Crime, Media, Culture*, Vol.14, No.2, 2018.

Michael Vallerga & Eileen Zurbriggen, "Hegemonic Masculinities in the 'Manosphere': A Thematic Analysis of Beliefs about Men and Women on The Red Pill and Incel", *Analyses of Social Issues and Public Policy*, Vol.22, No.2, 2022.

Naziha Houki, Alka Kurian & Kenza Oumlil, "Social Media and Fourth Wave Feminism in Morocco," eds. Joe Khalil, Gholam Khiabany, Tourya Guaaybess & Bilge Yesil, *The Handbook of Media and Culture in the Middle East*, Wiley, 2023.

O'Malley Roberta, Karen Holt & Thomas Holt, "An Exploration of the Involuntary Celibate (Incel) Subculture Online," *Journal of Interpersonal Violence*, Vol.37, No.7-8, 2022.

Shira Chess & Adrienne Shaw, "A Conspiracy of Fishes, or, How We Learned to Stop Worrying about #GamerGate and Embrace Hegemonic Masculinity", *Journal of Broadcasting & Electronic Media*, Vol.59, No.1, 2015.

Torill Mortensen, "Anger, Fear, and Games: The Long Event of #GamerGate," *Games and Culture*, Vol.13, No.8, 2018.

Wai Yen Tang & Jesse Fox, "Men's Harassment Behavior in Online Video Games: Personality Traits and Game Factors", *Aggressive Behavior*, Vol.42,

No.6, 2016.

2) 단행본

김수아, 『2018년 정책리포트: 게임업계 '페미니스트 블랙리스트' 관련 현황 조사 및 대책』, 여성가족부, 2018.

김수아, 『게임 콘텐츠와 젠더 재현』, 커뮤니케이션북스, 2022.

김학준, 『보통 일베의 시대』, 오월의 봄, 2022.

윤태진·김지윤, 『여성 게이머는 총을 쏠 수 있는가』, 몽스북, 2023.

한국콘텐츠진흥원, 『2023 게임이용자 실태조사 보고서』, 한국콘텐츠진흥원, 2023.

Christopher Paul, *The Toxic Meritocracy of Video Games: Why Gaming Culture Is the Worst*, University of Minnesota Press, 2018.

Justine Cassell & Henry Jenkins, "Chess for Girls? Feminism and Computer Games," eds. Justine Cassell & Henry Jenkins, *From Barbie® to Mortal Kombat: Gender and Computer Games*, The MIT Press, 1998.

Kate Manne, *Down girl: The Logic of Misogyny*, Oxford University Press, 2017.

Frank Pittman, *Man Enough: Fathers, Sons, and the Search for Masculinity*, Putnam, 1993.

2. 기타자료

「"페미니스트 지우겠나" … 대형 게임사 면접 '사상 검증' 논란」, 『중앙일보』, 2021. 4. 13.

「K7 일러레가 과거 RT 한 트윗들」, 2018. 3. 21. (http://gall.dcinside.com/mgallery/board/view/?id=bjsn&no=1779034)

「가디언테일즈 '페미 사냥'에 굴복 … "광대→나쁜X"으로 재수정(종합)」, 『연합뉴스』, 2020. 8. 5.

「게임업 여성작가 또 해고 … "페미 검증으로 밥줄 끊기, 불법"」, 『한겨레』, 2023. 7. 27.

「게임업계는 어쩌다 '페미 사상 검증' 전쟁터가 됐나」, 『한겨레』, 2023. 12. 26.

「"부당 해고"vs"메갈 옹호?" 넥슨, 女성우 교체 논란」, 『한국일보』, 2016. 7. 2.

「안녕하세요 라이코입니다」, 2018. 3. 21. (http://cafe.naver.com/girlsfrontlinekr
/1832326)

「일러스트 작가의 트위터 활동 논란에 대한 입장을 말씀드립니다」, 2018. 3.
24. (http://closers.nexon.com/news/notice/view.aspx?noticearticlesn=122393)

「제2의 넥슨 사태? 메갈리안 작가 논란에 이미지 교체한 게임 제작사」, 『여성
신문』, 2016. 11. 2.

디콘지회 성명서, 2023. 7. 28. (https://twitter.com/dcfu2018/status/168473200363
8480896?s=20)

오정보(Misinformation) 대응을 위한 커뮤니티 기반 전략

이진하 · 니콜 산테로 · 아르피타 바타차리아 · 엠마 메이 · 엠마 S. 스피로

1. 논문과 단행본

1) 논문

Ahmer Arif, Leo Graiden Stewart & Kate Starbird, "Acting the Part: Examining
Information Operations within #BlackLivesMatter Discourse", *Proceedings of
the ACM on Human-Computer Interaction*, 2(CSCW), 2018.

Alice E. Marwick, "Why Do People Share Fake News? A Sociotechnical Model
of Media Effects", *Georgetown Law Technology Review*, Vol.2, No.2, 2018.

Carlos A. Scolari, Maria-José Masanet, Mar Guerrero-Pico & María-José
Establés, "Transmedia Literacy in the New media Ecology: Teens' Transmedia
Skills and Informal Learning Strategies", *El Profesional de La Información*,
Vol.27, No.4, 2018.

Christopher A. Bail, "Emotional Feedback and the Viral Spread of Social Media
Messages about Autism Spectrum Disorders", *American Journal of Public*

Health, Vol.106, No.7, 2016.

Clara E. Hill, Barbara J. Thompson & Elizabeth Nutt Williams, "A Guide to Conducting Consensual Qualitative Research", *The Counseling Psychologist*, Vol.25, No.4, 1997.

Gordon Pennycook & David Rand, "The Psychology of Fake News", *Trends in Cognitive Sciences*, Vol.25, No.5, 2021.

Jin Ha Lee & Anh Thu Nguyen, "How Music Fans Shape Commercial Music Services: A Case Study of BTS & ARMY", *Proceedings of the 21st International Society for Music Information Retrieval Conference*, ISMIR, 2020.

Kathryn E. Ringland, Arpita Bhattacharya, Kevin Weatherwax, Tessa Eagle & Christine Wolf, "ARMY's Magic Shop: Understanding the Collaborative Construction of Playful Places in Online Communities", *Proceedings of the 2022 CHI Conference on Human Factors in Computing Systems*, 2022.

Kjerstin Thorson & Chris Wells, "Curated Flows: A Framework for Mapping Media Exposure in the Digital Age", *Communication Theory*, Vol.26, No.3, 2016.

Liang Wu, Fred Morstatter, Kathleen Carley & Huan Liu, "Misinformation in Social Media: Definition, Manipulation, and Detection", *ACM SIGKDD Explorations Newsletter*, Vol.21, No.2, 2019.

Lisa M. Given, "Virtual Ethnography", ed. Lisa M. Given, *The SAGE Encyclopedia of Qualitative Research Methods*, SAGE, 2008.

Michael A. Cacciatore, "Misinformation and Public Opinion of Science and Health: Approaches, Findings, and Future Directions", *Proceedings of the National Academy of Sciences*, Vol.118, No.15, 2021.

Michael A. DeVito, Jeremy Birnholtz, Jeffery Hancock, Megan French & Sunny Liu, "How People Form Folk Theories of Social Media Feeds and What It Means for How We Study Self-presentation", *Proceedings of the 2018 CHI Conference on Human Factors in Computing Systems*, Association of

Computing Machinery, April 2018.

Mohsen Mosleh, Cameron Martel, Dean Eckles & David Rand, "Perverse Downstream Consequences of Debunking: Being Corrected by Another User for Posting False Political News Increases Subsequent Sharing of Low Quality, Partisan, and Toxic Content in a Twitter Field Experiment", *Proceedings of the 2021 CHI Conference on Human Factors in Computing Systems*, Association of Computing Machinery, 2021.

Nadia Karizat, Dan Delmonaco, Motahhare Eslami, & Nazanin Andalibi, "Algorithmic Folk Theories and Identity: How TikTok Users Co-produce Knowledge of Identity and Engage in Algorithmic Resistance", *Proceedings of the ACM on Human-Computer Interaction*, 5(CSCW2), 2021.

P. M. Krafft & Joan Donovan, "Disinformation by Design: The Use of Evidence Collages and Platform Filtering in a Media Manipulation Campaign", *Political Communication*, Vol.37, No.2, 2020.

Roser Beneito-Montagut, "Ethnography Goes Online: Towards a User-Centred Methodology to Research Interpersonal Communication on the Internet", *Qualitative Research*, Vol.11, No.6, 2011.

Rubal Kanozia & Garima Ganghariya, "More than K-pop Fans: BTS Fandom and Activism amid COVID-19 Outbreak", *Media Asia*, Vol.48, No.4, 2021.

Ryan Calo, Chris Coward, Emma S. Spiro, Kate Starbird, & West Jevin, "How Do You Solve a Problem like Misinformation?", *Science Advances*, Vol.7, No.50, 2021.

Sara K. Yeo & Meaghan McKasy, "Emotion and Humor as Misinformation Antidotes", *Proceedings of the National Academy of Sciences*, Vol.118, No.15, 2021.

Shruti Phadke & Tanushree Mitra, "Educators, Solicitors, Flamers, Motivators, Sympathizers: Characterizing Roles in Online Extremist Movements", *Proceedings of the ACM on Human-Computer Interaction*, 5(CSCW2), 2021.

So Yeon Park, Nicole Santero, Blair Kaneshiro & Jin Ha Lee, "Armed in ARMY:

A Case Study of How BTS Fans Successfully Collaborated to #MatchAMillion for Black Lives Matter", *Proceedings of the 2021 CHI conference on Human Factors in Computing Systems*, Association for Computing Machinery, May 2021.

Stephan Lewandowsky & Sander van der Linden, "Countering Misinformation and Fake News through Inoculation and Prebunking", *European Review of Social Psychology*, Vol.32, No.2, 2021.

Xinyi Zhou, Reza Zafarani, Kai Shu & Huan Liu, "Fake News: Fundamental Theories, Detection Strategies and Challenges", *Proceedings of the Twelfth ACM International Conference on Web Search and Data Mining*, Association for Computing Machinery, 2019.

2) 단행본

이지행, 『BTS와 아미컬처』, 커뮤니케이션북스, 2019.

Alice Marwick, & Becca Lewis, *Media Manipulation and Disinformation Online*, Data & Society, 2017.

Cailin O'Connor & James O. Weatherall, *The Misinformation Age: How False Beliefs Spread*, Yale University Press. 2019.

Caroline Jack, *Lexicon of Lies: Terms for Problematic Information*, Data & Society Research Institute, 2017.

Center for an Informed Public, Digital Forensic Research Lab, Graphika & Stanford Internet Observatory, *The Long Fuse: Misinformation and the 2020 Election*, Stanford Digital Repository: Election Integrity Partnership. v1.3.0, 2021. (https://purl.stanford.edu/tr171zs0069)

Henry Jenkins, *Convergence Culture. Where Old and New Media Collide*, New York University Press, 2006.

Henry Jenkins, *Fan Studies*, Oxford Bibliographies, 2012.

Juliet Corbin & Anselm Strauss, *Basics of Qualitative Research* (4th ed.), SAGE, 2015.

Matthew Hills, *Fan Cultures*, Taylor and Francis, 2003.

Kate Starbird, Emma S. Spiro, & Kolina Koltai, *Misinformation, Crisis, and Public Health—Reviewing the Literature*, Social Science Research Council, 2020.

Samantha Bradshaw & Philip N. Howard, *Challenging Truth and Trust: A Global Inventory of Organized Social Media Manipulation*, The Computational Propaganda Project, 2018. (https://issuu.com/disinfoportal/docs/challenging_truth_and_trust_a_globa)

Tom Boellstorff, Bonnie Nardi, Celia Pearce & T.L. Taylor, *Ethnography and Virtual Worlds: A Handbook of Method*, Princeton University Press, 2012.

Yochai Benkler, Robert Faris & Hal Roberts, *Network Propaganda: Manipulation, Disinformation, and Radicalization in American Politics*, Oxford University Press, 2018.

한국문화를 수용하는 인도의 청년들 <small>프리야 고하드 · 네하 가트판데</small>

1. 논문과 단행본

1) 논문

Anna Lee Swan, "Transnational Identities and Feeling in Fandom: Place and Embodiment in K-pop Fan Reaction Videos", *Communication, Culture and Critique*, Vol.11, No.4, 2018.

Arjun Appadurai, "Disjuncture and difference in the global cultural economy", *Theory, Culture & Society*, Vol.7, Iss.2-3, 1990.

Bidyarani Asem, "Contextualizing Social Learning Theory Through Korean Media: A Case Study of Cultural Heterogenization in North East India", *The International Journal of Humanities & Social Studies*, Vol.2, No.11, 2014.

Chandrani Chatterjee, Swati Dyahadroy, & Neha Ghatpande, "Country Based

Reports: Cultural Literacy Practices in Formal Education (India)", *The Challenge of Cultural Heritage and Identity for Inclusive and Open Societies: Young People's Perspectives from European and Asian Countries*, eds. Louis Henri Seukwa, Elina Marmer, Cornelia Sylla & Peter Lang, 2020.

Douglas Bourn, "Young People, Identity and Living in a Global Society", *Policy & Practice - A Development Education Review*, Vol.7, 2008.

Kaisii Athikho, "Globalization, Hybridization and Cultural Invasion - Korean Wave in India's North East," *Asian Communication Research*, Vol.14, 2017.

Shailendra Kharat, Anagha Tambe & Priya Gohad, "Post-coloniality, social capital and difference trumps hierarchy: Non-formal cultural education of youth in India", In *The Challenge of Cultural Heritage and Identity for Inclusive and Open Societies: Young People's Perspectives from European and Asian Countries*, eds. Louis Henri Seukwa, Elina Marmer, Cornelia Sylla & Peter Lang, 2020.

Sparsita Kalita & Shyamali Banerjee, "Role of Indian Media in the Rise of Asian Culture in India: Especially Hallyu", *International Journal of Science & Engineering Development Research*, Vol.8, No.1, 2023.

2) 단행본

Ritty A. Lukose, *Liberalization's Children: Gender, Youth, and Consumer Citizenship in Globalizing India*, Duke University Press, 2009.

Teresa Platz Robinson, *Café Culture in Pune: Being Young and Middle Class in Urban India*, Oxford University Press, 2014.

Radhika Gajjala, *Digital Diasporas: Labor and Affect in Gendered Indian Digital Publics*, Rowman & Littlefield Publishers, 2019.

2. 기타자료

Culture & Heritage, District Pune, Government of Maharashtra, India. (https://pune.gov.in/culture-heritage/)

"K-pop, K-drama driving interest in K-cuisine in India," *The Times of India*, October 17, 2021.

"Youth Account for One-fifth of Maharashtra Population," *The Times of India*, May 29, 2015.

"In-Depth | K-pop Sweeps Indian Youth off Their Feet: What Is Its Magic Formula and How It Pushes Korean Business Fortunes," *Money Control*, June 19, 2021.

A profile of Adolescents and Youth In India, United Nations Population Fund, 2014.

2부 젠더화된 테크네의 신체들: 독자, 관객, 노동자

웹소설의 '여성 취향 장르'에 대한 고민과
또 다른 서사의 탐색   안상원

1. 논문과 단행본

1) 논문

고훈, 「대중 소설의 퓨전화」, 『대중서사연구』 제19호, 대중서사학회, 2008.

권경미, 「로맨스 판타지 웹소설의 신계급주의와 서사 특징-책빙의물과 회귀
물을 중심으로-」, 『인문과학』 제84권, 성균관대학교 인문학연구원, 2022.

김경애, 「로맨스 웹소설의 갈등구조와 생산과 수용의 미의식 연구」, 『Journal
of Korean Culture』 제49권, 한국어문학국제학술포럼, 2020.

_____, 「한국 웹소설 독자의 특성 연구」, 『한국산학기술학회 논문지』 제22권
제7호, 한국산학기술학회, 2021.

김준현, 「웹소설 장에서 사용되는 장르 연관 개념 연구」, 『현대소설연구』 제74
권, 현대소설연구학회, 2019.

류수연, 「여성인물의 커리어포부와 웹 로맨스 서사의 변화-로맨스판타지의
'악녀' 주인공 소설을 중심으로」, 『한국문학과 예술』 제39호, 사단법인 한
국문학과예술연구소, 2021.

안상원, 「웹소설 유료화에 따른 플랫폼과 서사의 변화 양상 연구」, 『한국문예
창작』 제16권 제3호, 한국문예창작학회, 2017.

_____, 「한국 웹소설의 회귀 모티프 연구」, 『한국문학이론과 비평』 제22권 제3
호, 한국문학이론과비평학회, 2018.

_____, 「한국 웹소설 '로맨스판타지' 장르의 서사적 특성 연구」, 『인문콘텐츠』
제55권, 인문콘텐츠학회, 2019.

_____, 「상상의 질료, 해체의 대상으로서의 역사: 장르소설과 웹소설의 대체역
사물 연구」, 『민족문학사연구』 제72권, 민족문학사연구소, 2020.

_____, 「모험서사와 여성혐오의 결합과 독서 욕망-웹소설 로맨스판타지 장르에 나타난 성장물의 양가성」,『이화어문논집』 제53권, 이화어문학회, 2021.

2) 단행본

이주라 · 우지연,『웹소설 작가를 위한 장르 가이드 1. 로맨스』, 북바이북, 2015.

영화 다양성과 포용의 역량을 키우기   조혜영

1. 논문과 단행본

1) 논문

Olivia Khoo, "Picturing Diversity: Netflix's Inclusion Strategy and the Netflix Recommender Algorithm (NRA)" Television & New Media Vol.24, No.3, 2023.

2) 단행본

김선아,『한국영화라는 낯선 경계』, 커뮤니케이션북스, 2006.

김정희원,『공정 이후의 세계』, 창비, 2022.

낸시 프레이저, 문현아 · 박건 · 이현재 역,『불평등과 모욕을 넘어』, 그린비, 2016.

마사 누스바움, 한상연 역,『역량의 창조』, 돌베개, 2015.

웬디 브라운, 배충효 · 방진이 역,『민주주의 살해하기』, 내인생의책, 2017.

Elsa Stamatopoulou, *Cultural Rights in International Law: Article 27 of the Universal Declaration of Human Rights and Beyond*, Brill, 2007.

2. 기타자료

「'오징어 게임', 넷플릭스 최고 흥행작 기록 썼다…'브리저튼' 제쳐」,『한겨레』,

2021. 10. 19.

「넷플릭스, 오징어게임 254억 투자…다른 인기작의 1회 제작비」, 『중앙일보』, 2021. 10. 15.

「영진위 '여성 창작사 사산점'은 왜 차별이 아닌가」, 『여성신문』, 2022. 8. 10.

「워너-디스커버리 합병완료… 새 거대 미디어 기업 출범」, 『연합뉴스』, 2022. 4. 9.

국가법령정보센터: www.law.go.kr/LSW//main.html

넷플릭스 포용성 증진 현황 웹사이트: https://about.netflix.com/ko/news/our-progress-on-inclusion-2021-update

도동준 외, 『2019년 한국 영화산업 결산』, 영화진흥위원회, 2020.

도동준 외, 『2020년 한국 영화산업 결산』, 영화진흥위원회, 2021.

디즈니 포용 캠페인 웹사이트: impact.disney.com/diversity-inclusion

서선주, 『영화진흥사업 내 성평등지수 도입 배경과 쟁점』, 영화진흥위원회, 2022.

조혜영 · 김선아 · 주유신 · 박주영, 『한국영화 성평등 정책 수립을 위한 연구』, 영화진흥위원회, 2020.

한국콘텐츠진흥원, 『유럽 콘텐츠 산업동향 2020년 7호』, 2021. 1. 5.

BFI Filmography 아카이브 웹사이트 (www.bfi.org.uk/bfi-national-archive/search-bfi-archive/bfi-filmography)

BFI 다양성 표준 소개 및 가이드라인 웹사이트 (www.bfi.org.uk/inclusion-film-industry/bfi-diversity-standards)

Looking Back Moving Forward: Gender Equality Report, Swedish Film Institute, 2017.

Review of BFI Diversity Standards: A Summary of Industry Perspectives & Recommendation, BFI, 2022.

Samantha Bergeson, "'Batgirl' Directors: Studio Blocked Our Access to Footage After Scrapping the Movie", IndieWire, Aug 23, 2022.

Stacy L. Smith et al., *Inclusion in Netflix Original U.S. Scripted Series & Films*, USC Annenberg Inclusion Initiative, 2021.

Timothy Pecoraro, "The Squid Game Leak: How Netflix Decides the Value of Its

Viewership and Shows", Medium, Oct 20, 2021.

Todd Spangler, "'Batgirl' Cancellation Controversy 'Blown Out of Proportion,' Warner Bros. Discovery CFO Says", Variety, Sep 8, 2022.

"레디 노동자 투"

자오 멩양

1. 논문과 단행본

1) 논문

Alex J. Wood, Mark Graham, Vili Lehdonvirta & Isis Hjorth, "Good Gig, Bad Gig: Autonomy and Algorithmic control in the Global Gig Economy", *Work, Employment and Society*, Vol.33, No.1, 2019.

Amanda C. Cote, "I Can Defend Myself: Women's Strategies for Coping with Harassment while Gaming Online", *Games and Culture*, Vol.12, No.2, 2017.

Abi Adams, Judith Freedman & Jeremias Prassl, "Rethinking Legal Taxonomies for the Gig Economy", *Oxford Review of Economic Policy*, Vol.34, No.3, 2018, pp.475-494.

Annamaria Fratini, Susan R Hemer & Anna Chur-Hansen, "Peeking Behind the Curtains: Exploring Death and the Body through Patchwork Ethnography", *Anthropology in Action*, Vol.29, No.3, 2022.

Angèle Christin & Yingdan Lu, "The Influencer Pay Gap: Platform Labor Meets Racial Capitalism", *New Media & Society*, Published online before print, 29 April 2023, DOI: 10.1177/14614448231164995.

Asaf Levanon, Paula England & Paul Allison, "Occupational Feminization and Pay: Assessing Causal Dynamics Using 1950-2000 U.S. Census Data", *Social Forces*, Vol.88, No.2, 2009.

Benjamin Shestakofsky, "Working Algorithms: Software Automation and the Future of Work", *Work and Occupations*, Vol.44, No.4, 2017.

Bonnie Ruberg, "Obscene, Pornographic, or Otherwise Objectionable: Biased Definitions of Sexual Content in Video Game Live Streaming", New Media & Society, Vol.23, No.6, 2021.

Bonnie Ruberg, Amanda L.L. Cullen & Kathryn Brewster, "Nothing But a 'Titty Streamer': Legitimacy, Labor, and the Debate over Women's Breasts in Video Game Live Streaming", Critical Studies in Media Communication, Vol.36, No.5, 2019.

Bonnie Ruberg & Johanna Brewer, "Digital Intimacy in Real Time: Live Streaming Gender and Sexuality", Television & New Media, Vol.23, No.5, 2022.

Caitlin H. Tran, "'Never Battle Alone': Egirls and the Gender(ed) War on Video Game Live Streaming as 'Real' Work", Television & New Media, Vol.23, No.5, 2022.

Cuihua Shen, Rabindra Ratan, Y. Dora Cai & Alex Leavitt, "Do Men Advance Faster Than women? Debunking the Gender Performance Gap in Two Massively Multiplayer Online Games", Journal of Computer-Mediated Communication Vol.21, No.4, 2016.

Finja Walsdorff, "Video Game Modding and Money: From Precarious Playbor to Reimbursed Labor of Love", Spiel|Formen, Vol.2, 2022.

Hadas Mandel, "Up the Down Staircase: Women's Upward Mobility and the Wage Penalty for Occupational Feminization, 1970-2007", Social Forces, Vol.91, No.4, 2013.

Helen M. Rand, "Challenging the Invisibility of Sex Work in Digital Labour Politics", Feminist Review, Vol.123, No.1, 2019.

Jeffrey A. Stone, "Self-Identification as a 'Gamer' Among College Students: Influencing Factors and Perceived Characteristics", New Media & Society, Vol.21, No.11-12, 2019.

Jon Swords. Mary Laing & Ian R. Cook, "Platforms, Sex Work and Their Interconnectedness", Sexualities, Vol.26, No.3, 2023.

Julian Posada, "Embedded Reproduction in Platform Data Work", *Information, Communication & Society*, Vol.25, No.6, 2022.

Julian Kücklich, "Precarious Playbour: Modders and the Digital Games Industry", *The Fibreculture Journal*, Vol.5, No.1, 2005.

Kelsey Cummings, "Gendered Choices: Examining the Mechanics of Mobile and Online Girl Games", *Television & New Media*, Vol.19, No.1, 2018.

Le Lin, "Control and Consent in the Connected Age: The Work of Contractors on Transnational Online Education Platforms", *Socio-Economic Review*, Vol.19, No.4, 2021.

Lilly Irani, "The Cultural Work of Microwork", *New Media & Society*, Vol.17, No.5, 2015.

Lin Zhang, "Platformizing Family Production: The Contradictions of Rural Digital Labor in China", *The Economic and Labour Relations Review*, Vol.32, No.3, 2021.

Lin Zhang & Anthony Y. Fung, "Working as Playing? Consumer Labor, Guild and the Secondary Industry of Online Gaming in China", *New Media & Society*, Vol.16, No.1, 2014.

Mengyang Zhao, "Fragmented Control of Platform Game Work in China", *The Economic and Labour Relations Review*, Vol.34, No.2, 2023.

Pelin Demirel, Ekaterina Nemkova & Rebecca Taylor, "Reproducing Global Inequalities in the Online Labour Market: Valuing Capital in the Design Field", *Work, Employment and Society*, Vol.35, No.5, 2021.

Ruth Milkman, Lauren Elliott-Negri, Karen Griesbach & Adam Reich, "Gender, Class, and the Gig Economy: The Case of Platform-Based Food Delivery", *Critical Sociology*, Vol.47, No.3, 2021.

Shuai Xiao, "Understanding the Employment Status of Gig-Workers in China's Sharing Economy Era: An Empirical Legal Study", *Asian Journal of Law and Economics*, Vol.10, No.3, 2019.

Tamara Kneese, Michael Palm & Jennifer Ayres, "Selling in Place: The Home as

Virtual Storefront", *Media, Culture & Society*, Vol.44, No.2, 2022.

Torill Elvira Mortensen, "Anger, Fear, and Games: The Long Event of #GamerGate", *Games and Culture*, Vol.13, No.8, 2018.

Zexu Guan, "Chinese Beauty Bloggers: Amateurs, Entrepreneurs, and Platform Labour", *Celebrity Studies*, Vol.12, No.5, 2020.

2) 단행본

Amy Hanser, *Service Encounters: Class, Gender, and the Market for Social Distinction in Urban China*, Stanford University Press, 2008.

Brooke Erin Duffy, *(Not) Getting Paid to Do What You Love: Gender, Social Media, and Aspirational Work*, Yale University Press, 2017.

Gabriel Winant, *The Next Shift: The Fall of Industry and the Rise of Health Care in Rust Belt America*, Harvard University Press, 2021.

Gabriella Lukács, *Invisibility by Design: Women and Labor in Japan's Digital Economy*, Duke University Press, 2020.

Kimberly Kay Hoang, *Dealing in Desire: Asian Ascendancy, Western Decline, and the Hidden Currencies of Global Sex Work*, University of California Press, 2015.

Mark Graham & Fabian Ferrari, *Digital Work in the Planetary Market*, MIT Press, 2022.

Mary L Gray & Siddharth Suri, *Ghost Work: How to Stop Silicon Valley from Building a New Global Underclass*, Houghton Mifflin Harcourt, 2019.

Nick Dyer-Witheford & Greig De Peuter, *Games of Empire: Global Capitalism and Video Games*, University of Minnesota Press, 2009.

Shira Chess, *Ready Player Two: Women Gamers and Designed Identity*. 1st ed., University of Minnesota Press, 2017.

Trebor Scholz, *Digital Labor: The Internet as Playground and Factory*, Routledge, 2012.

2. 기타 자료

Selena the Stripper. "Sex Workers Unite", Logic Magazine 2021. Available at: https://logicmag.io/beacons/sex-workers-unite/ (accessed 8 May 2022).

Wei Zhang, "China's Instagram wants more male users. It's using women as bait." Available at: https://www.sixthtone.com/news/1009886/chinas-instagram-wants-more-male-users.-itsusing-women-as-bait (accessed 16 May 2022).

Z Yang, "China's women gamers take on the haters." Available at: https://www.protocol.com/china/china-women-esports-misogyny (accessed 16 May 2022).

3부 정보와 '감염(바이럴)'을 둘러싼 배제와 저항의 실천들: 전파매개적 신체성과 기술사의 재구성

위치지어진 개발자

이지은 · 임소연

1. 기본자료

한유진 · 이지은 · 고은정 · 임소연,『글로벌 성평등 의제 및 정책사례 연구』, 여성가족부, 2021.

2. 논문과 단행본

1) 논문

강이수,「4차산업혁명과 디지털 성별 격차-여성노동의 쟁점과 현실」,『페미니즘연구』제18권 1호, 한국여성연구소, 2018.

김보명,「페미니즘의 재부상, 그 경로와 특징들」,『경제와사회』제118호, 비판사회학회, 2018.

김소라,「디지털 성폭력의 변화 양상과 '음란성'(obscenity)을 근거로 한 규제의 한계」,『아시아여성연구』제57권 1호, 아시아여성연구원, 2018.

_____,「디지털 노동의 성별성에 관한 비판적 고찰: 여성 '페북스타'의 디지털 노동을 중심으로」,『언론과 사회』제24권 4호, 사단법인 언론과 사회, 2016.

김애라,「'탈코르셋', 겟레디위드미(#getreadywithme): 디지털경제의 대중화된 페미니즘」,『한국여성학』제35권 3호, 한국여성학회, 2019.

김예란,「섹스의 윤리화를 위한 페미니즘 제안: 여성의 몸과 디지털 페미니즘의 연합과 연동」,『한국언론정보학보』제94호, 한국언론정보학회, 2019.

김은주,「제4물결로서 온라인-페미니즘: 동시대 페미니즘의 정치와 기술」,『한국여성철학』 제31호, 한국여성철학회, 2019.

김지효, 「페미니스트'들'의 인스타그램: 디지털 평판과 SNS 페미니즘」, 『한국 여성학』 제37권 4호, 한국여성학회, 2021.

박채복, 「디지털 공간에서 젠더의 주체화와 저항의 정치: 온라인 페미니즘을 중심으로」, 『동서연구』 제32권 4호, 동서문제연구원, 2020.

오요한 · 홍성욱, 「인공지능 알고리즘은 사람을 차별하는가?」, 『과학기술학연 구』 제37호, 한국과학기술학회, 2018.

원유빈, 『남성 중심적 IT 산업에서 여성 개발자의 적응과 대응』, 연세대학교 문화인류학과 석사논문, 2021.

윤명희, 「디지털 창의노동: 여성 게임개발자 사례」, 『문화와 사회』 제29권 1호, 한국문화사회학회, 2021.

윤보라, 「디지털 거주지(digital dwelling)와 성폭력: '카카오톡 단체 채팅방 성희 롱 사건'을 다시 보기」, 『페미니즘연구』 제20권 1호, 한국여성연구소, 2020.

이다혜, 「4차 산업혁명과 여성의 노동: 디지털 전환이 돌봄노동에 미치는 영향 을 중심으로」, 『법과 사회』 제60호, 법과사회이론학회, 2019.

이시연, 「"(인공)지능은 성별이 없다고?"」, 『인공지능인문학연구』 제1권, 인문 콘텐츠연구소, 2018.

이은경, 「한국 여성과학기술인 지원정책의 성과와 한계」, 『젠더와 문화』 제5권 2호, 여성학연구소, 2021.

이희은, 「AI는 왜 여성의 목소리인가?: 음성인식장치 테크놀로지와 젠더화된 목소리」, 『한국언론정보학보』 제90호, 한국언론정보학회, 2018.

임소연 · 김도연, 「페미니즘은 과학을 바꾸는가? 페미니스트 과학, 젠더혁신, 페미니스트 과학학」, 『과학기술학연구』 제43호, 한국과학기술학회, 2020.

장민지, 「디지털 네이티브 여/성주체(Digital Native Fe/male Subject)의 운동 전 략: 메갈리아를 중심으로」, 『미디어, 젠더 & 문화』 제31권 3호, 한국여성커 뮤니케이션학회, 2016.

정도범 · 유화선, 「정부 지원이 ICT 벤처기업의 경영 성과에 미치는 영향: 자금 및 연구개발 지원 효과를 중심으로」, 『기술혁신연구』 제29권 3호, 기술경영 경제학회, 2021.

정연보, 「'4차 산업혁명' 담론에 대한 비판적 젠더 분석-젠더본질론과 기술결
정론을 넘어」,『페미니즘 연구』, 제18권 2호, 한국여성연구소, 2018.

_____, 「상대주의를 넘어서는 '상황적 지식들'의 재구성을 위하여: 파편화된
부분성에서 연대의 부분성으로」,『한국여성철학』 제19권, 한국여성철학회,
2012.

조주현, 「실천이론에서 본 해러웨이의 사이보그 페미니즘: 물적-기호적 실천
개념을 중심으로」,『사회사상과 문화』 제30권, 동양사회사상학회, 2014.

주혜진, 「여성과학기술인 지원정책에 '여성'은 있는가: 참여토론과 AHP를 통
한 정책 발굴의 의의」,『페미니즘 연구』 제14권 2호, 한국여성연구소, 2014.

하정옥, 「페미니스트 과학기술학의 과학과 젠더 개념: 켈러, 하딩, 하러웨이의
논의를 중심으로」,『한국여성학』 제24권 1호, 한국여성학회, 2008.

한애라, 「인공지능과 젠더차별」,『이화젠더법학』 제27호, 이화여자대학교 젠더
법학연구소, 2019.

홍남희, 「디지털 성폭력의 '불법화' 과정에 대한 연구」,『미디어, 젠더 & 문화』
제33권 2호, 한국여성커뮤니케이션학회, 2018.

황희숙, 「페미니스트 과학론의 의의-하딩의 주장을 중심으로」,『한국여성철
학』 제18권, 한국여성철학회, 2012.

Ariana Guevara-Gómez, Lucía Ortiz de Zárate Alcarazo & J. Ignacio Criado,
"Feminist Perspectives to Artificial Intelligence: Comparing the Policy Frames
of the European Union and Spain", Information Polity, Vol.26, No.2, 2021.

Bertie Vidgen, Alex Harris, Dong Nguyen, Rebekah Tromble, Scott Hale &
Helen Margetts, "Challenges and Frontiers in Abusive Content Detection",
Proceedings of the Third Workshop on Abusive Language Online, Association
for Computational Linguistics, 2019.

Davide Cirillo, Silvina Catuara-Solarz, Czuee Morey, Emre Guney, Laia
Subirats, Simona Mellino, Annalisa Gigante, Alfonso Valencia, María José
Rementeria1, Antonella Santuccione Chadha & Nikolaos Mavridis, "Sex and
Gender Differences and Biases in Artificial Intelligence for Biomedicine and
Healthcare", NPJ Digital Medicine, Vol.3, No.1, 2020.

Donna Haraway, "Situated Knowledges: The Science Question in Feminism and the Privilege of Partial Perspective", *Feminist Studies*, Vol.14, No.3, 1988.

Helen E. Longino, "Can There Be a Feminist Science?", *Hypatia*, Vol.2, No.3, 1987.

Jieyu Zhao, Tianlu Wang, Mark Yatskar, Vincente Ordonez & Kai-Wei Chang, "Men Also Like Shopping: Reducing Gender Bias Amplification Using Corpus-level Constraints," *Proceedings of the 2017 Conference on Empirical Methods in Natural Language Processing*, 2017.

Joy Buolamwini & Timnit Gebru, "Gender Shades: Intersectional Accuracy Disparities in Commercial Gender Classification", *Proceedings of Machine Learning Research, Conference on Fairness, Accountability and Transparency*, 2018.

Joy Buolamwini, Vicente Ordóñez, Jamie Morgenstern & Erik Learned-Miller, Facial Recognition Technologies: A Primer, *Algorithmic Justice League*, 2020. (https://www.ajl.org/federal-office-call)

Londa Schiebinger, "Introduction: Feminism Inside the Sciences", *Signs*, Vol.28, No.3, 2003.

Marta R. Costa-jussà, "An Analysis of Gender Bias Studies in Natural Language Processing", *Nature Machine Intelligence*, Vol.1, No.11, 2019.

Matteo Cinelli, Gianmarco De Francisci Morales, Alessandro Galeazzi, Walter Quattrociocchi & Michele Starnini, "The Echo Chamber Effect on Social Media", *PNAS*, Vol.118, No.9, 2021.

Nick Seaver, "What Should an Anthropology of Algorithms Do?", *Cultural Anthropology*, Vol.33, No.3, 2018.

Patricia Adair Gowaty, "Sexual Natures: How Feminism Changed Evolutionary Biology", *Signs*, Vol.28, No.3, 2003.

Ravi B. Parikh, Stephanie Teeple & Amol S. Navathe, "Addressing Bias in Artificial Intelligence in Health Care", *Journal of American Medical Association*, Vol.322, No.24, 2019.

Renata Avila, "Deploying Feminist AI", *From Bias to Feminist AI*, ⟨A+⟩ Alliance, 2021. (https://feministai.pubpub.org/pub/deploying-feminist-ai)

Shira Mitchell, Eric Potash, Solon Barocas, Alexander D'Amour & Kristian Lum, "Algorithmic Fairness: Choices, Assumptions, and Definitions", *Annual Review of Statistics and Its Application*, Vol.8, 2021.

Susan Leavy, "Gender Bias in Artificial Intelligence: The Need for Diversity and Gender Theory in Machine Learning", *Proceedings of the 1st International Workshop on Gender Equality in Software Engineering*, 2018.

TaeYoung Kang, Eunrang Kwon, Junbum Lee, Youngeun Nam, Junmo Song & JeongKyu Suh, "Korean Online Hate Speech Dataset for Multilable Classification: How Can Social Science Improve Dataset on Hate Speech?", *arXiv e-prints*, 2022.

2) 단행본

주디스 버틀러, 유민석 역, 『혐오 발언』, 알렙, 2016.

Catherine D'Ignazio & Lauren F. Klein, *Data Feminism*, MIT Press, 2020.

Deboleena Roy, *Molecular Feminisms: Biology, Becomings, and Life in the Lab*, University of Washington Press, 2018.

Judy Wajcman, *Technofeminism*, Polity, 2004.

Kate Crawford, *The Atlas of AI: Power, Politics, and the Planetary Costs of Artificial Intelligence*, Yale University Press, 2021.

Londa Schiebinger, *Has Feminism Changed Science?*, Harvard University Press, 1999.

3. 기타자료

「테크페미 "페미니스트 동료 만나면 성취감도 늘어나죠"」, 『한겨레』, 2019. 5. 17.

관계부처합동, 「사람이 중심이 되는 인공지능(AI) 윤리기준」, 제19차 4차산업혁명위원회 심의안건 제2호, 2020. 12. 23.

관계부처합동, 「사람이 중심이 되는 인공지능을 위한 신뢰할 수 있는 인공지능 실현 전략(안)」, 2021. 5. 13.

관계부처합동, 「인공지능 국가전략」, 2019.

"When the Robot Doesn't See Dark Skin", *The New York Times*, 2018. 6. 21.

체현된, 감정적인 그리고 임파워링하는 자오 펑 첸지

1. 논문과 단행본

1) 논문

Annette Markham, "Ethnography in the Digital Internet Era: From Fields to Flows, Descriptions to Interventions", eds. Norman K. Denzin, Yvonna S. Lincoln, *The SAGE Handbook of Qualitative Research* (Fifth edition), Sage, 2018.

Di Wang & Sida Liu, "Doing Ethnography on Social Media: A Methodological Reflection on the Study of Online Groups in China", *Qualitative Inquiry*, Vol.27, 2021.

Donna Haraway, "Situated Knowledges: The Science Question in Feminism and the Privilege of Partial Perspective", *Feminist Studies*, Vol.14, No.3, 1988.

Elizabeth Adams St. Pierre, "Methodology in the Fold and the Irruption of Transgressive Data", *International Journal of Qualitative Studies in Education*, Vol.10, No.2, 1997.

Emily L. Rogers, "Virtual Ethnography", eds. Mara Mills, Rebecca Sanchez, *Crip Authorship: Disability as Method*, NYU Press, 2023.

John Postill & Sarah Pink, "Social Media Ethnography: The Digital Researcher in a Messy Web", *Media International Australia*, Vol.145, No.1, 2012.

Norman Fairclough, "Critical Discourse Analysis", eds. Michael Handford, James

Paul Gee, *The Routledge Handbook of Discourse Analysis*, Routledge, 2013.

Susan C. Herring, "Computer-Mediated Discourse Analysis: An Approach to Researching Online Behavior", eds. Sasha Barab, Rob Kling & James H. Gray, *Designing for Virtual Communities in the Service of Learning*, Cambridge University Press, 2004.

2) 단행본

Ann Cvetkovich, *Depression: A Public Feeling*, Duke University Press, 2012.

Christine Hine, *Ethnography for the Internet: Embedded, Embodied and Everyday*, Routledge, 2020.

Gene Foreman, Daniel R. Biddle, Emilie Lounsberry & Richard G. Jones, *The Ethical Journalist: Making Responsible Decisions in the Digital Age*, John Wiley & Sons, 2022.

Paul Atkinson, *For Ethnography*, SAGE, 2015.

Ruth Behar, *The Vulnerable Observer: Anthropology That Breaks Your Heart*, Beacon Press, 1996.

Sandra Harding, *The Science Question in Feminism*, Cornell University Press, 1986.

Sara Ahmed, *Living a Feminist Life*, Duke University Press, 2017a.

_____, *The Cultural Politics of Emotion* (2nd edition), University of Edinburgh Press, 2017b.

Sarah Pink, *Doing Sensory Ethnography* (2nd edition), SAGE Publications Ltd., 2015.

2. 기타자료

Chenzi Feng Zhao, "The Gendered Pandemic in China: A feminist online ethnographic study", *Paper presented at Gender/Diversity/Democracy*, Center for the study of globalization and cultures, The University of Hong Kong,

2021a.

Chenzi Feng Zhao, "The Gendered Pandemic in China: A Feminist Online Ethnographic Study", *Proceedings of 8th International Conference on Gender & Women's Studies*, International Center for Research and Development, 2021b.

Chenzi Feng Zhao, "Feminist Archiving as Anti-Discourse: Memories of the Pandemic in China", *Paper presented at AAS-in-Asia 2023*, Association for Asian Studies, 2023.

하이터치 미디어

카잇 맥킨니 · 딜런 멀빈

1. 기본자료

"Center on Deafness Teams with Hearing Society to Provide AIDS Education, Counseling", Deaf AIDS Center Collection, SFH 71, box 1, volume 2 (c. 1988‒95), "HIV Services Limited for the Deaf", SFH 71, box 1, volume 2 (c. 1988‒95).

"Center on Deafness Teams with Hearing Society to Provide AIDS Education", Deaf AIDS Center Collection, SFH 71, box 1, volume 2 (c. 1988‒95).

"Deaf Awareness Month", Deaf AIDS Center Collection, SFH 71, box 1, volume 2, 1990.

"Deaf Community AIDS Service Providers List", SFH 71, box 1, volume 2, 1992.

"Deaf Names Project: Deaf Gays Battle Oppression and Others", Deaf AIDS Center Collection, SFH 71, box 1, volume 2 (c. 1988‒95).

"Deaf People and AIDS", Deaf AIDS Center Collection, SFH 71, box 1, volume 2 (c. 1988‒95).

"Deaf PWAs Need Special Services", Deaf AIDS Center Collection, SFH 71, box 1, volume 2, 1989.

"Main Accomplishments of DSN AIDS Task Force 1988 – 1989", Deaf AIDS Information Center Collection, SFH 71, box 1, volume 1, 1989.

"Main Accomplishments of DSN AIDS Task Force", Deaf AIDS Center Collection, SFH 71, box 1, volume 1, 1989.

Cynthia Pickerrell, "Disability and HIV Conference", Deaf AIDS Center Collection, SFH 71, box 2, volume 5, 1994.

Darol Nance, "Friends/Clients Speech by Darol Nance", Deaf AIDS Center Collection, SFH 71, box 2, volume 4 (c. 1988 – 95).

Frank Lester, "DEAR HIViews", Deaf AIDS Information Center Collection, SFH 71, box 1, volume 2 (c. 1988 – 95).

_____, "Julio Nuñēz Genao Obituary", Deaf AIDS Information Center Collection, SFH 71, box 2, volume 4, 1989.

Kent Bradley, "Deaf PWAs Share Stories, Educate Others", Deaf AIDS Center Collection, SFH 71, box 1, volume 2 (c. 1988 – 95).

Matthew S. Bajko, "Deaf Gay Men Tackle AIDS and Speed Use", Deaf AIDS Center Collection, SFH 71, box 1, folder 2, 2005.

Nora Zamichow, "Deaf Lack Vital AIDS Information; Federal AIDS Brochure Said to Discriminate against Deaf", Deaf AIDS Center Collection, SFH 71, box 1, volume 2 (c. 1988 – 95).

Robin Adler, "Need Help? Try Deaf Services Network", Deaf AIDS Information Center Collection, SFH 71, box 1, volume 2.

Signed Headshot Mr. Deaf International Leather Philip Corey Rubin, 1992, Deaf AIDS Information Center Collection, SFH 71, box 1, volume 2.

Yvette Gibson, "Deaf Gays Battle Oppression from Themselves and Others", Deaf AIDS Center Collection, SFH 71, box 1, volume 2 (c. 1988 – 95).

2. 논문과 단행본

1) 논문

Alexander McClelland & Jessica Whitbread, "PosterVirus: Claiming Sexual Autonomy for People with HIV through Collective Action", in *Mobilizing Metaphor: Art, Culture, and Disability Activism in Canada*, eds. Christine Kelly & Michael Orsini, University of British Columbia Press, 2016.

Ben Bahan, "Face-to-Face Tradition in the American Deaf Community", in *Signing the Body Poetic: Essays on American Sign Language Literature*, eds. Dirksen Bauman, Heidi Rose & Jennifer Nelson, University of California Press, 2006.

Christine Gannon, "Developing HIV/AIDs Resources for the Deaf", *SIECUS Report*, Vol.26, Iss.2, 1997.

Daniel C. Brower & Adela C. Licona, "Trans(affective) Mediation: Feeling Our Way from Paper to Digitized Zines and Back Again", *Critical Studies in Media Communication*, Vol.33, No.1, 2016.

Diana Kamin, "Cards, Cabinets, and Compression in Early Stock Photography", *Information and Culture*, Vol.56, No.3, 2021.

Douglas Crimp, "Introduction, AIDS:Cultural Analysis/Cultural Activism", *October* ,Vol.43, 1987.

Dylan Mulvin & Cait McKinney, "The Girl in the Bubble: An Essay on Containment", *Catalyst: Feminism, Theory, Technoscience*, Vol.9, No.1, 2023.

Elizabeth Ellcessor, "Call If You Can, Text If You Can't: A Dismediation of US Emergency Communication Infrastructure", *International Journal of Communication*, Vol.13, No.20, 2019.

Helga Stevens, "AIDS, Not Hearing Aids: Exploring the Link between the Deaf Community and HIV/AIDS", *Health and Human Rights*, Vol.2, No.4, 1998.

James R. Peinkofer, "HIV Education for the Deaf, a Vulnerable Minority", *Public Health Reports*, Vol.109, No.3, 1994.

Jennifer Tyburczy, "Leather Anatomy: Cripping Homonormativity at International Mr. Leather", *Journal of Literary and Cultural Disability Studies*, Vol.8, No.3, 2014.

Joan Lubin & Jeanne Vaccaro, "AIDS Infrastructures, Queer Networks: Architecting the Critical Path", *First Monday*, Vol.25, No.10, 2020.

Jallicia Jolly, "From 'At Risk' to Interdependent: The Erotic Life Worlds of HIV+ Jamaican Women", *Souls*, Vol.21, No.2-3, 2019.

Juana María Rodríguez, "Activism and Identity in the Ruins of Representation", in *AIDS and the Distribution of Crises*, eds. Jih-Fei Cheng, Alexandra Juhasz & Nishant Shahani, Duke University Press, 2020.

Jules Gill-Peterson, "Haunting the Queer Spaces of AIDS: Remembering ACT UP/NY and an Ethics of an Endemic", *GLQ: A Journal of Lesbian and Gay Studies*, Vol.19, No.3, 2013.

Kathryn Brewster & Bonnie Ruberg, "SURVIVORS: Archiving the History of Bulletin Board Systems and the AIDS Crisis", *First Monday*, Vol.25, No.10, 2020.

Kevin Driscoll & Camille Paloque-Bergès, "Searching for Missing 'Net Histories'", *Internet Histories*, Vol.1, No.1-2, 2017.

Louise Hickman, "Transcription Work and the Practices of Crip Technoscience", *Catalyst: Feminism, Theory, Technoscience*, Vol.5, No.1, 2019.

Mara Mills, "Do Signals Have Politics? Inscribing Abilities in Cochlear Implants", in *The Oxford Handbook of Sound Studies*, eds. Trevor J. Pinch & Karin Bijsterveld, Oxford University Press, 2012.

Mara Mills & Jonathan Sterne, "Dismediation: Three Propositions and Six Tactics (Afterword)", in *Disability Media Studies: Media, Popular Culture, and the Meanings of Disability*, eds. Elizabeth Ellcessor & Bill Kirkpatrick, New York University Press, 2017.

Rebekah Edwards, "'This Is Not a Girl': A Trans* Archival Reading", *TSQ*, Vol.2, No.4, 2015.

René Esparza, "Qué Bonita Mi Tierra: Latinx AIDS Activism and Decolonial Queer Praxis in 1980s New York and Puerto Rico", *Radical History Review*, Vol.2021, Iss.140, 2021.

Robert McRuer, "Disability and the NAMES Project", *Public Historian*, Vol.27, No.2, 2005.

Susan Gaskins, "Special Population: HIV/AIDS among the Deaf and Hard of Hearing", *Journal of the Association of Nurses in AIDS Care*, Vol.10, No.2, 1999.

Theodore "Ted" Kerr, "AIDS 1969: HIV, History, Race", *Drain*, Vol.35, 2016. (http://drainmag.com/aids-1969-hiv-history-and-race/)

Whitney "Whit" Pow, "A Trans Historiography of Glitches and Errors", *Feminist Media Histories*, Vol.7, No.1, 2021.

2) 단행본

Alexandra Juhasz, *AIDS TV: Identity, Community, and Alternative Video*, Duke University Press, 1995.

Brenda Jo Brueggemann, *Deaf Subjects: Between Identities and Places*, New York University Press, 2009.

Celeste Watkins-Hayes, *Remaking a Life: How Women Living with HIV/AIDS Confront Inequality*, University of California Press, 2019.

Cindy Patton, *Fatal Advice: How Safe-Sex Education Went Wrong*, Duke University Press, 1996.

Deborah B. Gould, *Moving Politics: Emotion and ACT UP's Fight against AIDS*, University of Chicago Press, 2009.

Elizabeth Ellcessor, *In Case of Emergency: How Technologies Mediate Crisis and Normalize Inequality*, New York University Press, 2022.

Ellen Gruber Garvey, *Writing with Scissors: American Scrapbooks from the Civil War to the Harlem Renaissance*, Oxford University Press, 2012.

Emily Hobson, *Lavender and Red: Liberation and Solidarity in the Gay and*

Lesbian Left, University of California Press, 2016.

H-Dirksen L. Bauman & Joseph J. Murray, *Deaf Gain: Raising the Stakes for Human Diversity*, University of Minnesota Press, 2014.

Jaipreet Virdi, *Hearing Happiness: Deafness Cures in History*, University of Chicago Press, 2020.

Jay Bolter & Richard Grusin, *Remediation*, MIT Press, 1999.

Jonathan Sterne, *The Audible Past*, Duke University Press, 2003.

Joy Lisi Rankin, *A People's History of Computing*, Harvard University Press, 2018.

Margaret Price, *Mad at School: Rhetorics of Mental Disability and Academic Life*, University of Michigan Press, 2011.

Marika Cifor, *Viral Cultures: Activist Archiving in the Age of AIDS*, University of Minnesota Press, 2022.

Marita Sturken, *Tangled Memories: The Vietnam War, the AIDS Epidemic, and the Politics of Remembering*, University of California Press, 1997.

Marty Fink, *Forget Burial: HIV Kinship, Disability, and Queer/Trans Narratives of Care*, Rutgers University Press, 2020.

Meryl Alper, *Giving Voice: Mobile Communication, Disability, and Inequality*, MIT Press, 2017.

Paul K. Longmore, *Telethons: Spectacle, Disability, and the Business of Charity*, Oxford University Press, 2015.

Steven Epstein, *Impure Science: AIDS, Activism, and the Politics of Knowledge*, University of California Press, 1998.

3. 기타자료

Deat Lost to AIDS, https://deafaids.info

Kevin Gotkin, "What Was the Telethon?" Medium (blog), September 5, 2015. (https://medium.com/@kgotkin/what-was-the-telethon-48f0f28aceee.)

케이팝 팬덤의 행동주의와 젠더화된 정동 이지행

1. 논문과 단행본

1) 논문

김수정, 「팬덤과 페미니즘의 조우: 페미니즘 관점에서 본 팬덤 연구의 성과와 쟁점」, 『언론정보연구』 제55권 3호, 서울대학교 언론정보연구소, 2018, 47-86쪽.

김태연, 「소분홍(小粉紅)과 사이버 민족주의의 새로운 경향」, 『중국학보』 통권 100호, 한국중국학회, 2022, 335-352쪽.

나이토 치즈코, 「애국적 무관심과 정동: 현대 일본의 정동(情動) 프레임」, 『아태연구』 제26권 4호, 경희대학교 국제지역연구원, 2019, 5-20쪽.

백지운, 「전지구화시대 중국의 '인터넷 민족주의'」, 『중국현대문학』 제34호, 한국중국현대문학학회, 2005, 253-276쪽.

이길호, 「유(類)적 익명: 어나니머스와 익명적 참여의 문제」, 『한국문화인류학』 제52권 2호, 한국문화인류학회, 2019, 145-190쪽.

이지행, 「팬덤 실천을 통한 초국적 기억정치에의 개입과 정동의 작동」, 『인문콘텐츠』 제69권, 인문콘텐츠학회, 2023, 219-245쪽.

이혜수, 「한국 팬덤의 민족주의 정체성 전략에 관한 연구」, 『사회사상과 문화』 제22권 2호, 동양사회사상학회, 2019, 237-268쪽.

Colin Hay & Gerry Stoker, "Revitalizing Politics: Have We Lost the Plot?", Journal of Representative Democracy, Vol. 45, Issue 3, 2009, pp.225-236.

Marshall Van Alstyne & Erik Brynjolfsson, "Electronic Communities: Global Villiage or Cyberbalkans?", MIT Sloan School, March 1997.

Melissa M. Brough & Sangita Shresthova, "Fandom Meets Activism: Rethinking Civic and Political Participation", Transformative Works and Cultures, Vol.10, 2012. (https://doi.org/10.3983/twc.2012.0303.)

Jennifer Earl & Katrina Kimport, "Movement Societies and Digital Protest: Fan Activism and Other Nonpolitical Protest Online", Sociological Theory, Vol.27, No.3, 2009, pp.220-243.

Henry Jenkins, "Star Trek Rerun, Reread, Rewritten: Fan Writing as Textual Poaching" Critical Studies in Mass Communication, Vol.5, 1988, pp.85-107.

Matteo Truffelli & Lorenzo Zambernardi, "Taking Modernity to Extremes: On the Roots of Anti-Politics", Political Studies Review, Vol.19, Issue 1, 2019. (https://doi.org/10.1177/1478929919887345)

2) 단행본

캐시 박 홍, 노시내 역, 『마이너 필링스』, 마티, 2022.

헨리 젠킨스, 정현진 역, 『팬, 블로거, 게이머: 참여문화에 대한 탐색』, 비즈앤비즈, 2008.

Henry Jenkins, Confronting the Challenges of Participatory Culture: Media Education for the 21st Century, MacArthur Foundation, 2006.

Henry Jenkins, Textual poachers: Television Fans and Participatory Culture, Routledge, 1992.

Nick Clarke, Will Jennings, Jonathan Moss & Gerry Stoker, The Good Politician: Folk Theories, Political Interaction, and the Rise of Anti-Politics, Cambridge University Press, 2018.

Sianee Ngai, Ugly Feelings, Harvard University Press, 2005.

Stephen Duncombe, Dream: Re-imagining Progressive Politics in an Age of Fantasy, New Press, 2007.

2. 기타자료

이지행, 「'앤팀 신체수색', 케이팝 팬덤을 '숭배자들'로 멸시한 사회 태도 보여준다」, 『프레시안』, 2023. 7. 15. (https://n.news.naver.com/article/002/0002293129)

Henry Jenkins, "How to Become a Fan of Fan Activism", USC Annenberg Relevance Report, December 9, 2020. (https://annenberg.usc.edu/research/center-public-relations/usc-annenberg-relevance-report/how-become-fan-fan-activism)

"Why Obsessive K-Pop Fans Are Turning Toward Political Activism", New York Times, June 22, 2020. (https://www.nytimes.com/2020/06/22/arts/music/k-pop-fans-trump-politics.html)

"How K-pop stans are shaping elections around the globe", MIT Technology Review, Feb 16, 2023. (https://www.technologyreview.com/2023/02/16/1067943/kpop-fans-shaping-elections-worldwide)

찾아보기

용어

4chan 73

BFI(British Film Institute) 131,
137, 148-155, 157, 159, 161-
162

BL 109, 122-123

E-펠(E-pal) 205, 206

GL 109

K-드라마 77, 81, 83, 144

K-컬처 82

K-팝 77-78, 81-82, 84-85

P. M. 크래프트(P. M. Kraft) 63-
64

Sky: 빛의 아이들(Sky: Children of
the Light) 188-189

USC 아넨버그 포용정책 연구
소(USC Annenberg Inclusion
Initiative) 140

ㄱ

가디언 테일즈 38

가부장적 남성성 30-31

가상 문화기술지 58

가성비 131-132, 134, 140

강남 스타일 82

거리두기 71-72, 327-329

게이머 게이트(Gamer Gate) 25-
27, 31, 40, 167

게임 모딩(game modification)
169

게임 컴패니언 165-166, 175-
179, 181-183, 195, 197-199,
201-202, 205

결혼장사 105, 112

공정 이후의 세계 154

국제 미스터 농인 가죽대회(Mr.
Deaf International Leather) 281,
301

글로벌 아이덴티티 76

기레기와 함께하는 연예계 생활
123-124

긱 경제(Gig Economy) 167, 171,
189, 328

긱 남성성(geek masculinity) 25-
26

긱 워커 165, 167, 171, 174, 193,
204

ㄴ

나의 아이가 죽었다 110, 114

나이스(Nicee) 205

남궁세가 손녀딸의 귀환 110,
114

저자 소개

1부 파르마콘의 커뮤니티: 적대와 연대의 길항

김수아 서울대학교 언론정보학과에서 박사학위를 받고 현재 서울대학교 여성학협동과정에서 일하고 있다. 미디어와 젠더 분야 연구를 주로 수행하고 있으며, 주요 저서로 『안전하게 로그아웃』, 『게임 콘텐츠와 젠더 재현』, 『모두를 위한 성평등 공부』(공저) 등이 있다.

이진하 워싱턴대학교 정보학과 교수이자 동 대학 GAMER(GAME Research) Group의 창립자 겸 디렉터. 대중 음악, 멀티미디어 및 인터렉티브 미디어에 대한 새로운 아이디어와 접근 방식을 탐구하며, 이러한 미디어의 조직 및 접근 향상을 위한 방법을 연구. 또한 이용자의 대중음악, 멀티미디어 및 인터렉티브 미디어 창작 및 소비와 관련된 행동을 이해하고, 이러한 미디어를 비공식적인 학습에 활용하는 방법들을 연구. 최근에는 방탈출 게임과 같은 대중 매체나 다른 놀이기반 활동을 활용하여 일반 대중이 잘못된 정보에 대한 이해를 개선하도록 지원하고, 팬덤과 온라인 커뮤니티에서 사람들이 오정보를 어떻게 경험하고 그것에 관한 대처 전략을 개발하는지 조사하는 데 초점을 맞추고 있다.

니콜 산테로(Nicole Santero) 네바다대학교 사회학과

아르피타 바타차리아(Arpita Bhattacharya) 워싱턴대학교 휴먼 디자인 & 엔지니어링학과

엠마 메이(Emma May) 워싱턴대학교 정보학과

엠마 S. 스피로(Emma S. Spiro)　　　워싱턴대학교 정보학과

프리야 고하드(Priya Gohad)　　　사비트리바이 풀 푸네대학, 미디어커
뮤니케이션 학부 조교수이자 카툰 예술 뮤지엄 큐레이터. 고고학으로 박사학
위를 받았으며, 연구 관심주제는 문화유산관리, 고대 인도역사, 예술, 건축, 문
화 및 고고학이다. 영국 애스턴 대학이 주도하는 유럽연합 기금 멀티유니버
시티 연구프로젝트 '문화유산과 미래 유럽의 정체성'(CHIEF)의 연구원으로
일했으며, 고고학 연구로 인도 역사연구회(ICHR)와 인도 정부의 과학기술부
(DST)로부터 펠로우십을 받았다.

네하 가트판데(Neha Ghatpande)　　　사비트리바이 풀 푸네대학, 세인
트 미라스 칼리지 여성학 연구 센터 근무. 2018년, EU 기금 프로젝트인 '문
화 유산과 미래 유럽의 정체성'(CHIEF)의 사비트리바이 풀 푸네 대학 측 프
로젝트 관리자로 합류했다. '인도 고등교육의 양성 평등을 위한 연구'(British
Council 기금)와 '인문과학 및 사회과학 함양 및 과소대표된 아시아 학자 지
원'(Swedish International Development Agency with Association of Asia
Studies 기금) 프로젝트에서 관리자로 일했으며, 연구 관심 분야는 젠더, 카스
트(Kast), 미디어와 문화이다.

2부　　　젠더화된 테크네의 신체들: 독자, 관객, 노동자

안상원　　　이화여자대학교 호크마교양대학 조교수. 한국현대시, 에세이, 온
라인 독서공동체, 웹소설, 웹툰 연구자. 웹소설 연구로는 「웹소설 유료화에 따
른 플랫폼과 서사의변화 양상 연구」, 「한국 장르소설의 마스터플롯 연구-모
험서사의 변이로 본 '차원이동' 연구」, 「한국 웹소설의 회귀 모티프 연구」, 「한
국 웹소설 '로맨스판타지' 장르의 서사적 특성 연구」, 「한국 웹소설의 '책빙의
물'의 특성 연구-로맨스판타지 장르를 중심으로」, 「상상의 질료, 해체의 대상
으로서의 역사: 장르소설과 웹소설의 대체역사물 연구」, 「모험서사와 여성혐
오의 결합과 독서 욕망-웹소설 로맨스판타지 장르에 나타난 성장물의 양가

성」, 「스마트폰 UI로 다시 만나는 에픽 판타지」가 있다.

조혜영　　　프로젝트 38 연구원, 한국영화성평등센터 든든 운영위원으로 활동하면서 영상매체와 관련된 강의 및 연구작업을 하고 있다. 최근 논문으로 「헤테로토피아 공간과 트랜스젠더 여성 재현-1990년대 이후 한국영화를 중심으로」(2023), 「Archive, digital technology, and the inheritance of the Gwangju Uprising: the affect of the post-Gwangju generation of directors in Kim-gun and Round and Around」(2022), 공저로 『Mediating Gender in Post-Authoritarian South Korea』, 『원본 없는 판타지』, 『소녀들: K-pop, 스크린, 광장』 등이 있다.

자오 멩양(Zhao Mengyang)　　　UC 산타크루즈대학 사회학과 조교수. 디지털 노동, 플랫폼화, 사회 운동에 관한 간학제적 연구를 주로 수행하며, 그중에서도 새로운 형태의 직무와 기술 그리고 디아스포라와 플랫폼과 벤처 자본주의 하의 노동 운동에 대해 관심을 가지고 있다. 게이미피케이션을 활용하여 의료 인프라를 공용화하고 퀴어화하는 방법을 재구상하고자 한다.

3부　　　정보와 '감염(바이럴)'을 둘러싼 배제와 저항의 실천들 : 전파매개적 신체성과 기술사의 재구성

이지은　　　연세대 문화인류학과 부교수. 과학기술학, 의료인류학, 젠더연구 사이에서 연구하고 가르친다. 몸, 시간, 인간됨과 노동의 문제에 관심을 가지고 줄기세포 연구 및 산업, 치매 돌봄, AI 개발 등의 현장을 연구해 왔다.

임소연　　　과학기술학 연구자. 과학기술과 젠더, 인공지능 윤리, 인간향상 기술과 몸, 신유물론 페미니즘 등에 관심이 있으며 『신비롭지 않은 여자들』(2022)과 『나는 어떻게 성형미인이 되었나』(2022) 등을 썼다. 현재 동아대학교 기초교양대학 조교수로 재직 중이다.

자오 펑 첸지(Zhao Feng Chenzi)　웨스턴대학에서 비판적 정책, 형평성, 리더십 연구를 전공하는 박사과정생. 초국적 페미니스트 연구자로서, 비판적 제도 연구와 사회 정의에 관심을 두고 있다. 최근의 연구 주제로 젠더, 인종주의, 고등교육, 코로나 팬데믹 등이 있다.

카잇 맥킨니(Cait McKinney)　사이먼 프레이저대학, 커뮤니케이션대학 조교수이자 Journal of Cinema and Media Studies 편집자. 퀴어 이론을 바탕으로 미디어 연구의 방법론적이고 이론적 접근을 통해 퀴어 미디어 연구를 수행하고 있다. 주로 퀴어 사회운동이 디지털 기술을 사용하여 정보를 공유하는 방식에 초점을 맞추고 있으며 퀴어 정보관련 액티비즘이 네트워크 미디어 환경에서의 접근성, 데이터 관리 및 참여의 문제를 재고하는 데 어떻게 도움이 되는지 고민한다. 저서로는 *Information Activism: A Queer History of Lesbian Media Technologies*, Duke UP, 2020가 있다.

딜런 멀빈(Dylan Mulvin)　런던 정치경제대학교(LSE), 미디어 커뮤니케이션대학 조교수. 미디어, 기술, 그리고 신체의 교차성을 연구 주제로 삼고 있다. 저서로는 *Proxies: The Cultural Work of Standing In*, The MIT Press, 2021가 있으며 공저로는 *Video Theories: A Transdisciplinary Reader*, Bloomsbury, 2022가 있다.

이지행　동아대학교 젠더·어펙트연구소 전임연구원. 연구 관심분야는 뉴미디어 시대의 대중문화 콘텐츠 및 수용자 연구다. 팬덤 연구 관련 저작으로 『BTS와 아미컬처』(2019, 커뮤니케이션북스), 『페미돌로지』(2022, 빨간소금, 공저), 『한류: 문화자본과 문화내셔널리즘의 형성』(2023, 북코리아, 공저)가 있다.

젠더·어펙트 총서 05

젠더스피어의 정동지리

초판 1쇄 발행 2024년 11월 25일

지은이 동아대학교 젠더·어펙트연구소
펴낸이 강수걸
편집 강나래 오해은 이소영 이선화 이혜정 김효진 방혜빈
디자인 권문경 조은비
펴낸곳 산지니
등록 2005년 2월 7일 제333-3370000251002005000001호
주소 부산시 해운대구 수영강변대로 140 BCC 626호
전화 051-504-7070 | 팩스 051-507-7543
홈페이지 www.sanzinibook.com
전자우편 sanzini@sanzinibook.com
블로그 sanzinibook.tistory.com

ISBN 979-11-6861-394-2 93330

* 이 저서는 2022년 대한민국 교육부와 한국연구재단의 지원을 받아 수행된 연구입니다.
(NRF-2022S1A5C2A02093389)